本丛书为青岛地方文化研究中心和青岛大学中国文化海外影响力协同创新中心重点规划项目。

本丛书获青岛市社科规划办立项，丛书的出版得到青岛市社科规划办及青岛大学中国文化海外影响力协同创新中心的资助。

崂山
文化研究丛书

崂山道教与佛教研究

赵伟 著

人民出版社

《崂山文化研究丛书》总序

  崂山位于齐地之东部，僻处海滨，砥柱洪流，在很长的历史时期里，都属于人迹罕至之地。然崂山之名，不仅在历史上很早就广为人知，而且在当代国际社会，也堪称是东方名城青岛的特殊标志。在国外，如果有人知道崂山而不知道青岛，也许并不是一件不可理解的事。

  崂山美名的广泛传播，固然与其"三围大海，背负平川，巨石巍峨，群峰峭拔"①、深幽而罕见的自然风光不无关系。而就实际的情形来看，道教及与之相关的一系列神秘文化，也许是引起古今中外人士关注崂山的更重要的因素。在崂山道教正式诞生之前，齐地即已因方仙道、黄老之学以及黄老道而闻名遐迩。这不仅构成了崂山道教特有的显赫"家世"，也成为其后来植根深厚、叶茂枝繁的地域文化沃壤。因此，从汉代的张廉夫、唐末五代的李哲玄，到北宋的华盖真人刘若拙，再到金元之际的全真诸高道，都不约而同地选择崂山作为隐居、修道之所，可谓英雄所见略同。崂山道教后来能发展为"道教全真天下第二丛林"，出现"九宫八观七十二庵"的盛况，虽离不开全真教历代高道的大力弘扬，但神秘独特的自然环境与悠久深厚的文化传统，更是缺一不可的。

  崂山道教的发展，进一步提升了崂山的知名度。从明代万历年间起，佛教中人也开始把目光投向这里，但道教在这里有深厚的根基，晚

---

  ① 《道藏》第25册，文物出版社、山海书店、天津古籍出版社联合出版，1988年版，第819页。

来的佛教注定无法占据上风。憨山、自华、慈霑，虽然都是僧人中的佼佼者，但憨山所建海印寺在万历佛道之争中被毁，即墨黄氏、周氏两大家族为自华所建的洪门寺（又名西莲台），到了清代乾隆末年就已倾圮。只有慈霑任第一代住持的华严庵，经数次重建，后更名为华严寺，至今仍存，这也是崂山目前唯一的佛寺。虽然崂山佛教远不如道教兴盛，但同样不可忽略。

山海胜境、神仙传统，吸引了道、佛二教，而这三大资源的汇合，进而引发了世人无穷的好奇之心。虽然道路崎岖难行，历代仍不乏名人雅士前来探胜观光。直到德国占领青岛期间（1897—1914），开辟登山通道十六条。此后，沈鸿烈主政青岛时期（1932—1937），进山道路得到进一步的修缮，游人更是接踵而至。而古今文人墨客来游者，往往将人生之悟、身世之慨与山水之美融为一体，即兴为文。岁月沉积既久，不仅道佛文化自成体系，自有历史，名人也为崂山日益增色，他们留下的那些流布人口、传之后世的诗词文赋，更成为崂山人文的重要组成部分，使这座清奇幽深的名山，增加了更加丰富深沉的人文意味。因而，梳理、总结崂山之人文，也就显得更加重要。在这方面，古人已经做了很多，从明末黄宗昌撰写第一部《崂山志》、近代太清宫道士周宗颐撰写《太清宫志》起，修撰各类《崂山志》及探究崂山道教历史发展者，实在不乏其人。因而，崂山宗教文化与历史、来游崂山的名人及其诗文著述，已在无形中构成了人文崂山的重要组成部分。尤其在每年前来崂山的游人动辄过千万①的今日，把崂山文化以通俗易懂的方式，准确地

---

① 据崂山区统计局《2012 年崂山区国民经济和社会发展统计公报》、《2013 年崂山区国民经济和社会发展统计公报》，2012 年崂山区接待海内外游客 995 万人次，其中，国内游客 863.5 万人次，入境游客 131.5 万人次；2013 年接待海内外游客 1147 万人次，其中，国内游客 1119 万人次，入境游客 28 万人次。分别见崂山区委区政府门户网站"崂山统计局"，http://tjj. laoshan. gov. cn/n206250/n500254/index. html，2013 年 2 月 5 日、2014 年 2 月 21 日。

介绍给所有海内外游客，就显得更为重要。

这样的一种认识，对我们来说并非一时的心血来潮。早在笔者初到青岛工作的 1992 年，就发现崂山道教史及文化史的相关介绍中，存在着不少似是而非的问题。1993 年 9 月 15 日至 18 日，中国旅游协会旅游文学专业委员会（中国旅游文学研究会）第六届年会暨 93 青岛国际旅游文化研讨会在青岛市召开，会议由青岛大学文学院具体承办。笔者当时提交的论文是《崂山道教及其在中国道教史上的地位》（后刊于《东方论坛》1995 年第 3 期），这是我探讨崂山道教文化最早的一篇文章。自此之后的二十多年来，我本人断断续续写了一些有关崂山道教、崂山志或崂山文化的文章，也尽可能收集了与崂山文化有关的典籍。其间，还在青岛市崂山文化研究会中负责过宗教文化专业委员会的工作。研究会出版的《崂山研究》第一辑（中国海洋大学出版社 2006 年版）、第二辑（中国海洋大学出版社 2008 年版）所收的一批论文，也可以看作是在上述认识的指导下，组织部分师友所做的一点工作。当时的参与者，有两位也是本丛书的作者。

经过多年的思考和准备，我们逐渐形成了选择典型的专题和典籍对崂山文化进行系统整理的思路。苑秀丽教授与笔者共同出版的《崂山道教与〈崂山志〉研究》（中国社会科学出版社 2011 年版）一书，是这项研究工作的第一部著作。与此同时，我们启动了本丛书的写作。丛书围绕典型专题与代表性典籍两大重点，首先选定了如下七本著作作为第一批研究课题：

《崂山道教与佛教研究》，通过历史文献和田野调查的方式，全面收集崂山道教、佛教的相关史料，对崂山宗教的发展历史、重要事件、高僧高道、宫观兴废等进行系统、深入的研究，考镜源流，订正讹误，在前人研究基础上，对崂山道教、佛教做进一步深入的探讨。

《崂山文化名人考略》，对先秦至近现代的崂山文化名人进行全面梳理，将一千多位崂山文化名人分为本籍文化名人、寓居文化名人、记游文化名人、宗教文化名人四大类，对他们的生平和与崂山相关的事迹及著述等进行研究和考证，增补前人著述之缺漏，订正以往研究之舛误。尽可能完成一部集学术性、工具性、资料性为一体的崂山文化名人研究著作。

《崂山志校注》，对明末即墨人黄宗昌父子所撰的第一部《崂山志》进行全面的校勘、整理和注释。以民国二十三年（1934）本为底本，仔细参校手抄本、民国五年（1916）本《崂山志》及嘉庆十三年（1808）刻本《崂山名胜志略》等其他7个版本，对各本择善而从。同时，纠正以往各本失误，并广泛参考各种相关书籍，对书中的难解字词、重要事件、历史人物、典章制度、宗教知识等，做出准确、简洁、通俗的注释。力争为读者提供一个最好的《崂山志》校注本。

《劳山集校注》，《劳山集》为近人黄公渚（1900—1965）歌咏崂山美的专集，收词137首，诗138首，游记13篇。在众多歌咏崂山的文集中，地位独特，成就突出，甚至可以说至今无人能出其右。《劳山集》初印于香港，无标点，且在内地从未正式刊印。本书首次对《劳山集》进行标点、校勘、注释，并对黄公渚生平、创作、学术等做了初步研究，是国内外第一部《劳山集》标点排印本和校注本。

《周至元诗集校注》，周至元（1910—1962）著有《崂山志》、《游崂指南》、《崂山名胜介绍》等多部介绍崂山的著作。其《崂山志》也是黄宗昌《崂山志》之后最具代表性的一部。他存世的一千余首诗歌，也多写崂山，但至今没有一个全本。本书以周至元子女自费印刷的《周至元诗文选》（1999年）、《懒云诗存》（2007年）为基础，全面搜集周至元存世诗歌，并做了详细的校勘、注释和订讹，是收集周至元诗歌最全的第一个注释本。

《崂山诗词精选评注》，从历代数千首崂山诗词中精选了从唐代至近代一百五十多位诗人歌咏崂山的诗、词二百余首，每首诗词在原文下，均介绍作者生平事迹，疏解难解字词，并从诗词内容和艺术特点切入，对诗词加以简要的评析。

《崂山游记精选评注》，从各种文献记载的众多崂山游记中，精选29篇游记，对每篇游记进行细致校勘，纠正前贤的校点失误，对难解字句、典章制度、宗教知识等做了通俗的注解，并从艺术上做了简洁的评析。

上述七部著作，或立足于崂山道教佛教和文化名人，或选择最具代表性的崂山文化典籍，或精选历代崂山游记和诗词中最有代表性的篇章，以点面结合、突出重点的方式，对崂山文化最有代表性的部分，进行研究和整理，将其中最精华的部分介绍给读者。我们相信《丛书》的出版，将为读者也为海内外游客了解青岛和崂山开启一扇全新的窗户，对于提升崂山和青岛知名度、推动地方旅游发展，改变青岛文化底蕴相对不足的现状，都将起到积极的促进作用。

七部著作均为青岛市委宣传部与青岛大学合作共建的青岛地方文化研究中心的规划项目，分别在2013年和2014年，获批为青岛市社科规划办重点资助项目。青岛市委宣传部理论处处长、规划办主任王春元博士及相关评审专家，对项目给予了高度肯定。他们的鼓励和支持，是我们完成丛书不可缺少的动力；我校分管文科的副校长夏东伟教授，科研处张贞齐处长，社科办主任、科研处副处长欧斌教授，也都始终关注着项目的进展。正是他们的支持，丛书才得以在较快的时间内完成并面世。在此要首先表示真诚的感谢！

丛书出版过程中，人民出版社以贺畅老师为代表的一批优秀编辑和校对，对书稿内容多有订正，其严谨的编校作风，扎实的专业功底，不仅使丛书消除了很多失误和不足，也给我们留下了很深的印象。在此我愿代表课题组全体成员，表达崇高的敬意和谢意！

　　丛书的作者都是高校研究中国古代文学和传统文化的教师，没有大家数年来的共同努力，这套丛书也许还在进行中。重点研究以山海胜境和神仙传统为依托而形成的宗教文化、名人（家族）文化及各类重要典籍，是包括课题组成员、青岛市古典文学研究会成员在内的一批在青工作的同道，对青岛地方文化研究坚持多年的一个基本思路，也是我们多年来"中心藏之，何日忘之"的愿望。如果这套丛书的出版能成为一个良好的开端，为地方文化研究的深入起到抛砖引玉的作用，则正是我们所衷心期望的。

刘怀荣

2015 年 4 月 8 日于青岛大学

目　　录

前　言

如同本书中所论述的，崂山自出现在历史记载中，就是一座充满神秘色彩的仙山。随着历史的进程，崂山的宗教氛围越来越浓厚。就目前来看，崂山存在的宗教主要有道教、佛教、基督教和民间宗教信仰四种。道教、佛教很早就传入崂山，具体可参见本书中的相关章节；民间宗教信仰是崂山地区长期以来积淀下来的民众信仰，基督教是在近代方传入崂山的。

在四种宗教中，关于崂山道教的研究相对来说是最多的。目前对于崂山道教的研究，主要集中在六个方面：一是道教史，如苑秀丽、刘怀荣《崂山道教与〈崂山志〉研究》、任颖卮《崂山道教史》，这是目前关于崂山道教研究的最主要的专著；论文如陈龙勋《明代嘉靖以来道教的发展与崂山道教的中兴》等。二是道教斋醮、科仪、音乐的研究，如匡传英《崂山道教科仪音乐的文化特质探析》、《论崂山道教科仪音乐分类及功能》，曹芳芳《此曲只应天上有——青岛崂山道教音乐文化探析》，杜晓峰《论道教文化的艺术特色——以崂山道教音乐为例》，陈振涛《崂山道教音乐考查记》等。三是崂山道教名胜遗迹的介绍，这是早期所修撰的几种崂山志所特别注意的，如黄宗昌《崂山志》和《崂山名胜志略》，周至元《崂山志》、《游崂指南》和《崂山名胜古迹介绍》，黄肇颚《崂山续志》，以及不署著者的《崂山太清宫志》，研究类论文有刘明、王铭《元初崂山太清宫圣旨石刻研究》等。四是道士生活的研究，如任颖卮《崂山道教史》中第三章"崂山道士的生活"以及《古代崂山道士的社交生活》、《崂山道士的饮食文化》等论文。

五是与崂山道教有关的文学作品研究，如冷卫国《崂山题咏的巅峰之作——丘处机白龙洞刻石诗二十首疏解》等。六是崂山道教与青岛本地的文化、经济和发展研究，如刘怀荣、苑秀丽《崂山道教文化与青岛发展研究》，王艳芳、牛玉芬《崂山道教文化与崂山茶文化创新初探》等。

关于崂山佛教和基督教的研究非常缺乏。在基督教研究方面，孙顺华在《基督教传播与近代青岛社会文化研究》一书中提到崂山基督教传播、现状等方面的情况。佛教方面，因为著名僧人法显自印度取经回来之后在崂山登陆，所以在关于法显及其中外交通史、中外文化交流史的一些研究中会论述崂山，如章巽《法显传校注》中对法显在崂山登陆，作了比较详细的考察；王邦维重要论文《法显与〈法显传〉》，介永强《佛教与中古中外交通》，邓殿臣、赵桐《法显与中斯佛教文化交流》等，并于 2003 年和 2012 年在崂山分别举行了法显登陆崂山 1590 年和 1600 年纪念会。法显从印度带来了弥勒信仰，故在一些研究法显与中国弥勒信仰的成果中，有许多涉及崂山，如王雪梅《法显与弥勒信仰》等。晚明四大高僧之一的憨山德清曾到过崂山，关于部分明代佛教史的研究、憨山的传记及一些关于憨山的研究中基本上都会提到崂山佛教，如陈玉女《明代的佛教与社会》等，景扶明、景安颂《憨山大师由五台山至崂山的奇缘和悟道境界》则是专文介绍憨山从五台山到崂山的过程。

1999 年出版的作为《青岛市志》之一的《崂山志》，第四章"宗教"中对道教和佛教进行了介绍；第九章"艺文"、第十章"杂记"中收录了许多关于崂山道教和佛教的文章、碑记等文献。青岛市崂山区志编纂委员会编《崂山区志》第十五篇第四章"宗教"中，对崂山的道教、佛教、基督教有简单的介绍。青岛本土的一些文化研究者对崂山的宗教作了探索，如张崇纲先生发表了大量关于崂山文化的论文、随笔和评论，其论文集《张崇纲文选》中收有数篇关于崂山道教和佛教的论文，反映了民间学者对于崂山道教与佛教的看法和认识。由原崂山县政协文史资料研究委员会编的《崂山餐霞录》等书籍中，收录有部分关于崂山道教、佛教的内容，如第二辑中有陈振涛、杞园所撰写的《崂山佛教拾零》，其中介绍到崂山出土的一些佛教遗迹等。

在民间宗教信仰和民间故事方面，高瑞芹、张成福《民间故事与社会生活的双重变奏——以崂山民间宗教故事为主要考察对象》、林先建《青岛崂山道教民间信仰状况探析——以太清宫周边地区为例》、卢静《崂山地区民间文学研究》、陆安《关于青岛民俗文化的思考》等论文考察到了崂山的一些民俗宗教信仰及文学故事情况。在文献方面，张崇纲整理了大量在崂山地区流传或与崂山有关的民间故事，如《梁山伯与祝英台》等；英林整理有《崂山传说精品集》，本集中不完全是崂山地区的民间传说，还包括有胶东其他地方如莱阳、即墨等的民间传说；青岛市群众艺术馆与原崂山县文化馆联合编辑有《崂山民间故事集》系列丛书，搜集了大量的崂山地区的民间故事，是非常宝贵的崂山地区的民间故事资料集。

本书研究的主要范围是鸦片战争之前崂山的道教和佛教发展状况，考察其在崂山的起源、发展脉络、人物、宫观寺院等内容。本书对崂山道教和佛教的考察，是将其放于全国的大历史、政治背景之下进行的。通过梳理历史文献、碑记、文记等资料，可以看到，崂山虽然偏居东部海隅，但道教和佛教的发展与全国的历史、政治和文化之变化是同步的，并有着紧密的联系，甚至曾一度成为全国瞩目的中心。从崂山道教和佛教的兴衰中，也能看得出全国道教和佛教之兴衰。

本书的写作采用的是围绕道教、佛教的发展历史、人物志和宫观志的方式，通过研究，订正了目前关于崂山道教和佛教一些不太准确的看法。崂山在长期发展中留下了许多的碑记、石刻等，这些是崂山宗教（尤其是道教和佛教）发展最为有力的证据，因此本书在写作中尽量全文征引这些文献，以保持崂山宗教的原貌和记录、保存完整的资料文献。本书除叙述在崂山道教和佛教的发展过程中起到重要作用的人物外，也尽量挖掘那些没有在此过程中留下名姓的人，以表彰他们对于崂山发展的功绩，将历史的荣耀同样赋予他们。

第一章　崂山道教传入考

在金庸《射雕英雄传》、《神雕侠侣》等武侠小说中出现的全真教，并非作者的虚构，在历史上是真实存在过的，并且一直延续到今天，仍是中国道教非常重要的教派之一。全真教的初创者王喆（重阳）首先在金统治区的陕西境内活动，之后来到山东宁海一带传教，收了马钰、谭处端、刘处玄、丘处机、王处一、郝大通和孙不二七个徒弟，号称"全真七子"。全真七子中的丘处机等人曾来到崂山传教，之后崂山便发展成为著名的全真教道场，广为人所熟知。直至今天，崂山被称为"全真教北方第二大丛林"，道教氛围浓厚。那么道教最初是什么时候传入崂山的呢？在全真教传入之前，崂山有没有道教？关于这个问题，目前有几种不同的说法，本书首先对之进行进一步的探究。

一

崂山曾被称为劳山、不其山、牢盛山、牢山、大劳山和小劳山、辅唐山、鳌山、劳盛山等不同的称呼，其中的一些称呼中带有浓厚的神仙和道教色彩。

崂山原属古琅琊地，清人朱鹤龄《尚书埤传》卷六引罗泌语云："虞夏以前，四正疆理，东至琅琊之海，西至积石之河"①。越王勾践在海边建琅琊台，以控制东海地区，"越王既已诛忠臣，霸于关东，从琅

---

① 朱鹤龄：《尚书埤传》，《四库全书》本。

邪起观台，周七里，以望东海。"① 秦始皇二十六年（前221），设立三十六郡，其中之一为琅琊郡，管辖范围大体相当于现在的徐州、临沂、日照、胶南、即墨等地，崂山即在境内。

始皇二十八年，秦始皇大行天下，"南登琅琊，大乐之，留三月"②。秦始皇此次登上了崂山，徐绩提到："崂山在即墨县东南七十里，史称秦始皇自琅琊北至劳盛山，说者谓盛即成山，劳则今所谓崂山者是也。"③ 此时的崂山被称为劳盛山。徐绩所说的"说者谓盛即成山，劳则今所谓崂山者"之语，出自顾炎武。顾炎武转引《寰宇记》中"秦始皇登劳盛山，望蓬莱，后人因谓此山一名劳盛山"之语，认为这个说法是错误的，并指出"劳盛"并非一山，而是二山："劳即劳山，盛即成山。"顾炎武征引了多种文献进行了说明：

> 《史记·封禅书》："七曰日主，祠成山。成山斗入海。"《汉书》作"盛山"，古字通用。齐之东偏，环以大海，海岸之山莫大于劳、成二山，故始皇登之。《史记·秦始皇本纪》："令入海者赍捕巨鱼具，而自以连弩，候大鱼至，射之，自琅邪北至荣成山弗见，至之（芝）罘，见巨鱼，射杀一鱼。"《正义》曰："荣成山即成山也。"按史书及前代地理书，并无荣成山。余向疑之，以为其文在琅邪之下，成山之上，必"劳"字之误。近见王充《论衡》引此，正作"劳成山"。乃知昔人传写之误。唐时诸公亦未之详考也，遂使劳山并盛之名，成山冒荣之名。今特著之，以正史书二千年之误。

顾炎武考明所说的劳盛山是指劳山和成山。关于崂山之名，顾炎武则说：

> 劳山之名，《齐乘》以为"登之者劳"，又云一作"牢"，

① 赵煜：《吴越春秋》卷六，《四库全书》本。
② 司马迁：《史记》卷六，中华书局1982年版，第244页。
③ 清同治《即墨县志》卷十《崂山观日出记》，第215页。

丘长春改为"鳌"，皆鄙浅可笑。按《南史》："明僧绍隐于长广郡之崂山。"《本草》："天麻生太山、崂山诸山。"则字本作崂。若《魏书·地形志》、《唐书·姜抚传》，《宋史·甄栖真传》并作"牢"，乃传写之误。

按照顾炎武的说法，崂山最初之称就是"崂"山。至于目前有些书籍中言《诗经》中称"劳山"的说法是不准确的，《诗经》中并无"劳山"一词，之所以会有这个说法，也是起因于顾炎武引用《诗经》"山川悠悠，维其劳矣"之语解释"劳"之意义，说"此山或取其广阔而名之"①，后人以此认为崂山本名为"劳山"了。顾炎武又在《崂山志序》中解释"劳山"之意：

> 齐之东偏，三面环海，其斗入海处，南劳而北盛，则尽乎齐东境矣。其山高大深阻，磅礴二三百里，以其僻在海隅，故人迹罕至。凡人之情，以罕为贵，则从而夸之，以为神仙之宅，灵异之府。其云说：吴王夫差登此山，得《灵宝度人经》。考之《春秋传》，吴王伐齐，仅至艾陵，而徐承率舟师，自海入齐，为齐人所败而去，则夫差未尝至此。而于越入吴之日，不知《度人》之经，将焉用之。余游其地，观老君、黄石、王乔诸迹，类皆后人之托名。而耐冬、白牡丹花，在南方亦是寻常之物，惟山深多生草药，而地暖能发南花。自汉以来，修真守静之流，多依于此，此则其可信者。乃自由齐之末，有神仙之论，而秦皇汉武谓真有此人，在穷山巨海之中。于是神仙之祠，遍于海上，万乘驾，常在东莱，而崂山之名，至此起矣。夫崂山皆乱石巉岩，下临大海，逼仄难度，其险处，土人犹罕至焉。秦皇登之，是必万人除道，百官扈从，千人拥挽而后上也。五谷不生，环山以外，土皆疏瘠，海滨斥卤，仅有鱼蛤，亦须其时。秦皇登之，必一郡供张，数县储待，四民废业，千里驿骚，

---

① 顾炎武：《劳山》，《日知录》卷三十一，岳麓书社1994年版，第1128页。

而后上也。于是齐人苦之，而名曰劳山也。其以是夫古之圣王劳民而忘之，秦皇一出游，而劳之名传千万年，然而致此则有由矣。①

顾炎武认为，因为崂山道路艰险南行，加之秦始皇在登山时又有大量官员扈从，使当地之民疲敝不堪，遂称此山为劳山。清人秦笃辉引顾炎武此文，言秦始皇为求神仙而"屡登此山求之"，致使"齐人苦其供亿"，命名此山为"劳山"②。在顾炎武稍前的明人屠隆，在考察天下佛、道遗迹时，提到崂山说："即墨县劳山，山高峻绝，登陟为劳，故名。秦始皇登此山，望海外蓬莱三岛。《神仙记》云：'乐子长遇仙于劳山。'又吴王夫差尝东游，登此山，得《灵宝度人经》。"③ 按照屠隆的说法，登此山令人力疲体劳，所以在秦始皇登之前就已经得名劳山了。屠隆的说法，得到周至元的认同："劳之义有二说：一谓始皇游此劳民，民因名之；一说谓山势险峻，攀跻不易，登者劳之。二者较以后说为是。不然始皇东巡不只登此一山，何以此山独名劳乎？"④ 顾炎武和屠隆所提到的乐子长在崂山遇仙、吴王夫差在崂山得《灵宝度人经》事，下文有详述。

山之名最初为崂山也好，劳山也罢，有两个问题是可以肯定的，一是秦始皇有可能真的登上过崂山，二是崂山从一开始进入历史记载的视野，就带有浓厚的神仙色彩，被视为"神仙之宅，灵异之府"。与秦始皇发生过关系的还有传说中的琅琊仙人安期生。《列仙传》卷上"安期先生"云："安期先生者，琅琊阜乡人也。卖药于东海边，时人皆言千岁翁。秦始皇东游，请见，与语三日三夜，赐金璧度数千万。出于阜乡

---

① 黄宗昌：《崂山志》卷首，中国海洋大学出版社2010年版，第7页；又见清同治《即墨县志》卷十，第233页。

② 秦笃辉：《平书》卷三，《四库全书》本。

③ 屠隆：《琼笈考》下，《鸿苞》卷三十二，载《屠隆集》第九册，浙江古籍出版社2012年版，第922页。

④ 周至元：《崂山志》卷一，齐鲁书社1993年版，第2页。

亭，皆置去。留书，以赤玉舄一量为报，曰：'后数年，求我于蓬莱山。'始皇即遣使者徐市、卢生等数百人入海，未至蓬莱山，辄逢风波而还。立祠阜乡亭海边十数处云。"① 秦始皇是在"东游"时见到安期生的，"东游"是二十八年"东行郡县"时，"于是乃并渤海以东，过黄、腄，穷成山，登芝罘，立石颂秦德焉而去"②。秦始皇东游时在海边见到了安期生，他们的会面地点有在崂山的可能，当然也不一定。《崂山志》中说，秦始皇派徐市、卢生入海去蓬莱山，寻找安期生和长生不死药是从崂山出发的，这是一种不能确定的说法。

顾炎武说丘处机将崂山改名为鳌山，是"鄙浅可笑"的。事实上，根据现有的资料来看，将崂山改成为鳌山，确实是出自丘处机，但却并不"鄙浅可笑"。丘处机有《牢山吟》二十首，在本诗的序中，丘处机说："东莱即墨之牢山，三围大海，背俯（或作负）平川，巨石巍峨，群峰峭拔，真洞天福地，一方之胜境也。然僻于海曲，举世鲜闻，其名亦不佳。予自昌阳醮罢，抵于王城永贞观，南望烟霭之间，隐隐而见。道众相邀，迁延数日而方届。遂闲吟二十首，易为鳌山，因清畅道风云耳。"这里明确地说他把牢山改名为鳌山，并在诗中屡屡称呼鳌山，如第一首："卓荦鳌山出海隅，霏微灵秀满天衢。群峰削蠟几千仞，乱石穿空一万株。"第十五首："修真野客非才子，行到鳌山亦有诗。只欲洞天观海日，不劳云雨待青词。"周至元在作《崂山志》时，即根据这些记载，称丘处机将劳山改名鳌山："携屦云游至崂山，爱其奇秀，因更名曰鳌山，以为栖真处。"③

丘处机《牢山吟》的第七首诗云："牢山本即是鳌山，大海中心不可攀。上帝欲令修道果，故移仙迹近人间。"仔细品味"牢山本即是鳌山"之意，牢山本来是鳌山，鳌山是什么呢？丘处机的这个说法，有可

---

① 王叔岷：《列仙传校笺》，中华书局 2007 年版，第 70 页。
② 《史记·始皇本纪》，第 244 页。
③ 周至元：《崂山志》卷四，第 163 页。

能是来自当时宋代时期元宵节的一种观鳌山灯的习俗。《御定月令辑要》卷五"鳌山"条记载一些观鳌山灯的一些轶事说：

> 《乾淳岁时记》："元夕二鼓，上乘小辇，幸宣德门，观鳌山，擎辇者皆倒行，以便观赏。山灯凡数千百种，极其新巧，中以五色玉栅簇成'皇帝万岁'四大字，其上伶官奏乐，其下为大露台，百艺群工竞呈奇技，内人及小黄门百余，皆巾裹翠蛾，效街房清乐，傀儡缭绕于灯月之下。宫漏既深，始宣放烟火百余架，于是乐声四起，烛影纵横，而驾始还矣。"《西湖志余》："鳌山灯品以苏灯为最，其后福州所进纯用白玉，新安所进圈骨悉皆琉璃，号无骨灯。禁中作琉璃灯山，高五丈，人物皆为机关，转动如活，结大彩楼贮之原。"《皇明通纪》："永乐十年正月元宵，赐百官宴，听臣民赴午门外观鳌山三日。时尚书夏原吉侍其母往观鳌山，上闻之，曰'贤母也'，命官赍钞二百锭即其家赐之。"【增】王珪《元夕应制诗》："双凤云中扶辇下，六鳌海上驾山来。"晁冲之《上元词》："御楼烟暖，对鳌山彩结。箫鼓向晚，凤辇初回宫阙。千门灯火，九衢风月。"向子諲《上元鹧鸪天词》："紫禁烟光一万重，午门金碧对晴空。梨园羯鼓三千面，陆海鳌山十二峰。"①

这种活动在宋元时期十分活跃、盛大，丘处机对此可能印象十分深刻。元宵节观鳌山灯的习俗始于汉代，原为扮演神仙聚会场景。丘处机因此可能是用鳌山来指代神仙或神仙活动。如在《蓬莱阁·仙山》词中，丘处机再次提到鳌山，词云："蓬莱阙，漫漫巨海深难越。深难越。洪波激吹，怒涛翻雪。玉霄东畔曾闻说，虚无一境天然剔。天然别。鳌山不动，蜃楼长结。"② 这里的鳌山，显然不是指劳山，而是说蓬莱是一座神仙所居的仙山。同时期与丘处机具有同样看法的人还有，如金人王

---

① 《御定月令辑要》卷五，《四库全书》本。
② 丘处机：《磻溪集》卷六，《中华道藏》第二十六册，第629页。

丹桂《元宵》词云："时令相催。又还是，元宵报春田。桂轮新满，金莲乍坼，不待栽培。六街三市遍，列鳌山、辉映楼台。竞追陪，簇香车宝马，驰骋多才。吾侪。情忘企慕，绛宫深处保仙胎。觉花芬馥，慧光明灿，则是欢谐。玉浆琼液泛，结刀圭、不让樽罍。恣开怀。任鸾迎凤引，游宴蓬莱。"① 这里的"鳌山"就是指中秋节晚上的鳌山灯，用鳌山灯指代神仙之境，而非是说崂山了。再如明初道士张宇初《元夕留茅山》诗中用鳌山指代茅山："几愿寻幽访羽宫，偶逢灯夕宴崆峒。阳林雾隐庭台月，茅洞云深桧柏风。歌鼓鳌山怀故旧，烟霞鹤磴任西东。浮尘世事应多感，高视寰区一笑中。"② 唐人伪托汉黄玄钟所作的《含金枝》云："俗为紫檀，书无名。性温。出岭南。树有金影。治五般蛇毒。歌曰：排金金影影重重，此树人间不易逢。臣到鳌山山北面，真人亲手赐玄钟。"③ 这里的鳌山，也是指蓬莱之仙境。

因此，丘处机用"鳌山"来言崂山，是将崂山看做仙山。明人周如锦在《牢山考》文中亦是如此认为，他说："元羽士邱长春，欲易牢山为鳌山，此道家者流，往往喜慕鳌山为仙景，且取鳌劳声相通，彼亦直寄焉耳，非此山命名之本义也。"④ 所以说，丘处机将崂山改名为"鳌山"，并不"鄙浅可笑"，而是视崂山为仙山了。后来，丘处机再游崂山，就直接将崂山称呼为鳌山了，《再题牢山》诗二十首序中说："大安己巳（1209年）胶西醮罢，道众相邀再游鳌山，复留题二十首。"其中题上清宫诗第一首云："醮罢归来访道山，山深地僻海湾环。棹船即向波涛看，化出蓬莱杳霭间。"把崂山视为如蓬莱山一样的仙山。丘处机之后，很多人在称呼崂山时，呼为鳌山，如明人陈沂，在《巨峰》诗中说："鳌山驾海入青云，远见浑合近复分。重峦高下极杳霭，翠岫出入排氤氲。千奇万怪倏变态，陟历惊魂望仍爱。遥指天际悬孤峰，峰

---

① 《草堂集》，《中华道藏》第二十六册，第721页。
② 《岷泉集》卷十一，《中华道藏》第二十六册，第252页。
③ 《蓬莱山西竈还丹歌》卷下，《中华道藏》第十八册，第223页。
④ 周如锦：《牢山考》，载黄肇颚《崂山续志》卷首，第5页。

头更有僧庵在。奔涛怒石声潺潺，绝顶止可猿猱攀。双屋劈处一微径，一窍直上烟霄间。壁断梯折路亦绝，五石飞梁临不测。西北峰垂返照阴，东南海映长空色。仙人见说多楼居，无奈缥缈乘清虚。此地安期且未至，与子跨鹤今何如？"① 陈沂又在《劳山记》中说："鳌山亦曰劳山，有大劳小劳，《齐记》谓泰山高不如东海劳，秦始皇登劳盛山即此，以劳于陟也。在今即墨东南四十里，东西南直距海上……栖禅炼真，灵异之迹，不可以遍。"②

总起来看，崂山从出现在历史视野中到越来越被瞩目，它始终被认为是一座与神仙有关联的仙山。崂山后来成为一座道教名山，自然是在情理之中的事了。

二

按照国内一般的说法，道教是在东汉末年创立的，张角的太平道和张鲁的五斗米道被认为是早期道教。道教创立后，是什么时间传入崂山的呢？这个问题一直没有得到明确的解决。

有一种说法，认为西汉武帝建元元年（前140）张廉夫来崂山搭茅庵供奉三官并授徒拜祭，这是崂山道教的开始。由崂山太清宫道士执笔的《崂山太清宫志》中，所述的第一位道士就是张廉夫，书中的记载说："六年后，于汉武帝建元元年（前140），来崂山之阳，临海之滨，建茅庵一所，供奉三官（即天官、地官、水官）大帝神位，名为三官庙；自称乐山居士，开垦山麓，自食其力。至建元三、四年左右，又建筑殿宇一所，供奉三清神像，名'太清宫'。至始元二年丙申（前85），委弟子刘方清、赵冲虚、冯若修等，继续庙事，自回江西，潜居鬼谷山三元宫。后曾屡来崂山，云游东海诸名胜，每次都带来江南各道庙的经

① 清同治《即墨县志》卷十，第266页。
② 清同治《即墨县志》卷十，第201页。

书和经韵曲牌，充实太清宫的经书，所以太清宫的经乐和经韵曲牌历史很早，内容也很丰富。"① 这段对于张廉夫的描述，有些夸张，"三清神"的完整出现和完善，是在六朝时期。苑秀丽和刘怀荣所著《崂山道教与〈崂山志〉研究》中，对张廉夫之事有详细的考辨，指出《太清宫志》称张廉夫建太清宫、供奉三清神像的说法，是不可轻信的，详见该书第二章"齐文化与道教及崂山道教之关系"。任颖厄所著的《崂山道教史》对此也有说明，指出《太清宫志》将太清宫的创建上推到西汉时期，目的是为了拉长太清宫的历史，详见该书第二章"崂山道教的发展轨迹与脉络"。

据记载，张廉夫之后在崂山活动过的还有西汉初的盖公和东汉的逢萌。盖公为西汉初之齐国人，《史记》言曹参相齐时，盖公言以黄老之术为治："孝惠帝元年，除诸侯相国法，更以参为齐丞相。参之相齐，齐七十城。天下初定，悼惠王富于春秋，参尽召长老诸生，问所以安集百姓，如齐故俗诸儒以百数，言人人殊，参未知所定。闻胶西有盖公，善治黄老言，使人厚币请之。既见盖公，盖公为言治道贵清净而民自定，推此类具言之。参于是避正堂，舍盖公焉。其治要用黄老术，故相齐九年，齐国安集，大称贤相。"② 曹参为了尊敬盖公，给他盖了一座盖公堂，自己则住到侧堂中。《史记》中不言盖公之为人，苏轼则称其为"得道而不死者"。他说："吾为胶西守，知公之为邦人也，求其坟墓、子孙而不可得，慨然怀之。师其言想见其为人。庶几复见如公者。治新寝于黄堂之北，易其弊陋，达其壅蔽，重门洞开，尽城之南北，相望如引绳，名之曰盖公堂。时从宾客僚吏游息其间，而不敢居，以待如公者焉。夫曹参为汉宗臣，而盖公为之师，可谓盛矣。而史不记其所终，岂非古之至人，得道而不死者欤？"③ 从《史记》中所述而言，盖

---

① 《崂山太清宫志》卷一，第 6—7 页。
② 《史记》卷五十四《曹相国世家第二十四》，第 2028—2029 页。
③ 苏轼：《盖公堂记》，《东坡全集》卷三十六，《四库全书》本。

公非"得道不死者",而可能是当时的一位精通黄老之说的学者或者隐士。

东汉的逢萌,《后汉书》有传,云:"逢萌字子康,北海都昌人也。家贫,给事县为亭长。时尉行过亭,萌候迎拜谒,既而掷楯叹曰:'大丈夫安能为人役哉!'即解冠挂东都城门,归,将家属浮海,客于辽东。萌素明阴阳,知莽将败,有顷,乃首戴瓦盆,哭于市曰:'新乎,新乎!'因遂潜藏。及光武即位,乃之琅邪劳山,养志修道,人皆化其德。北海太守素闻其高,遣吏奉谒致礼,萌不答。太守怀愤而使捕之,吏叩头曰:'子康大贤,天下共闻,所在之处,人敬如父,往必不获,祇自毁辱。'太守怒,收之系狱,更发它吏。行至劳山,人果相率以兵弩捍御,吏被伤流血,奔而还。"① 《后汉书》将逢萌列为逸民,而后来道士们在编纂道经时,将其视为仙人,如陈葆光《三洞群仙录》中"北海挂冠,南阳遗履"条云:"逢萌字子康,北海都昌人也。家贫,给事县为亭长。时尉行过亭,萌候迎拜谒,既而掷楯叹曰:'大丈夫安能为人役哉!'即解冠挂东都城门,归,将家属浮海,客于辽东。后之琅琊劳山,养士心修道,人皆化其德。"② 这一条目基本上就是对《后汉书·逢萌传》的复述,但不再将其作为逸民看待,而是视为仙人了。元人张天雨编的《玄品录》中,也是复述《后汉书》内容,云:"逢萌,字子庆,北海都昌人。间王莽杀其子宇,谓友人曰:'三纲绝矣,不去,祸将及人。'即解冠挂东都城门,将家属浮海客于辽东。萌素阴阳,知莽将败。乃首戴瓦盆,哭于市曰:'新乎,新乎!'因遂潜藏,及光武即位,乃之琅琊劳山养志修道。人皆化其德,连征不起,以寿终。"③ 内容虽然一样,因为出自道士之首,便具有了道教的意味,不再是逸民了。由《后汉书》来看,逢萌是一个行事高蹈的逸民,并非道士,甚

---

① 《后汉书》卷八十三,中华书局 1965 年版,第 2759－2760 页。
② 陈葆光:《三洞群仙录》,《中华道藏》第四十五册,第 321 页。
③ 张天雨编:《玄品录》卷二《道化》,《中华道藏》第四十五册,第 453 页。

至也不能完全算作是方术之士。

即墨人蓝水于 1996 年印刷的《崂山志》中，也提出了自己对这个问题的看法，云："自列子盖受海市影响，倡渤海有五神山之说。由是齐威王、宣王、燕昭王皆遣人入海求所谓蓬莱、方丈、瀛洲。及秦始皇并天上至海上。遣徐福入海求之至十年之久，汉武帝幸不其筑太乙仙人祠九所。而海上燕齐间所谓方士者蜂起，莫不扼挽自言有禁方能神仙。劳山为齐东大山、固先后为诸方士荟萃处，称为'神仙窟穴'。而此类皆讹诈希取荣利之狂徒。故求其深入不出。'考槃在涧'者无一人。南北朝以来，自称为老子嫡派之道教，即前此方士，而良莠不齐。劳山有道教自华盖始，华盖为老子后所谓道教，偏于清静自修之正派。前此唐有姜抚、孙昙，姜抚事虽见《唐书》，但称其采药牢山遂逃去，则其至劳否尚不定。孙昙事不见史传，而棋盘石壁间刻有其大像，并题其来由三处，称奉敕祭山海采药，后亦无闻，亦独守空山，死而后已。华盖派独栖劳山三百年……"① 华盖指五代时道士刘若拙，被称为华盖真人，刘若拙事后有详述，此处不论。蓝水明确说自刘若拙来崂山，崂山始有道教，而此前所谓之道徒，实际上都是"讹诈希取荣利"的方士。此又是一说。

在关于崂山道教的传说当中，还提到一些更早的记载。《灵宝略纪》中记载了吴王夫差登崂山而得灵宝五符真文事，说：

> 距吴天王阖闾时，王出游包山，见一人在中。问曰："汝是何人？"答曰："我姓山，名隐居。"阖闾曰："子在山，必有异见者。试为吾取之。"隐居诺，乃入洞庭，访游乎地天一千五百里，乃至焉。见一石城，不敢辄入。乃于外斋戒三日然后入。见其石城门闭，于室内玉几上有素书一卷，文字非常。即便拜而奉出，呈阖闾。阖闾即召群臣共观之，但其文篆书不可识，乃令人赍之问孔子。使者忽然谲诳曰："吴王闲居殿堂，忽有赤

---

① 《崂山志》第二部分《崂山琐记》，第 133 页。

乌衔书来落殿前。"王不解其意，故令请问。孔子愀然不答。良久乃言曰："丘闻童谣云，吴王出游观震湖，龙威丈人山隐居，北上包山入灵墟，乃入洞庭窃禹书，天帝大文不可舒，此文长传百六初，若强取出丧国庐。若是此书者，丘能知之。赤乌所衔，则丘未闻。"使者乃自首谢曰："实如所言。"于是孔子曰："此是灵宝五符真文。昔夏禹得之于钟山，然后封之于洞庭之室。"使者反白，阖闾乃尊事之。然其侈性慢易，不能遵奉道科，而真文乃飞上天，不知所在。后其子夫差嗣位，乃登劳山，复得之。奉崇供养。自尔相承，世世录传。至三国时，吴主孙权赤乌之年，有琅琊葛玄，字孝先。孝先乃葛尚书之子。尚书名孝儒，年八十乃诞玄。玄多灵应，年十三，好慕道德，纯粹忠信。举孝廉，不就。弃荣辞禄，志尚山水。入天台山学道。精思遐彻，未周一年，感通太上，遣三圣真人下降，以《灵宝经》授之。①

这段话是说，吴王阖闾得到灵宝五符真文，因阖闾"侈性慢易，不能遵奉道科"，真文飞走，不知所终。吴王夫差即位后，登崂山复得之。

这里提到的灵宝五符真文，是指道教的灵宝经，说吴王阖闾得到该经，失去后又由夫差在崂山得之，显然是在神化道经的创作。吴王阖闾时期还没有道经，道教也还没有建立。周至元则从吴王伐齐失败说明夫差没有到过崂山："吴王夫差登崂山，得《灵宝度人经》，见《度人经序》。考夫差伐齐仅至艾陵，其水师寇齐败绩而去，则夫差至崂为不可信。今有是说，姑存之。"② 周至元之论，是非常有道理的。

与道教界看法不同，学术界认为，无论是张廉夫还是逢萌，都不是真正的道教人物，他们只能看作是当时的方术之士或隐逸之民。学术界指出崂山道教的发端是在唐代。任颖卮《崂山道教史》认为李哲玄是

① 《云笈七籤》卷三，《中华道藏》第二十九册，第45页。
② 周至元：《崂山志》卷四，第172页。

第一位见诸史料的崂山道士，苑秀丽、刘怀荣《崂山道教与〈崂山志〉研究》中，则认为崂山道教虽然是从李哲玄开始，当时天下纷乱不安，李哲玄在崂山仅仅是建立了一座三皇庵，真正对崂山作出贡献的是后唐的刘若拙。

《灵宝略纪》对于吴王阖闾和夫差与灵宝经的记述，自然不是史实，当时没有道教和道经，顾炎武著《崂山志序》中对此的考辨也是非常合理。不过，灵宝经中对崂山的提及，是不应当被忽视的，它为考察崂山道教传入的时间提供了线索。

三

灵宝经分古灵宝经和今灵宝经，所谓的古灵宝经，是指敦煌本陆修静《灵宝经目》所著录的一批早期灵宝经。上面所引《灵宝略纪》之语，实际上出自东汉袁康的《越绝书》，明人孙瑴《古微书》卷三十二引《越绝书》语云："禹治洪水，至牧德之山，见神人焉，谓禹曰：'劳子之形，役子之虑，以治洪水，无乃怠乎？'禹知其神人，再拜，请海，神人曰：'我有灵宝五符，以役蛟龙水豹子能得之不日而就。'因授禹，而诫之曰：'事毕可秘之于灵山。'禹成功后，乃藏之于洞庭包山之穴。至吴王阖闾之时，有龙威丈人得符献之，吴王以示群臣，皆莫能识。乃令赍符以问孔子，孔子曰：'昔禹治水于牧德之山，遇神人授以灵宝五符，后藏于洞庭之包山，君王所得无乃是乎？赤乌之事，某所未详。'使者反白，阖闾乃尊事之。先是江左童谣云'禹治洪水得五符，藏之洞庭之包山湖，龙威丈人窃禹书，得吾者丧国庐。'寻而吴果灭。"[1] 这里说明，灵宝经所产生的年代实际上还是比较早的。关于阖闾得灵宝经之事，后来还是有人相信的，如陈沂《南天门》诗云："望入天门十二重，复然飞雾半虚空。千寻不假钩梯上，一窍惟容箭括通。

---

[1] 孙瑴：《古微书》卷三十二，《四库全书》本。

风气荡摩鹏翻外，日光摇漾海波中。欲求阊阖间无人问，但拟彤云是帝宫。"①

所谓的"灵宝"，类似于"道"，生乎天地万物之先，《太上无极大道自然真一五称符上经》中说："太上灵宝，生乎天地万物之先，乘于无象空洞大道之常，运乎无极无为而混成自然。贵不可称，尊无有上，曰太上。大无不包，细无不经，理妙叵寻，天地人所由也。在天五星运气，日月耀光；在地五岳致镇，山高海渊；王侯中原，在人五体安全。夫天无灵宝，何以耀明？地无灵宝，何以表形？神无灵宝，何以入冥？人无灵宝，何以得生？故天地人三五合冥，同于一也。是故万物芸芸，以吾为根，以我为门。何以为根门？吾有灵宝文，诣蓬莱府，揭为真人。诸天中央入明堂，历璇玑，登无极紫宫，拜为道君。"有了"灵宝"，天地人才能正常存在和运行，万物都以"灵宝"为根。在该经名称下，有小字说明云："此乃太上宝之于紫微台，众真藏之于名山洞室，一曰秘于劳山之阴。"文中也说："下治万物，来入中原，秘于劳山之阴。五帝代禅，不得妄传，妄传必有死殃。"② 这里将灵宝经进行了神化，赋予了灵宝无上之意，这里也明确提出这部道经与崂山的关系，即道经造好之后，被秘藏于崂山之阴。《云笈七籤》沿袭了这个说法："天尊曰：吾以延康元年，号无始天尊，亦名灵宝君，化在上清境，说《洞玄经》十二部，以教天中九真，中乘之道也。《玉纬》云：洞玄是灵宝君所出，高上大圣所传。按，元始天王告西王母曰：太素紫微宫中，金格玉书《灵宝文真文》篇目十二部妙经，合三十六帙。又《四极盟科》云：《洞玄经》万劫一出，今封一通于劳盛山。昔黄帝于峨嵋山诣天真皇人，请《灵宝五芽之经》。于青城山诣宁封真君，受《灵宝龙蹻之经》。又九天真王降于牧德之台，授帝喾问《灵宝天文》。帝行之得道，遂封秘之于钟山。又夏禹于阳明洞天感太上，命绣衣使者降授

① 清同治《即墨县志》卷十，第272页。
② 《太上无极大道自然真一五称符上经》卷上，《中华道藏》第三册，第193页。

《灵宝五符》以理水，檄召万神。后得道为太极紫庭真人，演出《大小劫经》、《中山神咒》、《八威召龙》等经。今行于世矣。时太极真人徐来勒，与三真人以己卯年正月降天台山，传《灵宝经》以授葛玄。玄传郑思远，思远以灵宝及三洞诸经付玄从弟少傅奚，奚付子护军悌，悌付子洪，洪即抱朴子也。又于马迹山诣思远告盟奉受。洪又于晋建元二年三月三日于罗浮山付弟子安海君、望世等。后从孙巢甫，晋隆安元年传道士任延庆、徐灵期，遂行于世。今所传者，即黄帝、帝喾、禹、葛玄所受者。十二部文未全降世。"①灵宝经被造作出来之后，有一些被秘藏于崂山。这段话里的《四极盟科》是指《太玄都四极盟科》，《云笈七籤》卷六《三洞品格》中又引该经语云："《洞玄经》万劫一出，今封一通于太山，一通于劳盛山。"②二处在语句上稍有差别，不过都提到封灵宝经于崂山。

尽管灵宝经可能出现的时间比较早，但从文献来看，早期的经书是极少的，实际上更多的经书，是上文中提到的葛巢甫所造作。东晋中叶之后，在杨羲、许谧造作"上清经"之后，葛巢甫"造构灵宝"，构成了道教"三洞经书"中洞玄部的最初内容。查阅陆修静《灵宝经目》（根据王承文《敦煌古灵宝经与晋唐道教》附录"敦煌本《灵宝经目》著录的古灵宝经"），其中提到崂山的有三部：

一、《太上洞玄灵宝天文五符序经》一卷，或作三卷。《道藏》本名为《太上灵宝五符序》三卷，《中华道藏》本名为《太上洞玄灵宝五符序》，Kristofer Schipper（施舟人）和 Franciscus Verellen（傅飞岚）主编的 The Taoist Canon：A Historical Companion to the *Daozang*（《道藏通考》）（The University of Chicago Press，2005）中录为三卷。该经卷上在提到《灵宝要诀》时说："霍林仙人授乐子长，隐于劳盛山之阴。"③卷

---

① 《云笈七籤》卷六《三洞经教部》，第64页。
② 《云笈七籤》卷六《三洞经教部》，第65页。
③ 《太上洞玄灵宝五符序》，《中华道藏》第四册，第59页。

中有"《灵宝巨胜众方》",下注为"霍林仙人授乐子长,隐于劳山之阴"①,"《夏禹受真人方》"下注为"乐子长书出,隐于劳山之阴"②;卷下收的"劳盛山上刻石作文"下注"仙人乐子长作,吴王夫差写取"③。南朝梁道士宋文同(字文明)撰《灵宝经义疏》中说:"《太上洞玄灵宝天文五符经序》一卷。右二件旧是一卷,昔夏禹例出《灵宝经》中众文为此卷,藏劳盛山阴,乐子长于霍林仙人边得,遂行人间。仙公在世时所得本,是分为二卷,今人或作三卷。"④ 本经的造作,任继愈主编的《道藏提要》也是根据陆修静的记载,认为是六朝时期的天师道道徒所为。《中华道藏》收录时认为是出于魏晋时期,《道藏通考》根据陶弘景《真诰》和孟安排《道教义枢》中的记载,认为葛巢甫造构灵宝经是在 397—402 年间。由此,本经应该是晋末时的产物。

二、《太上洞玄灵宝大道无极自然真一五称符上经》一卷。《道藏》本名为《太上无极大道自然真一五称符上经》上、下两卷,《道藏通考》也载为两卷。本经属于"元始旧经",在敦煌文书第 2440 号中为一卷,可能是在唐后期被分为两卷。在经名下有注说:"此乃太上宝之于紫微台,众真藏之名山洞室,一曰秘藏于劳山之阴。"经中多次提到崂山,见上述。本经也属于葛巢甫所造构的道经,时间也应在晋末。

三、《仙公请问本行因缘众圣难》一卷。本经也是古灵宝经之一,《道藏》本名为《太上洞玄灵宝本行因缘经》一卷,《道藏通考》认定本经的造作时间是在六朝时期,实际上本经的造作年代可能也是在东晋时期。经中说:"吴赤乌三年,岁在庚申,正月一日壬子,仙公登劳盛山,静斋念道。是日中时,有地仙道士三十三人,诣座烧香,礼经旋行。"⑤ 唐时所撰《无上祕要》卷之四十七《斋戒品》中引到本经内

---

① 《太上洞玄灵宝五符序》,第 64 页。
② 《太上洞玄灵宝五符序》,第 66 页。
③ 《太上洞玄灵宝五符序》,第 78 页。
④ 宋文同:《灵宝经义疏》,《中华道藏》第五册,第 510 页。
⑤ 《太上洞玄灵宝本行因缘经》,《中华道藏》第四册,第 131—133 页。

容："仙公登劳盛山，静斋念道。是日中时，有地仙道士三十三人诣座，烧香礼经都旱，各还仙处，安住如也。"① 卷八十四《得太清道人名品》又再次提到："乐子长，齐人，吴羌时受韩君灵宝五符，乃数天书藏于东海劳盛山中，为吴王所得。"②

　　这三部早期的古灵宝经，在提到崂山时言之凿凿，尤其是吴赤乌三年（240）正月，葛玄在崂山与33位道士说法，更是说得比较肯定。任颖厄《崂山道教史》注意到《太上洞玄灵宝本行因缘经》中的这段话，他对此段话评论道："以上记载只不过（是）历代道士们惯用的托神传教的说法，半为神话，仅可参考。道经多传说为神造、神授、神传的现象，属于宗教神学的范畴，是道教内部宣教的需要，是信仰的产物，旨在为道经的产生涂抹一层神秘而神圣的色彩，吸引信徒信奉、诵念。我们未必相信这些说法，但应当尊重信徒的宗教感情。"③ 著者认为古灵宝经中关于崂山的这些记载是不可相信的。

　　关于葛玄是否在崂山对33位道士说法，王承文在《敦煌古灵宝经与晋唐道教》中提到这件事的时候，好像并没有怀疑，不过也可能著者写作的重心不在此，只是对经中内容加以援引而已，所以也没有去考辨。如果仔细考校的话，晋代的葛玄在崂山讲道，也并非没有可能。

　　首先，经中提到的吴赤乌三年。以吴的年号纪年，说明造经者可能身处孙吴所统辖之范围，同时也说明葛玄与孙吴的关系很密切。敦煌文书 P. 2452 号《灵宝威仪经诀上》记有灵宝经的传授。文云："太极真人称徐来勒，以己卯正月一日日中时，于会稽上虞山传太极左仙公葛玄，字孝先。玄于天台山传弟子郑思远、沙门竺法兰、释道微、吴先主孙权。思远后于马迹山传葛洪，仙公之从孙也，号曰抱朴子，著外内书典。郑君于是说先师公告曰：'我日所受上清三洞太真道经，吾去世之

---

① 《无上祕要》卷四十七《斋戒品》，《中华道藏》第二十八册，第 172 页。
② 《无上祕要》卷八十四《斋戒品》，第 250 页。
③ 任颖厄：《崂山道教史》，第 19－20 页。

日，一通副名山洞台，一通传弟子，一通付吾家门子弟，世世录传至人。门宗弟子，并务五经，驰骋世业，志在流俗，无堪任录传者。吾当以一通封付名山五岳，及传弟子而已。吾去世后，家门子孙若有好道思存仙度者，子可以吾今上清道业众经传之。当缘子度道明识吾言。'抱朴子君建元六年三月三日，于罗浮山付（葛）世，世传好之子弟。"这部经，显然也是后来人所造作的。本经中提到的吴先主孙权为葛玄之弟子，虽然不一定符合事实，不过说明孙权的道教信仰，以及葛玄与孙权之间有着比较密切的联系。经中说太极真人在会稽上虞山传葛玄道经也不会是历史事实，但反映出在会稽上虞山这个地区，道教的活动是相当活跃的。同样，《太上洞玄灵宝本行因缘经》中说葛玄在崂山对33位道士说法，在一定程度上也说明了当时崂山地区确实可能有道教活动。

其次，魏晋时期，道教中出现了神（圣）山（Holy mountains）信仰，道教徒们认为神仙都居住在这些神山之中，许多人热衷于到山中去寻找神仙，葛洪《神仙传》和六朝时期的一些小说都说明了这一点。在《太上洞玄灵宝本行因缘经》中，听法的道士问："前与上人俱入洞庭，看天王别宫，初登苍山，时见有一辈仙人，求随上人看戏，尽何等仙人？乃多如此。"葛玄回答说："彼仙人皆是诸名山洞室仙人，其已不多。子不见昆仑、蓬莱、钟山、嵩高、华岳、须弥、人（灵）岛诸大山洞室，仙人无数矣。"又问："不知洞庭通何处？"葛玄答："乃通此上诸大山及巨海、北酆、岱宗五岳，无所不通矣。"① 葛玄这里提到了当时一些名山，一些是虚构的，一些是确实存在的。葛玄所说的"诸大山及巨海、北酆、岱宗五岳"，说明当时道徒们对于到名山中去寻找神仙是颇为向往的。唐代佛教僧人释玄嶷在《甄正论》中说："汉明帝时，佛法被于中夏。至吴赤乌年，术人葛玄上书吴主孙权云：'佛法是西域之典，中国先有道教，请弘其法。'始创置一馆。此今观之滥觞

---

① 《太上洞玄灵宝本行因缘经》，第133页。

也。"① 在这种信仰之风下与传播本土宗教的动力下，葛玄有可能远游
（an excursion）到被认可的一些有仙人居住的"神山"（Holy mountains）②
传扬道教。南朝成书的《葛仙公别传》有关于葛玄与吴太子孙登关系
的记载，葛玄于嘉禾二年（233）正月朔日"辞太子而去"："一日，仙
公辞吴主曰：'山林微贱，久藉恩庇，今当违远丹陛，恐未有再见期。
愿陛下息兵子民，推诚惠物，永安宗社，长享太平。'吴主曰：'卿名
隶丹台，岂久淹尘世者也。'嘉禾三年正月一日，登括苍山。"葛玄离
开孙吴朝廷，外出山林传道和说法，来到崂山并对学道者说法，并不是
不可能。

最后，在本经中提到葛玄对道士们说法时，云："是时三侍臣同发
愿：后生作道士，我为隐士，释道微、竺法兰愿为沙门，郑思远、张泰
为道士，普志升仙度世，绝王务，死径升天堂，衣食天厨。我后生为隐
士，兰、微为沙门，张郑为道士，俱入学道求仙。吾后为诸人作师，志
大乘，行常斋诚读经，并赍珍宝诣大法师，受三洞大经，供养礼愿，斋
诚行道，服食吐纳。因缘未尽，命过太阴，即生贤家，复为道士、沙
门，复得同学，相为师徒，复受大经，斋戒行道，是故上圣盻目，觌真
降教于我也。尔时兰、微、张、郑尽侍座，今日相随，是宿世之缘愿故
尔。"③ 古灵宝经的造作者给葛玄安排了几个佛教弟子，意在通过佛教
高僧来高度神化葛玄，这是在宣称葛玄所传承的灵宝经是既包容了佛教
而又超越于佛教之上④。灵宝经中的这般记载，为很多佛教典籍所引
用，如唐法琳《破邪论》中说：

　　葛仙公告弟子曰："吾昔与释道微、竺法开、张太、郑思远
　　等四人同时发愿，道微、法开等二人愿为沙门，张太、郑思远

---

① 释玄嶷：《甄正论》，《大正藏》第52册，第568页。
② Kristofer Schipper、Franciscus Verellen，《道藏通考》PartI, The University of Chicago Press，2005，p. 212.
③ 《太上洞玄灵宝本行因缘经》，第132页。
④ 王承文：《敦煌古灵宝经与晋唐道教》第二章，第45页。

愿为道士。"《仙公起居注》云："于时生在葛尚书家，尚书年逾八十，始有此一子。时有沙门自称天竺僧，于市大买香，市人怪问，僧曰：'我昨夜梦见善思菩萨下生葛尚书家，吾将此香浴之。'到生时僧至烧香，右绕七匝沐浴而止。"①

法琳引用道经和葛玄之事，是用来说明"道经师敬佛文"的，对经中所说的葛玄在崂山讲道说法、听法者中有佛教僧徒、贬低佛教等内容没有进行否定和批驳，或许这些事情是存在的，使得佛教徒没有办法否定，只好从道教徒这是在"敬佛文"的角度来为自己辩护。当然，这些内容也是在六朝佛、道二教相斗的情况下的产物，也不能尽信，只能作为一种参考和作证。

总之，古灵宝经中的这些记载，不能说完全是道徒们造经时的一种神化，古灵宝经中屡屡提到崂山，说明崂山在当时道徒心中确实是想象中的具有神仙色彩的仙山。更有可能的是，在造作古灵宝经的时代，崂山地区已经有了道教活动。若这个推测成立的话，崂山当在晋代最早或在西晋时就有道教徒在活动，或者有道经传入。

四

自古灵宝经提出崂山之后，为后来的道经所沿袭。如唐末道士闾丘方远撰《太上洞玄灵宝大纲钞》中说："天尊于龙汉劫初，从碧落天降大浮黎国，在大地东方说法，演灵宝自然天书五篇真文。至轩辕黄帝时，天真皇人是前劫成真，于峨嵋山洞中，授黄帝守三一法，及黄帝赤书一篇，灵宝部中皆天书古象。黄帝道成，封此法于钟山，在西北，然后于仙都山升天。至尧时，禹父鲧治水，功用不就，尧举舜执政，殛鲧于羽山，在东欣州，用禹理水。禹伤先人理水，功不成见诛，日夜号泣，感神人绣衣使者，告禹曰：黄帝得道，封灵宝五符于钟山之阿，授

---

① 法琳：《破邪论》卷上，《大正藏》卷52，第477－478页。

汝而理水功就。禹遂诣钟山，斋心祈祝，感钟山真公授灵宝五法，皆备足。理水功成，会辜臣于会稽山，更演五符，及出五帝姓讳，共成三通。一通藏于洞庭包山，今林屋洞是也，在吴县。吴王令龙威丈人取出后，火化归天。一通藏东海劳盛山，亦被吴王取出。"①

唐高宗时道士孟安排集的《道教义枢》中说："洞玄是灵宝君所出，高上大圣所撰，今依元始天王告西王母，太上紫微宫中金格玉书《灵宝真文》篇目十部妙经，合三十六卷。按《太玄都四极明科》曰：'洞玄经，万劫一出。今封一通于太山，一通于劳盛山。'"②

《洞玄灵宝千真科》云："尔时，太极左仙公以吴赤乌三年正月一日，登劳盛山，精思念道。是日中时，有地仙道士三十三人，诣坐烧香。倏尔之时，乃有天钧伎乐万钟乐作。太上道君与诸圣，众天真皇人、扶乘千真、仙童玉女，乘空履虚，同时俱至。变所居处，床座庄严，太上道君依位而坐。"③

《太极葛仙公传》中详细编集了葛玄的事迹，其中也提到："赤乌二年正月一日，仙公登劳盛山，精思念道。是日中，感太上授以千真科戒，乃与众真演说劝戒未悟流传于世。时吴主于方山为仙公立洞玄观。"④

古灵宝经中所说的承传经书的韩众和乐子长，道经中也有一些记录。《上清道类事相》卷四"登真隐诀"条云："东海劳盛山北阴之室，有霍林仙人韩众，撰服御之方也。"⑤ 葛洪《神仙传》卷二《乐子长》云："乐子长者，齐人也。少好道，因到霍林山，遇仙人，授以服巨胜赤松散方。仙人告之曰：'蛇服此药，化为龙。人服此药，老成童。又能升云上下，改人形容，崇气益精，起死养生。子能行之，可以度世。'

---

① 闾丘方远撰：《太上洞玄灵宝大纲钞》，《中华道藏》第四册，第442－443页。
② 孟安排：《道教义枢》卷之二《三洞义第五》，《中华道藏》第五册，第553页。
③ 《洞玄灵宝千真科》，《中华道藏》第四十二册，第57页。
④ 《太极葛仙公传》，《中华道藏》第四十六册，第185页。
⑤ 《上清道类事相》卷四，《中华道藏》第二十八册，第400页。

子长服之，年一百八十岁，色如少女。妻子九人，皆服其药，老者返少，小者不老。乃入海，登劳盛山而仙去也。"① 葛洪的《抱朴子内篇》中还记载了一篇《乐子长丹法》，云："又《乐子长丹法》，以曾青铅丹合汞及丹砂，著铜筩中，干瓦白滑石封之，于白砂中蒸之，八十日，服如小豆，三年仙矣。"② 不知道这里说的《乐子长丹法》与《神仙传》里提到的"巨胜赤松散方"是不是一个，不过看上去好像不太一样，说明乐子长的仙方还不止一种。《历世真仙体道通鉴》亦有乐子长传，云："乐子长，潜山真君是乐史之远祖。按《总仙记》曰：'真君名子长，齐人也。少好道，到霍林遇仙人韩众，受灵宝符，传巨胜、赤松散。真君服药，年一百八十岁，色如少女。妻子九人，皆服此药。入劳盛山升仙，住方丈之室。于神州受太玄生箓，以五芝为粮。太上补为修门郎，位亚神次。唐玄宗梦二十八仙，称星二十八宿。内真君是星宿，于潜山得道，号潜山真君。'"③ 明末人黄宗昌撰写的《崂山志》卷五"仙释"中，第一个提到的就是乐正子长，书云："不知何许人也，尝遇仙于崂山，授以巨胜赤散方，服之，年过百八十，颜如童，入崂深处，不知所终。"④ 或许黄宗昌认为，乐子长是崂山第一位比较知名的道士，他对于乐子长的认识，或许正是从上面所引的资料所得来的。

可能是韩众、乐子长、葛玄与崂山的关系被说得太真切，也可能是出于对古灵宝经和所传的早期造经者的重视，崂山在道教中的地位似乎越来越重要。大概为六朝时期所出的《太上妙法本相经》中，言求道之士乐居崂山："夫为道也，身心力行，同时而到，不妄不想，专执不动，天雨飞石，火生焚地，地为之出黄泉，黄泉浦沸出，终不蹔顾，斯是志士之尚道业也。乐居于劳山，徒有三千天魔，发山打锻槌掷，乱坠其侧，树木摧折，山崖崩缺，千万段数，亦如飞雪，石不能伤，完端不

---

① 葛洪：《神仙传》卷二，《中华道藏》第四十五册，第 23 页。
② 葛洪：《抱朴子内篇》卷四，中华书局 1985 年版，第 80 页。
③ 《历世真仙体道通鉴》卷三十四，《中华道藏》第四十七册，第 446 页。
④ 《黄宗昌〈崂山志〉注释》卷五，中国海洋大学出版社 2010 年版，第 129 页。

易，乐心不播，存念如故。"① 甚至在后来所造道经中，太上老君也都来到过崂山。如宋人谢守灏所撰写的《混元圣纪》，记载太上老君在远游山泽时来到崂山："老君乃远游山泽，求炼神丹。行经劳山，果遇太一元君乘五色班麟，从官十人。老君从之间道，元君曰'道之要在乎还丹金液耳'，遂且授秘诀。"② 谢守灏同时还编撰了《太上混元老子史略》三卷，其中再次提到这段话，云："老君乃远游山泽，求炼神仙。行经劳山，果遇太乙元君乘五色斑麟，侍官数十人，老君从之问道，元君曰'道之要者，在乎还丹金液耳'，遂具授秘诀。"③

这些记载都说明，在古灵宝经出现之后，崂山越来越受到道教的重视，更多的传说和仙人与崂山发生了联系。

---

① 《太上妙法本相经》卷中《普言》，《中华道藏》第五册，第 8 页。
② 谢守灏：《混元圣纪》，《中华道藏》第四十六册，第 42 页。
③ 谢守灏：《太上混元老子史略》，《中华道藏》第四十六册，第 140 – 141 页。

第二章　崂山早期的道士活动

　　蓝水在《崂山志》中说"劳山有道教自华盖始"，华盖是指华盖仙人刘若拙。其实，蓝水的说法并不十分准确，若说华盖真人刘若拙是崂山第一个比较有名的道士可能要更恰当一些。从文献来看，在刘若拙之前，崂山实际上已经有比较多的道教活动了，只是他们基本上没有在史书或各种文献中留下名姓。刘若拙是五代、北宋初时的道士，崂山在整个宋代留下名姓的也只有他。因此，本处所说的"崂山早期的道士活动"，指的是金、南宋之前，崂山地区的道士活动。从已有的文献来看，虽然崂山早就有道士活动，但留下名姓和行迹的道士非常少，而且有些道士的真实性也难以确定，甚至是不可信的。

一

　　崂山所属的古即墨，为古齐地之范围。齐地神仙信仰产生较早，且氛围浓厚，因此齐地多方术和方士。《史记》云："自威、宣、燕昭使人入海求蓬莱、方丈、瀛洲。此三神山者，其传在勃海中，去人不远；患且至，则船风引而去。盖尝有至者，诸仙人及不死之药皆在焉。其物禽兽尽白，而黄金银为宫阙。未至，望之如云；及到，三神山反居水下。临之，风辄引去，终莫能至云。世主莫不甘心焉。"[1]《史记》想象三神山以金银为宫阙，洁净无尘，和后来佛教所描绘的西方净土及东方

---

　　① 《史记》卷二十八《封禅书》，第1369－1370页。

净土世界几乎一致了。根据这段记载，可知齐威王、齐宣王和燕昭王时即已派方士入海寻找仙山、仙人和仙药了。关于齐地的方士、方仙道及其活动的考察，苑秀丽、刘怀荣《崂山道教与〈崂山志〉研究》第二章《齐文化与道教及崂山道教之关系》有详述论述。

《崂山道教与〈崂山志〉研究》中指出，齐地的方士在史书和文献中多没有留下姓名。至于齐地方士多没有留下姓名的原因，大概有这样三个方面的原因：

一是齐地的方仙道产生最早，此时的信仰系统还只是处于初始阶段，还不足以使人对之有狂热的迷恋，因而编造这些神仙信仰系统人的姓名也不被注意。随着这种信仰的向外传播，在传播过程中，整个信仰系统被加工的越来越完善，所编造的景象也越来越诱人，吸引越来越多的人特别是统治者的注意的时候，宣扬者和行持者的名姓会被留意并记载下来。

二是早期的宣扬者没有取得令人信服的效果，并且与统治者追求的狂热程度有关。早期留下名姓的方士如宋毋忌、正伯侨、充尚、羡门高等，《史记》中说"皆燕人"，可以认为燕王对于仙山、仙药的追求更加狂热和执着，从而催生了众多的燕人方士，并致使其名姓得以被留下。直到秦始皇、汉武帝疯狂地追求长生不死，对方士所持之方术深信不疑，才使得徐市（福）、李少君、栾大等一些齐地方士留下了名姓。徐市能够从秦始皇身边"不可胜数"的方士中杀出，是他进行了大规模的求仙行动："（二十八年）齐人徐市（福）等上书，言海中有三神山，名曰蓬莱、方丈、瀛洲，仙人居之。请得斋戒，与童男女求之。于是遣徐市（福）发男女数千人，入海求仙人。"[1] 李少君、栾大等则是完善了方术的理论系统而受到汉武帝的信任，如李少君是以"祠灶、谷道、却老方见上"，汉武帝因而"尊之"，以至于李少君病死，汉武帝

---

[1] 《史记》卷六《秦始皇本纪》，第247页。

竟然不相信，认为他是"化去不死"①。汉武帝四岁时被封为胶东王，虽然没有到封地上任，但他心里对胶东一带应该有一种想一见的情感。太始四年（前93），汉武帝在东巡泰山回程时来到不其，"夏四月，幸不其，祠神人与交门宫，作有响拜者。作交门之歌"。应劭注解说："神人，蓬莱仙人之属也。"② 由此可见，汉武帝来不其，也完全是为了追逐仙人。

汉武帝对齐人方士的重用，使得齐地的方士如雨后春笋般地迅速衍生，不仅如齐少翁被封为文成将军，就是连后来的官员都带上了方士的色彩。据《后汉书》，"琅邪姑幕人"童恢在任不其令时，"若吏称其职，人行善事者，皆赐以酒肴之礼，以劝励之。耕织种收，皆有调章"，使得不其"一境清静，牢狱连年无囚，比县流人归化，徙居二万余户"，还能以咒降虎："民尝为虎所害，乃设槛捕之，生获二虎。恢闻而出，咒虎曰：'天生万物，唯人为贵。虎狼当食六畜，而残暴于人。王法杀人者死，伤人则论法。汝若是杀人者，当垂头服罪；自知非者，当号呼称冤。'一虎低头闭目，状如震惧，即时杀之。其一视恢鸣吼，踊跃自奋，遂令放释。"童恢降虎之举，"吏人为之歌颂"③。以咒使虎服罪，可能更多的是戏言，不过仍使人觉得童恢身上具有方士的色彩。周毓真在《重修童府君庙记》中，言其曾拜童恢墓，"父老为余言府君事甚诞妄，然无不欷歔泣下，若目见其事，而恨不以身遇之者。"④ 文中所说的"府君事甚诞妄"，可能就是关于童恢的事情方术色彩太浓厚了。蓝水认为童恢是一循吏，其咒虎之举是很迂腐的事，所谓"其一鸣吼，其一低头"，不过是"偶然耳"，以此来定孰是孰非，是很"可

---

① 《史记》卷二十八《封禅书》，第 1385 - 1386 页。

② 《汉书》卷第六《武帝纪》，第 207 页。又见清同治《即墨县志》卷一《古迹》，第 38 页。

③ 《后汉书》卷七十六《童恢传》，第 2482 页。又见清同治《即墨县志》卷八《名宦》，第 129 页；周至元：《崂山志》卷四，第 156 - 157 页。

④ 黄肇颚：《崂山续志》卷四，第 127 - 128 页。

笑"① 的。话虽如此，蓝水没有注意当时其身上的方士和方术色彩。童恢因其为官清正，而受到百姓及后代世人的尊敬。周至元在《崂山志》中录有明人周璠诗云："怪石孤蹲似虎牢，风传万木写呼号。童恢驯后少苛政，松叶不鸣山月高。"② 此诗即言其功绩，又黄肇颚在《崂山续志》录董锦章《驯虎山怀古》诗，亦是此意，诗云："盛德能教异类驯，童公治化信如神。生之有道千山煦，杀亦铭恩万象春。"③ 童恢的功绩及其被覆盖上的神奇色彩，成为即墨及崂山周边民众们心中的偶像，在遇到各种灾害时，民众便会向其祈祷："童公祠，一名通真宫，在王乔崮之阴，祀汉不其令童恢。元皇庆间创修，延祐中重建，达鲁花赤普颜不花为之记。清康熙间又重修之。昔时山民每值水旱螟蝗之灾，多祷之。"④ 为赞扬或纪念其曾经做出的功绩，民众亦举行盛大庙会庆祝其生辰，据周至元说："通（童）真宫于十一月二十一日逢会，相传为童公恢之生辰。"⑤ 民众为之建立宫观，纪念之，祭祀之，使后人在记住其功绩的同时，也使其覆盖上了神秘的宗教色彩。关于童恢事，周毓真在《重修童真宫碑》中有很客观的说明："墨故不其旧封也。自汉来以循良著者称童、吴，然吴为胶东相，墨半属之；童为不其令，其于墨为专，故民之思之也最深。城南十里有山岿然，世所传府君驯虎处也。复东南又十余里，府君墓在焉。庙立其侧，秋菊春兰，奉旨甚虔。邑有水旱螟螣之灾。悉往祷焉。余尝南行拜其墓于路左，父老为余言府君事，甚诞妄，然无不歈歔泣下，若目见其事，恨不以身遇之者。会其前楹倾圮，将理新之，因求文以记。考之史，府君名恢字汉宗，琅琊姑幕人。政成，迁丹阳太守卒，不言归葬不其。史阙文与？衣冠之所藏

---

①　蓝水：《崂山志》，第 59 页。

②　周至元：《崂山志》卷二，第 36 页。青岛诗词学会编的《万古崂山千首诗》中亦录周璠该《虎啸诗》，语句稍有所差异："怪石孤蹲似虎牢，风传万木写呼号。偶来应是无苛政，松叶不鸣山月高。"（新华出版社 2002 年版，第 93 页）

③　黄肇颚：《崂山续志》卷四，第 127 页。

④　周至元：《崂山志》卷三，第 118 页。

⑤　周至元：《崂山志》卷一，第 13 页。

与？后人之封土以寄其思与？余于是有感焉。汉及今千六百年矣，向所谓不其者，易而墨亦千余年矣。公子孙之居于其乡者，其存亡不可知。幸而存，其转徙流离，又不知几何世，几何地矣。即使当日者衣锦而归，埋魂故里，异代之后，城市迹迁，有欲求断碣残垅之仿佛而不可得者。而墨水一邱累然千里，岂非郑司农所云：'后世子孙之奉我，不若桐乡'者耶！盖古之人，其政入民之深，而古之民，久而不忘其上，类如此。又史称府君以礼化民，囹圄空虚，其美政当不可尽记。而世多传其驯虎事，谓有神术焉。不知古之吏，有虎渡河者，有蝗不入境者，有驯鳄鱼之暴者，积诚所格，蠢无不孚。是区区者，固物感之常，不足为府君也。或曰：'昔有封使君者，化虎食人。识者呼其名，则惭而去。虎之暴，盖酷吏所化也。闻府君之风，其惭而去也。'固宜是说也，余未敢信为然。然《记》有之，'苛政猛于虎'，今天下之为封使君者不少矣。安得如府君者数十辈，参错天下，而使耽耽者，无为吾民毒也，悲夫！"[1] 周毓真认为百姓们纪念童恢，是纪念他的良政。所谓的"老虎"，是当时如虎般残暴的酷吏，酷吏见到童恢这样清正的官员望风而走。应该说，周毓真的这个看法还是非常中肯的。周毓真说的"民之思之也最深"、"父老为余言府君事，甚诞妄，然无不欷歔泣下，若目见其事，恨不以身遇之者"、"古之民，久而不忘其上"等语，说明了民众对于童恢的怀念，并长期流传其事迹，在英林整理的《崂山传说精品集》中，收有《童大人驯虎》一篇，便是记载即墨城南儿埠村流传的"童大人驯虎"的古老传说。民众对于童恢的感思，随着时间的推移，越来越神术化，最终覆盖上了神秘的方术色彩。

无独有偶的是，使用此种方式降虎的事情，还曾发生在明代即墨人身上，洪武初年即墨人隋赟任英山县主簿，英山县在湖北省境内。县有虎食人，隋赟"移文城隍之神位"，第二天"虎死于民被害所"，隋赟"遂斩其首"，虎患顿息。这两件事之间没有什么联系，不过都与即墨

---

① 周至元：《崂山志》卷六，第 226–227 页。

有关，容易使人联想到是齐地浓厚的方术色彩给当地形成了一种惯性的思维。

　　三是作为"三齐名区"①的即墨，方士活跃自然是无疑的。众多活跃的方士，加上海上仙山的传说，尽管没有直接的文献证明，有方士在崂山里活动是可以想象的。但这些在崂山活动的方士，直到西汉的张廉夫为止，无一留下姓名，还有一个重要的原因，就是崂山所处的位置过于偏僻。虽然即墨号称"人文蔚兴，名贤接武"②，但崂山地区在当时并不是文化中心地带，从自然环境上看崂山，"三围大海，背俯（或作'负'）平川，巨石巍峨，群峰峭拔"，真是道教所谓的洞天福地，"一方之胜境"。然因为"僻于海曲"，而"举世鲜闻"③，人迹亦多不至。黄宗昌在《崂山志》开始"《崂山志》八条"之"游观"中说："崂据东偏，而车辙罕至。"④ 顾炎武《崂山志序》云："其山高大深阻，磅礴二三百里，以其僻在海隅，故人迹罕至。"⑤《即墨县志》卷一云："又东南诸山人迹罕经者，不下百余里，皆荒山、海滩、河伯。"⑥ 所谓"东南诸山"，自然就是指崂山了。也许正是因为人迹罕至，所以受到了修炼之士的青睐。《崂山志》卷五"仙释"部分的序中说："崂山处东南隅，又半在海，胜地名岩外，多人迹所不至，故修炼家时有也。"⑦ 顾炎武在《崂山志序》中也说："自汉以来，修真、守静之流，多依于此，此则其可信者。"⑧ 黄宗昌和顾炎武的说法是可信的，如清同治《即墨县志》中记载汉代王仲事："王仲，不其人，隐居不仕。好道学，明天文。文帝时避济北王兴居之难，浮海奔乐浪山，家焉。"⑨ 王仲所

---

① 清同治《即墨县志》卷九，第 134 页。
② 清同治《即墨县志》卷九，第 134 页。
③ 丘处机：《磻溪集》卷二，《中华道藏》第二十册，第 603 页。
④ 黄宗昌：《崂山志》，第 5 页。
⑤ 黄宗昌：《崂山志》，第 7 页。
⑥ 清同治《即墨县志》卷一，第 29 页。
⑦ 黄宗昌：《崂山志》卷五，第 128 页。
⑧ 黄宗昌：《崂山志》，第 7 页。
⑨ 清同治《即墨县志》卷九，第 161 页。

好之"道学"，应该就是方术，他所隐居之地可能就是在不其周围的山中。乐浪山在乐浪郡内，是西汉在朝鲜半岛所设的四郡之一，管辖朝鲜半岛北部。王仲浮海到乐浪山，有可能是从崂山出发的。也正是因为人迹罕至，致使这些修炼之士（道士）之名不能被记录下来而埋没在历史之中。

总而言之，尽管崂山一开始就以仙山的面目出现在世人面前，加上秦始皇、汉武帝等人派人到此寻找海上仙山等说法，吸引了一些早期追求成仙、修行之士（或道士）来此，但因为上述原因，致使这些活动者的名姓没有被记载下来。尤其是第三个原因，不仅使得方士，也致使早期在崂山活动的道士的名姓，几乎没有被留下来。此外，有些修行的人（当然包括一些道士在内），到崂山隐居隐逸，或为避战乱，或意在修道，或过逍遥自在的生活，也不愿意让人知晓，如苏东坡曾在《盖公堂记》中说道："胶西东并海，南放于九仙，北属之牢山，其中多隐君子，可闻而不可见，可见而不可致。"① 又如清·纪润在《劳山记》中所记的一个"埋姓奇人"："昔年有一埋姓奇人隐于此。结茅庐，小门短对曰：'晦朔潮为历，寒暄草记晨。'又曰：'何处是汉宫秦阙，此中有舜日尧天。'静室长联题曰：'老去自觉万缘都尽那管闲事闲非，春来尚有一事相关只在花开花落。'数年后，不知何往，真高人也。"② 这些隐居在崂山山中的人，在主观上就不想让外人知晓，故其多数的名姓没有被留下来。纪润在游览崂山之后，感叹道："观此毕矣。仍归儿女慈帐、名利苦海、是非场中矣。何不居深山之中，与木石居，以鹿豕游。无荣无辱，付理乱于不问，以终天年也哉！"③ 这或许是一些隐居在崂山而不留名姓者的心里话。

这些隐居者，有许多是闻崂山之名而来，在此过着神仙般的逍遥生

① 苏轼：《盖公堂记》，《东坡全集》卷三十六。
② 纪润：《劳山记》，转引蓝水：《崂山志》，第98页。
③ 纪润：《劳山记》，转引蓝水：《崂山志》，第100页。

活，如陈士杰在《答尹琅若以〈唱骊集〉见示诗》中所言的尹琅若："我闻崂山名，未识崂山面。有客谈崂山，恍惚如目见。芙蓉插汲霄，渤海绕青甸。蓬莱只咫尺，俯仰供顾盼。就中有高士，结茅构幽院。殚精采深奥，积轴盈于卷。芒鞋数攀跻。诗骨猿鹤健。有时访道人，趺坐讲修炼。偶尔田父来，桑麻话不倦。灸奄芦浮云，倏忽随干变。瓮头春酒香，抱此常恋恋。不佛亦不仙，仙佛应同羡。我非浊俗流，买山夙有愿。眷言追芳躅，结社共清宴。"① 尹琳基，字琅若，道光间来到崂山，筑室隐居不出。诗中所说的"就中有高士，结茅构幽院"，既包括如尹琳基这样的慕崂山之名而来的隐居之士，也包括在此"趺坐讲修炼"的修道者。或许其中有些人的身份是"不佛亦不仙"，但他们在崂山中所过的逍遥生活，却绝对是"仙佛应同羡"的。

二

有方士在崂山活动，并不等于崂山有了道教。关于道教传入崂山的具体时间，尽管作了如上文的推测，或许晋代已经有道士在崂山地区活动是比较可信的，但毕竟没有直接的文献记载。

在整个魏晋南北朝时期，中国浩如烟海的文献中没有记录下一个在崂山活动的道士的姓名。清同治《即墨县志》卷十二"释道"中，首列五代乐子长，紧接着列唐代的王旻，五代在唐之后，故此处有误。如前文所述，乐子长是道经和葛洪《神仙传》中所记载的传说中的仙人，很难说他是曾经真实存在过的人物，更不可能是五代时期的人物。黄宗昌在《崂山志》卷五"仙释"部分，将其列为第一，很难说具有史实性。清同治《即墨县志》所云："乐正子长尝遇仙于鳌山，授巨胜赤散方，告以此药蛇服化龙，人服长生。长服之，年百八十如童颜。登崂山

---

① 转引自周至元：《崂山志》卷四，第150页。

仙去。"① 更是元代之后对于乐子长的一种想当然的认识。但如果说乐子长确曾是历史上实存的人物，那么可以说他有可能是崂山第一个留下姓名的道士或道教人物了。

在史传上留下名字并与崂山有关的道士，是在唐代出现的。唐代从一开始就与道教有着很深的渊源，隋朝末年，就有"老子度世，李氏当王"的谶语。这个谶语可能是李渊有图王之心后所故意造作出来的，用来争取民众的信赖。《旧唐书·王远知传》中说："高祖之龙潜也，远知尝秘传符命。"② 王远知向李渊所传之符命，可能就是"老子度世，李氏当王"的之类的谶语。李渊在起兵过程中，屡屡受到道教众神的帮助。大业十三年（617）七月，隋武牙狼将宋老生屯霍邑抗拒李渊的大军。当时的天气状况十分恶劣，"霖雨积旬，馈运不给"，李渊无奈想撤军，经李世民"切谏乃止"。这时有一个白衣老父来到军门，说："余为霍山神，太上老君使谒唐公曰：'八月雨止，路出霍邑东南，吾当济师。'"李渊说："此神不欺赵元帅，岂负我哉！"至八月，李渊"引师趋霍邑，斩老生，遂平霍邑"③。李渊利用这些传说，将老子作为他的先祖。李渊即位后，崇奉道教，提高道教的地位，如于武德八年（625 年）颁布《先老后释诏》说："老教孔教，此土先宗，释教后兴，宜崇客礼。令老先、次孔、末后释宗。"④ 明确规定了老子在儒学、佛教之上。

李世民能夺得帝位，与道教有着密切的关系。王远知亦曾预言李世民为帝，《旧唐书》云："武德中，太宗平王世充，与房玄龄微服以谒之，远知迎谓曰：'此中有圣人，得非秦王乎？'太宗因以实告，远知

---

① 清同治《即墨县志》卷十二，第 299 页。
② 《旧唐书》，第 5125 页。
③ 《混元圣纪》卷八，《中华道藏》第四十六册，第 91 - 92 页。
④ 道宣：《续高僧传》卷二十五《释慧乘传》，《高僧传合集》本，上海古籍出版社 1991 年版，第 312 页。

曰：'方作太平天子，愿自惜也。'"① 李世民在夺帝位过程中，道士发挥了重要的作用，因此李世民在夺得帝位之后，对道教十分尊崇，道教的地位进一步提高。李世民的崇道，前期是以《老子》的清静无为思想治理天下方面，后期尤其是到了晚年，则是迷恋于神仙、长生与方药等。他在《述圣赋序》中说："余每览巢许之俦，松乔之匹，未尝不慨然慕之，思可脱屣长辞，拂衣高谢。欻复以时运见羁，因留连于大任，徒有轻举之志，而不达者，其天意也，岂人事乎？"② 对神仙、仙人流露出羡慕之情。又如向洞庭山道士胡隐遥问摄生之道："唐贞观中，太宗诏（胡隐遥）入内殿，问摄生之道。"③ 又向"精晓药术"的甄权访药："甄权精晓药术，为天下之最……权年一百三岁，太宗幸其家，视其饮食，访以药性，因授朝散大夫。"④

至唐玄宗时，唐代道教的发展达到了顶峰。唐玄宗痴迷神仙长生，服丹药是其生活中不可缺少的部分，他曾经说："吾比年服药物，比为金灶煮炼石英，自经寇戎，失其器用。前日晚际，思欲修营，一昨早朝，遽闻进奉。有同符契，若合神明。此乃汝之因心，测吾之本意。"⑤ 为了找到长生的丹药，唐玄宗派道士到各地名山去采药，"玄宗御极多年，尚长生轻举之术。于大同殿立真仙之像，每中夜夙兴，焚香顶礼。天下名山，令道士、中官合炼醮祭，相继于路。投龙奠玉，造精舍，采药饵，真诀仙踪，滋于岁月。"⑥

唐玄宗令道士到天下名山去醮祭、采药的情形，道士来到崂山是完全有可能的。崂山盛产各种药材，黄宗昌《崂山志》"物货"条下的"药材"云："不下百余种。黄精、天冬门、苍术，其最盛也。"⑦ 《黄

---

① 《旧唐书·王远知传》，第5125页。
② 《文苑英华》卷四十一，《四库全书》本。
③ 《历世真仙体道通鉴》卷二十九，《中华道藏》第四十七册，第415页。
④ 《册府元龟》卷七八四，中华书局影印本第十册，第9321页。
⑤ 《全唐文》卷三十八，《赐皇帝进烧丹灶诰》第1册，第411页。
⑥ 《旧唐书·礼仪志》，第934页。
⑦ 《崂山志》卷六《物产》，第195页。

宗昌〈崂山志〉注释》的作者孙克诚，引用了 2003 年对崂山中药材的普查结果，共有 1147 种，可谓品种非常丰富。黄精、天冬门和苍术是道教炼丹药各种配方中既常用又非常重要、不可或缺的药材，具体可参看葛洪的《抱朴子内篇》和《肘后备急方》。葛洪所著之书，至唐代已经是道士们必读之书了，对于书中所记药材的名称、功效等了如指掌。周至元在《崂山志》中对崂山的药材叙述得更为详细，云：

> 药品不下百种，而尤以半夏、红花、紫草、桔梗、柴胡、沙参、苍术、南星为多。据青胶澳海关调查：民国十六年，本市出口药品约值三十万两。虽其中不尽属崂产，而以崂产居多，若更加以种植，其获利当有可观也。

> 茯苓、黄精、沙参，崂北一带产之。

> 升麻、前胡、柴胡、泽泻、远志（一名小草）、细辛、红花、紫草、紫苑、黄芩、防风、桔梗、黑丑、白丑、苍术、葛根、天冬、麦冬、藁本、苦参、大戟、漏芦、地榆、蛇床、南星、车前、兔丝、贯众、草乌、芫花、海藻、瞿麦、括蒌、花粉、天麻、郁李仁、金银花、葳灵仙、覆盆。元胡萦、益母草（土人煮成膏售之，功能调经）、豨莶、龙胆草、鹤子嘴、紫苏、薄荷、藿香、夏枯、半夏（俗名老鸦芋头，生山田中，形如地梨，去皮曝干，可医痰疾）、卷柏、王不留行、石棘子、蒲公英、青葙子、天仙子、旋覆花、白头翁、茴香、玉竹、白苇、豆根、丹参、紫参、白藓皮、荆介、木瓜、菖蒲、山柰、竹沥、百合、荆皮、良姜、木贼、谷精、黄药、白药、蒙花、石苇、山查（楂）、双皮。

上述所列是草木类，还有"五灵脂、蛤粉、牡蛎、海螵蛸、石决明、寒水石、朴硝、全蝎、蜂蜜、海浮石"①等杂产类。蓝水转引南北朝陶弘景《名医别录》中语云："黑石华生弗（不）其劳山阴石间"。崂山山

---

① 周至元：《崂山志》卷五《物产志》，第 189 – 190 页。

中黑石随处可见，黑石"主阴痿，消渴去热，疗月水不利"①。蓝水《崂山志》中亦列药草"共百余种"，所列药草之名与周至元《崂山志》大同小异。

　　崂山盛产如此丰富的药材，自然会引起道士们的注意，到崂山采药，是自然而然的事情。周至元《崂山志》中录有"唐棋盘石石刻"，云："石上镌'敕采仙药孙昙遗祭山海求仙石'十数字，似篆似隶。其西北下一石，上刻孙昙遗像，高可六尺，须眉毕具。稍西一大石镌'大唐天宝二年三月六日采仙药孙昙山房'等字，余不可读。"② 这段石刻中的"遗祭山海"之语，颇符合唐玄宗派道士醮祭天下名山的举动。这段石刻也表明，孙昙是受唐玄宗之命来崂山采药并醮祭的。孙昙的身份，应该就是道士。关于孙昙，史传中没有记载，蓝水在叙"明道观"时曾详述孙昙事，言棋盘石有孙昙摩崖三处："有唐道人孙昙摩崖三处，一在观前，地名柴场小路北，大石东南向，字分八行，多漫德（'德'字疑为'湿'），可辨识者'大唐天宝二年三月六日敕采仙药孙昙以俟来命'等字。二在石东数十武大石上，'敕孙昙求仙药山房'八字。左边刻一坐佛像，上有佛焰圈，下有莲座，高约三尺，刻法甚劣。当系后人续为，绝非摩崖石刻，孙昙为道家者流，必本于此。二石后旷荡，当日山房可能即在石北。三在棋盘石下，'敕采仙药孙昙遗祭山海求仙石'十三字，旁刻孙昙原身大像，面向西，须眉生动。按孙昙至崂山不见史传，然唐高祖自称为老子后，其子孙对道教表示信仰，明皇时司马承祯、张果、王旻、姜抚等皆蒙优遇，则孙昙摩崖称奉敕绝非冒充。但求仙药概无成果，则湮没荒山不能返命者，当不只孙昙一人，而孙昙既摩崖存迹，又留有大像，千载下如见其人，在宇内亦罕见。"③ 由这三处摩崖石刻来看，孙昙来崂山醮祭、采药当实有其事。另，关于棋盘

---

① 蓝水：《崂山志》，第42页。
② 周至元：《崂山志》卷六《金石志》，第194页。
③ 蓝水：《崂山志》，第22页。

石，向来被认为是仙人弈棋之处，周至元认为棋盘石"其西有卦形刻划，乃羽客礼北斗之所"，故"世传为棋盘者非是"①。这个说法很有道理，有可能确实是山中道士礼北斗之处。又周至元记"北斗石"云："在太平宫东。巨石巍起，上平如台。相传旧有羽士礼北斗于此。"② 由此来看，棋盘石与北斗石应该是属于同一种情况。青岛市诗词学会编写的《万古崂山千首诗》中，录有孙昙《棋盘石明道观自咏》诗，云："日上万峰雪渐消，负笈携铲不辞劳。一生采得长生药，救生济苦疾病消。"③ 此诗颇符合孙昙来崂山采药的身份。

周至元《崂山志》还记载有王旻、李华周事："王旻，得道人也。常游五岳，貌如三十许人。沈潜佛教。玄宗时，诏至阙。天宝四年，同南岳道士李华周，请高密崂山为上炼长生之药。玄宗许之，改崂山为辅唐山。"④ 王旻与李华周请求来崂山为唐玄宗采药、炼丹药，也符合唐玄宗当时的做法。这里有两件事值得注意，一是王旻的"沈潜佛教"。周至元说王旻是"得道人"，又"沈潜佛教"，好像王旻所得之"道"是佛教，至少可以说明他有佛教背景。让佛教僧徒炼制长生丹药，也是唐代皇帝服药的一个传统，如李世民就曾令"婆罗门僧那罗迩娑寐"炼制长生药："昔贞观末年，先帝令婆罗门僧那罗迩娑寐依其本国旧方合长生药。胡人有异术，征求灵草秘石，历年而成。先帝服之，竟无异效，大渐之际，名医莫知所为。时议者归罪于胡人，将申显戮，又恐取笑夷狄，法遂不行。"⑤ 虽然没有发现唐玄宗让佛教僧徒炼制丹药的文献，但他并非没有可能学习太宗李世民的做法，让佛僧也为他炼制丹药。

第二件事是关于唐玄宗改牢山为辅唐山。王旻与李华周来崂山采

① 周至元：《崂山志》卷二，第55页。
② 周至元：《崂山志》卷二，第61页。
③ 《万古崂山千首诗》，华夏出版社2002年版，第3页。
④ 《崂山志》卷四，第162页。
⑤ 《旧唐书》卷八十四《郝处俊传》，第2799页。

药、炼丹药，唐玄宗将崂山改为辅唐山，多处地方都提到过，如明人汪有恒说："由劈石口微东峻起，连云排戟，雄峙沧溟，若鳌负者，牢山也。自汉逄萌栖隐始著，名牢，以难入耳。唐玄宗许王旻合炼于此，因改辅唐山。"① 清同治《即墨县志》沿袭此说，亦云："王旻者，得道人也。常游五岳，貌如三十许人。元（玄）宗诏至阙，天宝四年，同南岳道士李华周请高密牢山为上炼长生之药，元宗许之，改牢山为辅唐山。"② 但蓝水对此颇不认同，他说：

> 又唐李亢《独异志》称："开元间王旻请于高密牢山合炼，玄宗许之，因改牢山曰辅唐山。"明黄宗昌《劳山志》载汪有恒《游劳记》引其语，以为即即墨之劳山，此大误。《独异志》明言高密牢山，何得以劳山或称牢山，竟以为即即墨之劳山？又史称唐肃宗乾元二年，改安邱县为辅唐县。安邱毗连高密，牢山或跨二县间，故以山名名县，尤足证改名辅唐者为高密之牢山。而自汪说以来，耳食者随声附和，谓劳山在唐时曾改名辅唐山，鄙陋可笑，实足为汪有恒之应声虫。③

这里认为唐玄宗改名辅唐山之牢山，非即墨之牢山，而是高密之牢山。

关于王旻和李华周事，《纪闻》所录更为详细：

> 太和先生王旻，得道者也。常游名山五岳，貌如三十余人。其父亦道成，有姑亦得道，道高于父。旻常言，"姑七百岁矣！"有人知其姑者，常在衡岳，或往来天台、罗浮，貌如童婴。其行比陈夏姬，惟以房中术致不死，所在夫婿甚众。天宝初，有荐旻者，诏徵之。至则于内道场安置。学通内外，长于佛教，帝与贵妃杨氏，日夕礼谒，拜于床下，访以道术。王旻随事教之。然大约在修身俭约，慈心为本。以帝不好释典，旻每以释

---

① 汪有恒：《游崂山记》，载黄宗昌《崂山志》卷八，第246页。
② 清同治《即墨县志》卷十二，第299页。
③ 蓝水：《崂山志》"释名"，第6页。

教引之，广陈报应，以开其志。帝亦雅信之。旻虽长于服饵，而常饮酒不止。其饮酒不止。其饮必小爵，移晷乃尽一杯。而与人言谈，随机应对，亦神者也。退皆得所未得。其服饰随四时变改。或食鲫鱼，每饭稻米，然不过多。至葱；韭、荤、辛之物，咸酢非养生者，未尝食也。好劝人食芦菔根叶。云："久食功多力甚，养生之物也。"人有传：世世见之，而貌皆如故，盖及千岁矣。在京多年。天宝六年，南岳道士李遐周，恐其恋京不出，乃宣言曰："吾将为帝师，授以秘箓。"帝因令所在求之。七年冬，而遐周至。与旻相见谓曰："王生恋世乐，不能出耶？可以行矣。"于是劝旻令出。乃请于高密牢山合炼，玄宗许之。因改牢山为"辅唐山"，许旻居之。旻尝言："张果天仙也，在人间三千年矣。姜抚地仙也，寿九十二矣。抚好杀生命，以折己寿，是仙家所忌。此人终不能白日升天矣。"[①]

从这段话来看，王旻确实具有佛教背景。李遐（华）周是担心王旻贪恋京城不出，耽误修行，才向唐玄宗请命到崂山炼丹药的。此段话应该是出自《太平广记》卷七十二所引《纪闻》语，这种说法，也为后来众多类书所收录，如《玉芝堂谈荟》卷四："太和先生王旻以房中术致不死，所在夫婿甚众，其姑亦得道，年七百岁。"《实宾录》卷十一"太和先生"："唐嵩山太和先生王旻，得道者也，常游名山五岳，貌如三十余。天宝初，召至京师，帝与贵妃拜谒床下，访以道术。旻学通内外，长于佛教，其告明皇大约在于修身俭约，慈以为本。以帝不好释典，旻每以释教引之，于是广陈报应以开其志，帝雅信之。"王旻寻药材，还找到了临沂，黄肇颚《崂山续志》卷十转录《纪闻》语云：

　　王旻之在牢山，使人告琅琊太守许诚言曰："贵部临沂县，其沙村有逆鳞鱼。（《山经》谓之肉芝，故欲以合药也）要之调药物，愿与太守会于此。"诚言许之，则令沙村设储峙，以待太

和先生。先生既见诚言，诚言命渔者捕所求。其沙村西有水焉，南北数百步，东西四十丈，色黑至深，岸有神祠。乡老言于诚言曰："十年前，村中少年，于水钓得一物。状甚大，引之不出。于是下钓数十道，方引其首出。状如猛兽闭目，其大如车轮。村人谓其死也，以绳束缚绕之树。十人同引之，猛兽忽张目大震，声若霹雳，近之，震死者十余人。因怖丧去精魂为患者二十人。猛兽还归于水，乃建祠庙祈祷之。水旱必有应，若逆鳞鱼未有之也。"诚言乃止。

黄肇颚所转录的这段话，应该是出自《太平广记》卷四百六十六，《太平广记》记为"王旻之"，误。

蓝水所说王旻所至之牢山是高密之牢山，非即墨之牢山，也只是一说，其中仍然存在很多问题。首先，目前文献中所见高密之牢山、辅唐山，也只是出现在这些与王旻有关的条目中，这些条目从性质上来说，基本上都是属于志怪、野史、笔记、丛谈之类的范畴，史志中并不见记载。经征询高密当地人，亦不曾听说有牢山、辅唐山之说。而且高密一马平川，几乎没有较高的山。

其次，安丘县在唐肃宗乾元二年（759）确实是改名为辅唐县，不过并没有说明改辅唐县是因为高密之辅唐山，若真如此，为何不将高密改名为辅唐县？唐代有不少喻示大唐盛况的地名，如"开宝四年改密州辅唐县曰安丘，蜀州唐兴县曰江源，寿州盛唐县曰六安，广南恩唐州曰恩州，当是去唐未远，人心思唐，故改之耶！"① 开宝四年为 971 年，宋太祖赵匡胤于本年改掉许多带有大唐痕迹的地名，如辅唐县、唐兴县、盛唐县、恩唐州等。辅唐县、唐兴县、盛唐县、恩唐州等所命名，其本初之意，不过是为了颂扬大唐而已，或许并没有其他的缘故。

再次，改名为辅唐山的牢山，有没有就是即墨之牢山的可能？应该说，这种可能性也是存在的。贞观十八年（644），唐太宗率领李勣、

① 王士禛：《居易录》卷三十四，《四库全书》本。

长孙无忌等大臣亲征高丽，"郧国公张亮为平壤道行军总管，以舟师出莱州，左领军常何、泸州都督左难当副之，发天下甲士，招募十万，并趣平壤，以伐高丽"①。张亮所率部兵士4万，开始很顺利，但贞观十九年（645）遇阻退回。贞观二十一年（647），唐太宗再命左武卫大将军牛进达为青丘道行军大总管、英国公李勣为为辽东道行军大总管，率军第二次征伐高丽，其中牛进达和李海岸率一万余人从莱州渡海攻打辽东半岛南部。唐太宗两次征高丽从莱州渡海，数万大军在此期间会不会经过并驻扎或部分军队驻扎过即墨？《旧唐书》卷三但言"（贞观十九年）五月丁丑，车驾渡辽"，唐太宗是莱州"渡"的辽东，还是从陆路到的辽东？清同治《即墨县志》卷一《古迹》载有"粥敷城"，云："粥敷城，一名粥熟。县东南八里，俗传唐东征高丽时，驻军所筑。又谓唐太宗至此，有老妪以盂饭饷军，顷刻遍敷之。太宗惊，因问所居，妪答以前山小庙。太宗曰：'仙人居之，不为小矣。'后遂以大庙名山，粥敷名城，而敷乃讹熟云。今大庙道流所供奉有唐敕封之神，俗以妪当之。"周至元载"大庙"云："在大妙山，相传唐时所筑，殿祀玉皇及圣水夫人。"②根据这些材料，似乎唐太宗率军在即墨驻扎过，但本志的编撰者在文末加了一句，说"其说诞妄不足信也"③，认为即墨民间流传的这个说法是不足信的。《县志》的编者在书末还特意对此事进行了辨误，说："粥敷城，一名粥熟。县东八里，俗传唐征高丽时，驻军所筑。又谓唐太宗至此，有老妪以盂饭饷军，顷刻遍敷。故名。邑人周翕镇正误云：'按《唐书》，太宗亲征高丽，自洛阳宫至定州、幽州东北陆行。积粮大人城、三山铺、乌胡岛，皆在莱州东北。兵将总管亦莱州渡海北行，未尝至即墨也。'"此段话质疑唐太宗是从陆路到达辽东半岛的，从莱州渡海的大军也没有到过即墨。不过，著者在本条末也说

---

① 《旧唐书》卷三。
② 周至元：《崂山志》卷三，第104页。
③ 清同治《即墨县志》卷一，第37页。

"附记以俟考"①，并非是肯定之词。除了粥敷城之外，清人纪润在《劳山记》中，还记载了另外一个传说："即止宿于烟去涧，乃巨峰之角庵也。向日光未落，穷日而至砖塔岭亦可。里人相传，山外有唐王征东建一双塔，名双塔口。有夫妇塔旁收田，老母送午饭至，时即值风雨骤作，其夫只背妇向塔避雨，触天大怒，雷龙连塔将不孝夫妇一怠抓离，摔至下巨峰，相隔数里遥也，砖迹尚存，故名砖塔岭。然顶后坡，又有骷髅花，五月方开，有头有口，即此夫妇之遗踪。噫！人可不孝乎哉！"② 纪润这里提到唐军东征时在这里建立了双塔，此即现在崂山的砖塔岭。从这篇《记》的开篇"幼时，从王师肄业黄石宫，后迁于上下华楼。昼听松风吟，夜闻钟鼓韵"之语，可知他是一个土生土长的崂山人，对崂山的事情应该是了解得比较清楚。所谓的双塔与不孝夫妇的说法，自然是民间虚构的，这个虚构和夸饰是不是因有了双塔而后才出现的呢？这都是有可能的。因此，唐军有没有在即墨或崂山一带驻扎，又是一个疑问。如果当时唐军真的在即墨驻扎过，唐玄宗因此之故将牢山改为辅唐山，完全是有可能的，王旻和李华周在崂山地区为唐玄宗采药、炼制丹药事，也可能是真实的。至于所谓的老妪"盂饭饷军"或许是如时不时在唐历代皇帝面前显现的太上老君一样，是一个加工过的传言；更可能的，是当时即墨人给大军提供给养的另一种说法。

那么上述数条材料中所说的"高密牢山"到底是怎么回事呢？这有可能是写作者的有意为之。高密在西汉宣帝时期由胶西国改为高密国，查看即墨在历史上的沿革，可知即墨地区在晋惠帝元康年间隶属高密国。有可能上述野史、笔记的编集者使用了西汉的地名，历代文人在写作时使用古地名、官名等，是很常见的，"高密牢山"可能就是一个事例。现在在通往上清宫的路上，有一处石刻，内容是："巡抚都察院　分守海右道　海印寺西北界莱州府高密县、即墨县同立。"其他还有

---

① 清同治《即墨县志》卷十二，第316页。

② 纪润：《劳山记》，转引自蓝水：《崂山志》，第96页。

一些字迹，不太好辨认，也不能分辨清楚刻石的年代。"海右道"是明代的设置，明代山东布政使司设置了济南道、东兖道、海右道三个分守道，这三个分守道没有什么实际权力，主要负责催办所属区域事务的机构。周至元《崂山志》录有《清乾隆四十八年莱府护持庙林碑》，碑首为"特授山东分守登莱青、整饬海防兵备道、兼管驿传水利事务加三级记录"字样，这三个官职类似于"海右道"，说明清代也存在类似的设置。"莱州府高密县、即墨县同立"的字样，说明崂山在当时一定和高密县有着某种的联系。在事实上，确实有很多人将崂山称为"高密牢山"，周如锦《牢山考》云："法显《佛国记》：'自广州西北行求岸，界长广郡牢山南岸，问人答言为青州统属。'是自刘宋时为名牢山。而唐王旻请于高密之牢山，宋苏子瞻《超然台记》亦称高密之牢山，字皆作牢。"[①] 苏轼在其著述中确实数次提到过牢山，但查其《超然台记》一文，其中并无"高密牢山"字样，可能是周如锦误记了。不过说明了当时唐宋时期确实有高密牢山的说法。

不管上述所录关于王旻的事多么夸张、怪诞，但都是指明了王旻来崂山是为了寻找药材、炼制丹药。王旻与李华（遐）周来崂山之事，可能是史实。

《太平广记》卷七十二所引《纪闻》中王旻所言寿九十二之地仙姜抚，就是《新唐书·姜抚传》之姜抚。姜抚本传云：

> 姜抚，宋州人。自言通仙人不死术，隐居不出。开元末，太常卿韦绹祭名山，因访隐民，还白抚已数百岁。召至东都，舍集贤院。因言："服常春藤，使白发还鬒，则长生可致。藤生太湖最良，终南往往有之，不及也。"帝遣使者至太湖，多取以赐中朝老臣。因诏天下，使自求之。宰相裴耀卿奉觞上千万岁寿，帝悦，御花萼栖宴群臣，出藤百合，遍赐之。擢抚银青光禄大夫，号冲和先生。抚又言："终南山有旱藕，饵之延年。"

---

① 周如锦：《牢山考》，载黄肇颚：《崂山续志》卷首，第5页。

状类葛粉，帝作汤饼赐大臣。右骁卫将军甘守诚能铭药石，曰："常春者，千岁藟也。旱藕，杜蒙也。方家久不用，抚易名以神之。民间以酒渍藤，饮者多暴死。"乃止。抚内惭悸，请求药牢山，遂逃去。①

王旻还专言姜抚是地仙，说明姜抚在当时很出名，所以能受到唐玄宗的召见，并献上长寿之方，唐玄宗还将他的方子赐给众大臣。文中所说的"宰相裴耀卿奉觞上千万岁寿"，《册府元龟》中有收录，云："裴耀卿为左丞相，开元二十五年，逸人姜抚献长春酒，方玄宗分赐年衰朝官，兼与方法。耀卿与文武百官上表贺曰：'伏承逸人姜抚献同度山长生药，秘精英而日久，候圣明而乃彰。伏惟陛下大圣抚运，深仁济俗，和气时若，淳风穆然，上帝式臧，用分景福，逸人斯至，乃表长生，药荐长春，酒和甘露。天杯暨御，神策逾增，益光明于日月，齐长久于天地。臣子大庆，开辟所无，朝野多欢，蹈舞相继。况自中外，赐药兼方，远使人寰，同升寿域，庆流渥泽，驰景回光，凡在生灵，不胜悦庆。臣等望进礼食，以称寿觞，欢宝祚之无疆，乐微生之有遇。'许之，时士庶竞服长春酒，多有暴卒者，帝惧而止。"② 唐玄宗能得长生药酒，并赐及群臣，在大臣们看来这是"蹈舞相继"、"不胜悦庆"的事情。

综合上述两条材料来看，姜抚事败之经过，应该先是唐玄宗赐药给群臣，大臣"竞服长春酒"后，有不少人暴卒，唐玄宗感到惧怕，遂停止饮用长春酒。然后，通晓医药的甘守诚，上书揭露常春、旱藕等药材的本质。姜抚见事败，担心引来祸患，请求到崂山采药，离开京师。不过，《太平广记》引《辨疑志》语，言姜抚事败，是由一个名叫荆岩的人，识破了他的真相。"姜抚先生"条文云：

唐姜抚先生，不知何许人也。尝著道士衣冠，自云年已数百岁，持符，兼有长年之药、度世之术，时人谓之姜抚先生。

---

① 《新唐书》卷二百四《方伎传》。
② 《册府元龟》卷三百三十六。又见《全唐文》卷二百九十七《贺献长春酒方表》。

> 玄宗皇帝高拱穆清，栖神物表，常有升仙之言，姜抚供奉，别承恩泽，于诸州采药，及修功德。州县牧宰趋望风尘，学道者乞容立于门庭，不能得也。有荆岩者，于太学四十年不第，退居嵩少，自称山人，颇通南北史，知近代人物，尝谒抚，抚简踞不为之动。荆岩因进而问曰："先生年几何？"抚曰："公非信士，何暇问年几？"岩曰："先生既不能言甲子，先生何朝人也？"抚曰："梁朝人也。"岩曰："梁朝绝近，先生亦非长年之人，不审先生梁朝出仕为复隐居？"抚曰："吾为西梁州节度。"岩叱之曰："何得诳妄，上欺天子，下惑世人，梁朝在江南，何处得西梁州？只有四平、四安、四镇、四征将军，何处得节度使？"抚惭恨，数日而卒。①

姜抚为荆岩所揭露，数日后死去。《辨疑志》为中唐时人陆长源所撰集，原书已亡佚，现只在《太平广记》、《说郛》等类书中存有十七条。陈振孙言此书是"辨里俗流传之妄"②。由本书性质来看，其可信性自然不如《新唐书》了。但《新唐书》只说姜抚"请求药牢山"逃去，并没有言及他的最终结局。若把《新唐书》、《太平广记》、《册府元龟》所载关于姜抚的三条材料连起来看，或许姜抚的一生是：姜抚向唐玄宗献常春酒等长生药方事败后，请求到崂山采药，他之所以说到崂山采药，极有可能是以秦始皇、汉武帝等皇帝对海上仙山的向往、憧憬为诱导。此时唐玄宗仍然很信任他，答应了他的请求，命其到"诸州采药"，此时州县牧宰等亦仍"趋望风尘"。在被荆岩揭露其真相后，恼怒攻心而逝去。实际上，姜抚并不通晓医药，只是一个以长生药为借口而谋取名利的道士，宋人唐慎微说："凡为医者，须略通古今，粗守仁义，绝驰骛能所之心，专博施救拔之意，如此则心识自明，神物来相，又何必戚戚沽名龊龊求利也？如或不然，则曷以致姜抚沽誉之惭，逓华

---

① 《太平广记》卷二百八十八，江苏广陵古籍刻印社1995年版，第615页。
② 陈振孙：《直斋书录解题》卷十一，上海古籍出版社1987年版，第318页。

佗之矜，能受戮乎！"① 蓝水亦以此故，言姜抚是"一无耻方士"②。

在关于姜抚的众多材料中，只有《新唐书》本传言其求药于崂山，《太平广记》所引言其"诸州采药"不言牢山，由此来看，姜抚来崂山采药，极有可能只是敷衍唐玄宗的托辞，而不是真的要来崂山采药。关于姜抚的这些材料所反映出来的，如同刘怀荣《崂山道教与〈崂山志〉研究》中所说，说明"崂山在当时是以仙药著称于世"③ 的。而且，从姜抚"请求药牢山"的托辞中，此时有道士在崂山采药、炼丹药、修炼，应该是可以肯定的。

三

周宗颐撰写的《太清宫志》中有对唐代道士李哲玄的记载，云：

> 李公讳哲玄（847－959年），字静修，号守中子，河南兰义县人，唐大中元年丁卯二月十七日诞生。母陈太君梦房间失火，警觉生出，赤光盈室，许久方寂。公赋性聪敏，诵读不忘，十五岁场试中选，旋登进士第。惟性好清淡，无意仕进，喜阅道书，厌处世俗，遂弃家云游，访求至道，多年未遇，不懈初志。邂遇罗浮道士，系得桐君之传，数百年容颜不衰者，引入罗浮山中，传授大道，潜修多年，得其玄妙。因欲度世，乃于天祐元年甲子（904），东海游岛至劳山太清宫，与张道冲、郑道坤、李志云、王志诚诸公相契合，遂留此不他往。旋建殿宇，供奉三皇神像，名曰三皇庵。嗣于五代周纪广顺三年（953）甲寅五月，久旱不雨，灾疫流行，尔时适公在都，咒符治病，着手者无不立愈，神医之名，遍颂朝野。上闻之，诏命祈祷，得

---

① 唐慎微：《证类本草》卷一，《四库全书》本。
② 蓝水：《崂山志》，第66页。
③ 《崂山道教与〈崂山志〉研究》，第82页。

大雨，灾疫顿息。上喜，礼貌有加。及问玄术，应答称旨，厚赐之，辞不受，敕封道化普济真人，遣使送归宫。后自居山庵，不言不食，日阅《黄庭经》以为常。显德六年（959）八月十二日，有本庙许道人在外事毕，归至中途，遇公携囊出游，于囊中取出《黄庭》经一卷，授许曰："我今远游，归期难定，可将此经带回，传言诸道众，切莫忘出家人之本分，须要参悟玄理，修炼身心，辅国济民，维教度世，不负为玄门弟子。见此经，如睹吾面，众皆勉之，勿负我嘱可也。"言讫恍然而去。许道人回庙，见公闭目垂眉，端坐草塌，盖已羽化矣。道众始知公已仙去，遂用坐棺装殓，葬于宫后东山之阳，至今有墓在焉。公享世寿百十有五。

周宗颐的《太清宫志》，据介绍，是他用了两年多的时间，整理了太清宫历届住持和名道的回忆与笔记，经广征博采地搜集资料，潜心考证求索，于1941年编纂而成。关于《太清宫志》，还有一本，此本没有说明著者、编者，不是公开出版，是一部内部印刷本。这部印刷本《崂山太清宫志》只在书前有"说明"，道："《崂山太清宫志》，是在崂山太清宫道士于1944年改写《崂山太清宫志》（草本）的基础上，及其以后的变革情况编写的。"1944年改写的《崂山太清宫志》就是指周宗颐编写的《太清宫志》于1944年刊印，在刊印时可能稍微有所修改。后来编写的这部《崂山太清宫志》所记载的著名道人中，第二个是李哲玄，行文与周宗颐的《太清宫志》确实是有一定的差异，文云：

李哲玄字静修，号守中子，河南兰仪县人，唐大中元年丁卯（847）二月十七日生。李赋性聪敏，诵读不忘，十五岁考场中选，登进士第。惟性好清淡，无意仕进，喜阅道书，厌世处俗，逐弃家出游，访本至道，多年未遇，不懈初志，追迁罗浮道士，系得桐君之传，引入罗浮山中，传授大道，潜修多年，得其玄妙，因欲度世，乃于天祐元年甲子（904），东海游岛直至崂山太清宫，与张道冲、郑道坤、李志云、王志诚诸公相契合，遂留此不他往，旋建殿宇，供奉三皇神像，名"三皇庵"。嗣于五代开纪广顺三年甲寅五月，亢旱不雨，灾疫流行，尔时适公在都，咒符治病，得有神医之名，遍颂朝野，上闻之诏命祈祷，得大雨，灾疫顿息，上喜，礼貌有加，及问玄术，应答称旨，厚赐之，辞不受，敕封为"道化普济真人"，遣使送归宫。后自居山庵，日阅《黄庭经》以为常，公元九五九年八月十二日去世，葬于后东山之阳，至今墓在。世寿百十有二。①

这两段话的差别，主要是在于：一是第二段字数比第一段少得多；二是关于李哲玄的年龄。周本说李哲玄共活了 115 岁，后一本说是李哲玄活了 112 岁。根据行文中李哲玄生于 847 年、逝于 959 年来看，李哲玄应该是活了 113 岁。后一本可能看到了这个问题，就行了改正，结果改成了 112 岁，仍有小的差误。另外，周《志》记李哲玄祈雨是在五代周纪广顺三年，后一本则改成"五代开纪广顺三年"，反成失误了。

关于李哲玄的记载，仅有此两条记录，再也不见于任何史传，也不见于任何道史、道传中，甚至不见于任何的野史、笔记、小说、丛谈类书籍中。从上两段的话中，知道李哲玄并不是土生土长的崂山本地人，中过进士，又在罗浮山学道，而后来到崂山，又曾于五代时居住于后周的都城开封，而且其寿命竟长达一百一十余岁。这样的经历竟然没有在史传或道教文献中留下任何的蛛丝马迹，确实令人非常起疑。

上面两段话中，还有两个疑问：疑问一，关于李哲玄的出生地"兰仪县"。清代之前并无兰仪县之名，清代后期，河南的兰阳、仪封二县合并，称为兰仪县，后因讳皇帝溥仪之"仪"字，改兰仪县为兰封县。所以，李哲玄的出生地不可能是兰仪县。疑问二，李哲玄中进士似乎是在唐代，但《河南通志》（《四库全书》本）卷四十五《选举二》所列的河南省中过进士的姓名中，没有李哲玄的名字。

由此来看，关于李哲玄之事确实很可疑，有可能只是一个传闻中的

---

① 《太清宫志》，第 7 - 8 页。

人物。至于《太清宫志》中所录李哲玄的十二首诗，也难辨真假，更不知出自何处。现今太清宫三皇殿东北角上有"拜斗石"题刻，云"本宫始祖李真人哲玄号守中子，敕封道化普济真人，于唐天祐元年甲子至本宫拜北斗于此"，可能系后人所刻。

由上，李哲玄事只能存疑，其真实性是非常值得怀疑的。蓝水对此也提出了怀疑。他说："按太清宫藏有所谓《太清宫志》者称：张廉夫，汉（人），江西省瑞州府高乐县人，来劳山建太清宫。又称李哲玄来劳山太清宫。张廉夫既称汉人，而籍贯称省府，其妄不待辩。又宋始置瑞州，瑞则有高安无高乐，高安又系唐置。且序二人籍贯并诞日，用一笔法，实出一人手。二人事迹，一不见史，二不见山中金元以上碑记，何自得来？旧时不闻有此，显系清末一略通文理不学无知者所伪造。张传后又附署名邱长春诗一首，诗曰：'下宫原来太清宫，长生真人嗣正宗。欲问何年始开辟，汉朝初建张廉翁。'按太清中后石上刻邱长春诗十首无此诗，又上清宫西石上刻邱诗十首，白龙洞刻邱诗二十首，俱无此诗，则此诗显系伪造，欲藉邱名以实张之事，而不知实见其欲盖弥彰，且此诗'来'、'生'、'张'三字粘，邱诗无此弊。"① 张廉夫事已见前，蓝水说李哲玄既不见于史书，也不见于山中碑记，其事迹是由清末人多虚构、伪造，这个看法是很有道理的。

蓝水《崂山志》"劳山有道教自华盖始"说法，若改成华盖道人是崂山第一个比较著名的道士则会更恰当一些。或者如周至元所说："迨至宋初，蜀人有刘若拙者隐居山中。太祖闻其有道，特敕建太平兴国院以居之，而道教始盛。"② 自刘若拙开始，崂山道教开始进入一个快速的发展时期，这个说法应该是比较中肯的。与李哲玄不同的是，华盖的文献则有很多。华盖指的是华盖真人刘若拙，道经《历世真仙体道通鉴》引《皇朝通鉴》语记其事迹，云："宋开宝五年冬十月癸卯，太祖

---

① 蓝水：《崂山志》，第18－19页。
② 周至元：《崂山志》卷一，第3页。

诏功德使与左街道录刘若拙，集京师道士，实验其学业。未至而不修饰
者，皆斥之。若拙，蜀人，自号华盖先生。善服气，年九十余不衰，步
履轻疾。每水旱，必召于禁中，设坛致祷，其法精审。"① 这段话里没
有说明刘若拙是否来过崂山，从其他的史料来看，刘若拙应该是住在崂
山之中。丘处机《牢山吟》二十首中，第十五首是："华盖真人上碧
霄，道山从此郁清标。至今绝壁幽岩下，尚有群仙听海潮。""华盖真
人"下自注云"宋太祖时得道者也"②，意为因为有了刘若拙在此修炼，
使得崂山"从此郁清标"。

　　蓝水载刘若拙事云："刘若拙，宋蜀人，于五代时来劳。丹颜皓首，
不自知其年，不冠不履，冬不炉，夏不扇。太祖闻其有道，召至阙已而
放还。诏建太平兴国院于上苑以处之，即太平宫。一夕化去，墓在即墨
东部北高真宫前。"③ 黄肇颚《崂山续志》"上清宫"云："宫本华盖真
人道场。自华盖而后，丘处机、刘志坚俱栖炼于此。" 又载元人朱翚
《重游上清宫记》云：　"宋昌陵与华盖真人际遇，乃赐宫额曰'上
清'"④ 又载明人曹明臣《游崂山记》描述上清宫云："宫为仙人刘华
盖道场。山势蜿蜒，开拓宏敞，天然道成之所。"⑤ 《即墨县志》载其
事："华盖真人姓刘名若拙，蜀人，寓居崂山，庞眉皓齿，面如渥丹，
不自知其年。敝衣掩形，冬夏不冠履，不炉扇。一夕，端坐而化。"⑥
蓝水对刘若拙的事迹做过总结，云：

　　　　按：华盖真人《宋史》无传，《宋史·甄栖真传》称："访
　　　道劳山，事华盖真人。"又《齐乘》称："大劳山有上清宫，五
　　　代末华盖仙人识赵太祖于侧微，宋人为建此宫。"又元延裕四年

---

① 《历世真仙体道通鉴》卷四十七，《中华道藏》第四十六册，第531页。
② 《磻溪集》卷二，《中华道藏》第二十六册，第603页。
③ 蓝水：《崂山志》，第59页。
④ 黄肇颚：《崂山续志》卷七，第263－264页。
⑤ 黄肇颚：《崂山续志》卷一，第11页。
⑥ 清同治《即墨县志》卷十二，第299页。

承务郎朱翚《重建上清宫碑》称："宋昌陵与华盖真人际遇，乃
赐宫额曰上清。"又元泰定二年学士张起岩聚仙宫碑称："华盖
真人与宋太祖有旧，太祖勒建宫于上苑，赐名太平兴国院，太
清上清二宫，其别馆也。"据诸说，则华盖在宋初鼎鼎有名，不
亚于陈图南，而《宋史》不为立传，而为无短长弟子栖真立传。
又今华盖墓前，有明万历二十年即墨知县李奎为立碑称："元勒
封华盖刘真人之墓。"其说当有所本，《宋史》既有华盖之称，
而华盖又系元封，则勒封事，系在作《宋史》以前，当为元世
祖初年事。华盖殁已三百年，犹膺异代恩宠，则其生时怀道抱
德，当有可传，不只如甄栖真之平平，"侥幸成名史上多"，"尽
信书不如无书"，皆非虚言。

蓝水对《宋史》只为刘若拙弟子甄栖真立传而不为其立传颇为抱不平，
并赞扬"华盖派独栖劳山三百年"①。

刘若拙对于崂山道教的贡献，最大的应该就是创建了几所道观，使
得道士们有了居住的场所，从而推动了崂山道教的飞速发展。周至元在
《崂山志》收录有"明万历三十年检藏题名碑"，言此碑在太清宫，由
石国柱督建，碑文记刘若拙创建太清宫之缘起云："太清宫者，自华盖
真人刘若拙从蜀而来，遁迹此山，宋太祖闻其有道，召赴阙廷。留未
几，坚求还山，从之。彼此敕建太平兴国院、上清、太清三宫，赐为修
真之所。其次长春邱祖教阐山东，有元太祖皇帝钦差近侍刘仲禄敕请至
京，君称师者。而西游化胡一十二国，玄风大振，宗派立焉。自我大明
圣主于万历二十八年颁道经，令羽士贾性全护守，于三十三年四月十五
领众检阅，朝暮焚香，上祝当今皇帝圣寿无疆，下祈万民风调雨顺。三
年圆满，福有所归，功德善人，题名万古。"② 崂山早期的上清宫、太
清宫、太平兴国院等道观之创建，都是宋太祖所敕建，由刘若拙所建。

---

① 《崂山志》第二部分《崂山琐记》，第133页。
② 周至元：《崂山志》卷六，第222页。

根据现有的材料来看，这三所道观也是崂山最早建立的道观。

《崂山太清宫志》中言刘若拙生于五代后唐同光二年（924），不知所据。并言刘若拙自四川来到太清宫，访李公守中子，因"相谈契合"，"遂留住"。刘若拙在崂山为当地居民驱虎患："此时，崂山虎多成害，刘道士在太清宫东南山前，自建一庵，名驱虎庵，供奉老子圣像，潜心修行，练武驱虎，为民除害。"①看来崂山的虎患在古代一直比较严重，致使从童恢到刘若拙都擅长降虎之术。

按，周至元《崂山志》中载有华盖真人墓，在即墨东高真宫前。《崂山太清宫志》载有刘若拙《入觐回劳山》诗二首，其一云："东来海上访道玄，幸遇一见有仙缘。宋朝天子丹书诏，奉命敕修道宫院。"其二云："海角天涯名最胜，秦皇汉武屡敕封。古来游仙知多少，元君老子初相逢。"②此诗是否刘若拙所作，亦难辨真假。

宋代在崂山活动过的并留下名姓的还有甄栖真。甄栖真，字道渊，号神光子，《宋史》卷462有传，言其应进士举，不中第，叹曰："劳神敝精，以追虚名，无益也。"于是弃举业而读道家书以自乐，"初访道于牢山华盖先生"，"久之出游京师，因入建隆观为道士"③。甄栖真在崂山的活动，就是寻找刘若拙，向其学道术，并随后出家为道士。甄栖真专门跑到崂山，向刘若拙学道，说明刘若拙当时应该是名声很大。难怪蓝水要对《宋史》为甄栖真立传而不为刘若拙立传抱不平了。关于甄栖真事，任颖厄在《崂山道教史》第二章有较为详细的叙述，并列举了其与苏轼、苏辙等人的交往和关系，这可能就是《宋史》修撰者为之立传的原因。

---

① 《崂山太清宫志》二，第8页。
② 《崂山太清宫志》，第52页。
③ 《宋史》卷四百六十二，中华书局1985年版，第13517页。

第三章　金元崂山道教的发展

随着全真教在北方的兴起，中国道教进入一个全新的时期，崂山道教也进入了一个新的发展时期。靖康之变后，北方地区被纳入金的统治区域。在战乱中，北方地区的道教也遭到了严重的破坏，但同时催生了一些新的教派，其中最主要的是从民间涌现出的太一教、大道教和全真教。这三个新的教派，因与以前的道教有较大的变化，被陈垣称为"新道教"。陈垣说："右三篇四卷二十三章，都七万言，述全真、大道、太一教在金元时事。系之南宋初，何也？曰三教祖皆生于北宋，而创教于南渡之后，义不仕金，系之以宋，从其志也。靖康之乱，河北黉舍为墟，士流星散，残留者或竟为新朝利用，三教祖乃别树新义，聚徒训众，非力不食，其始与明季孙夏峰、李二曲、颜习斋之伦讲学相类，不属以前道教也。"① 陈垣作《南宋初河北新道教考》，是出于中国当时所处的境地，为了宣扬民族大义。他提出了在金地兴起的全真教等道教教派与此前的道教不一样，确是真知灼见。

在这些新教派中，全真教是最为显著的一个，它的出现也深深影响到崂山道教的发展。

---

① 陈垣：《南宋初河北新道教考》，载《明季滇黔佛教考》，河北教育出版社 2000 年版，第 568 页。

一

全真教的创立者是王中孚，后改名王嚞，号重阳子。王嚞年轻时热衷于仕途，但是极不顺利，中年以后开始修道。据说在金正隆四年（1159）在甘河镇酒肆中遇到一个异人（亦有说此异人即吕洞宾）传授真诀而得道①。此后，他在家乡开始传道，不过影响很小。大定七年（1167），他放火烧掉了自己所居住的茅屋，远赴山东半岛传教。

王嚞来到宁海州（今烟台市牟平、威海市文登等地区），前后在今牟平、莱州、文登等地传教，收了马钰、谭处端、丘处机、王处一、郝大通、刘处玄、孙不二七个徒弟，称为"全真七子"。至此，全真教算作是正式成立了。"全真"之意，后来有人解释说："浑沦圆周，无所玷缺，在山满山，在河满河，道之全也；极六合之内外，尽万物之洪纤，虽神变无方，而莫非实理，道之真也。"② 道之全与真，或被解释为保全真性的意思，也有解释成精气神三全的意思，还有解释成功行双全而成真人的意思。全真教的鲜明特点，就是三教合一，这是从王嚞到七子所一贯强调的。王嚞在传道或收徒之初，要求弟子们必须阅读《道德经》、《清静经》、《般若心经》、《孝经》等儒释道三家的基本典籍，意使教中人既可以"修证"仙业，又能做到忠孝。

全真教的发展脉络经历过变化，王恽曾论述说："后世所谓道家者流，盖古隐逸清洁之士矣，岩居而涧饮，草衣而木食，节欲以清心，修己而应物，不为轩裳所羁，不为荣利所怵，自放于方之外，其高情远韵，凌烟霞而薄云月，诚有不可企及者。自汉以降，处士素隐，方士诞

---

① 刘志玄等撰的《金莲正宗仙缘像传》中则言"于终南县甘河镇酒肆中遇二人"（《中华道藏》第四十六册，第60页），是遇到一个异人还是遇到两个异人，这应该是后来传写时的不同加工而已。

② 徒单公履：《冲和真人潘公神道碑》，载李道谦：《甘水仙源录》卷之五，《中华道藏》第四十七册，第157页。

夸，飞升炼化之术，祭醮禳禁之科，皆属之道家，稽之于古，事亦多矣，徇末以遗其本，凌迟至于宣和极矣。弊极则变，于是全真之教兴焉，渊静以修己，和易而道行，翕然从之，实繁有徒。其特达者各相启牖，自名其家，耕田凿井，自食其力，垂慈接物，以期善俗，不知诞幻之说为何事，敦纯朴素，有古逸民之遗风焉。"①王恽说全真教初起时的目的是"期善俗"，具有"古逸民之遗风"。后来，尤其是丘处机掌教之后，全真教开始和统治者发展了密切了联系，使得教派以极快的速度发展起来。

王重阳于金大定丁亥（1167）年来到山东半岛传教，即遇到马钰（1123－1183），马钰成为最早皈依他的弟子。马钰原名马从义，世居宁海州，家业殷实，好文学，轻财好施。他的妻子即七真中的孙不二。马钰为王重阳的"仙风道骨"所吸引，邀其到家里居住。王重阳在马钰家的后院结庵居住，匾其居曰"全真"，并题长诗云："堂名名号号全真，寂正逍遥仔细陈。岂用草茅遮雨露，亦非瓦屋度秋春。一间闲舍应难得，四假凡躯是此因。常盖常修安在地，任眠任宿不离身。有时觉后尤宽大，每到醒来愈尤亲。气血转流浑不漏，精神交结永无津。慧灯内照通三曜，福注长生出六尘。自哂堂中心火灭，何妨诸寇积柴薪。"②这是全真教立教的开始。

王重阳在建立全真道之初，就定下了道士出家的制度。王重阳认为家庭是束缚修道求真的牢笼，夫妻之爱是"金枷玉锁"，儿女生来即是讨债者。欲成仙求真，必须斩断家庭的束缚和世俗的夫妻、儿女之情。如其《满庭芳·欲脱家》词云："既欲修行，终全闻谧，出离尘俗相当。莫凭外坐，朝暮起心香。须是损妻舍事，违乡土、趔却儿娘。常归一，民安国富，战胜又兵强。长长。潇洒做，搜寻玄妙，认取清凉。又

① 王恽：《浑源刘氏世德碑铭》，《秋涧集》卷五十八，《四库全书》本。
② 《重阳全真集》卷一，《中华道藏》第二十六册，第281页。又见《金莲正宗仙缘像传》，《中华道藏》第四十六册，第60－61页。

54

凭空渺邈，大道无方。只在圆光自照，明来后、堪用衡量。重阳子，迎霜金菊，独许满庭芳。"① 又《踏莎行》词言养育儿女是为了偿还前世所欠的债："莫骋儿群，休夸女队。与公便是为身害。脂膏刮削苦他人，只还儿女从前债。悦目亭堂，衷心念爱。直饶铁打坚牢煞。多多罪业自家耽，一朝合眼如何戴。"② 另一首《踏莎行》则让妻女、儿孙不要埋怨自己的出家："妻女休嗟，儿孙莫怨。我咱别有云朋愿。脱离枷锁自心知，清凉境界唯余见。步步云深，湾湾水浅。香风随处喷头面。昆仑山上乐逍遥，烟霞洞里成修炼。"③ 王重阳首先自己出家，在传教时也劝别人出家。孙不二反对马钰跟王重阳学道，王重阳便劝马钰与孙不二两人看破夫妇的恩爱纠缠。为了劝诱他们出家、看破夫妻恩情，王重阳每十天向他们所要一个梨，切开后再送还给二人，喻示他们分离之意。在多番引诱下，马钰认可了王重阳的观念，在后来的《论恩》诗中说："天地日月父母恩，不能使我脱沉沦。弟兄姊妹暂相识，妻妾儿孙愈不亲。幸遇风仙传秘诀，致令马钰得良因。断情割爱调龙虎，绝虑忘机产凤麟。玉内生金丹结宝，水中养火气安神。师恩深重终难报，誓死环墙炼至真。"④ 诗中所说父母、兄弟姐妹、妻子儿孙等情感，不能使自己脱离"沉沦"。因此，马钰提出了要割断这些情感关系，他的《燕心香·夫妇分离》词云："你是何人，我是何人。与伊家、元本无亲。都缘媒妁，遂结婚姻。便落痴崖，贪财产，只愁贫。你也迷尘，我也迷尘。管家缘、火裹烧身。牵伊情意，役我心神。幸遇风仙，分头去，各修真。"⑤ 这是写给孙不二的，也是写给天下所有夫妇的。最终孙不二无力改变马钰的观念，据《七真年谱》和《金莲正宗仙缘像传》所记，马钰于大定八年（1168）随王重阳出家入道。孙不二亦逐渐受到王重

① 《重阳全真集》卷三，第297页。
② 《重阳全真集》卷七，第317页。
③ 《重阳全真集》卷七，第317页。
④ 《洞玄金玉集》卷之七，《中华道藏》第四十六册，第446页。
⑤ 《洞玄金玉集》卷之七，第448页。

阳和马钰的影响，最终于大定九年（1169）弃家入道。二人放弃了财富，跟随着王重阳到街市上乞讨过活。

谭处端（1123－1185），原名玉，字伯玉，宁海州人。大定七年拜王重阳为师，弃家入道。丘处机（1148－1227），字通密，号长春子，栖霞人。自幼向往神仙之道，大定八年（1168）到昆嵛山烟霞洞拜访王重阳，随其入道。王处一（1142－1217），号玉阳子，宁海州人，受到母亲笃信道教的影响，自幼爱好道教。大定八年，到昆嵛山烟霞洞拜王重阳为师，他的母亲也随之出家修道。郝大通（1140－1212），宁海人，家境很富裕。大定七年，在路上遇到王重阳，王重阳劝他入道修仙。大定八年，谭处端在昆嵛山拜王重阳为师。刘处玄（1147－1203），莱州人。大定九年时，看到王重阳的"武官养性真仙地，须有长生不死人"①的题诗，随王重阳出家入道。

根据刘志玄等撰的《金莲正宗仙缘像传》及其他全真教的史籍，王重阳在山东的传教，所经历之地大概在宁海、文登昆嵛山、文登姜实庵、福山县、登州、莱州等地，之后于大定九年携众弟子来到河南汴梁，大定十年逝于汴梁。由此来看，王重阳没有到过崂山，故言王重阳来崂山传全真道的说法是没有根据的，而言王重阳是在崂山创立全真教的说法更是错误的。

马钰在入道之后的经历，先是于大定九年随着王重阳至汴梁，于大定十四年（1174）至秦渡镇真武庙，与丘处机、谭处端、刘处玄各言其志，马钰随即返回宁海州，闭关修炼。大定十八年（1178）出关，大定十九年（1179）至华亭县，大定二十年（1180）春至京兆，大定二十二年（1182）回到宁海，又在莱州、黄县等地游历过，大定二十四年（1184）至莱阳，最终逝于游仙宫。马钰的这些行踪，从《洞玄金玉集》中所收录的诗歌中就能很清楚地看出来。由此来看，马钰没有到过崂山。孙不二在王重阳去世后，一直居于金莲堂，大定十五年

①《金莲正宗仙缘像传》，《中华道藏》第四十六册，第64页。

（1175），入关"致醮祖庭"，随后游洛阳。大定二十二年（1182），逝于洛阳。孙不二亦不曾到过崂山。

谭处端于大定九年，亦随王重阳游历汴梁。大定十年（1170）王重阳去世后，谭处端与丘处机将其遗体运回陕西刘蒋村，守墓三年。大定十四年（1174），离开刘蒋村，来到洛阳朝元宫，后至河朔获嘉县，再至卫州。大定十五年（1175）至磁州二祖镇，大定十六年（1176）至洛州白家滩。大定二十年（1180），再次西游，至华阴纯阳洞，之后再到洛阳，居朝元宫之东。大定二十五年（1185），谭处端逝于朝元宫。据此，谭处端没有到过崂山。

刘处玄同马钰、谭处端、丘处机一样，先是随着王重阳到汴梁，后为其守墓三年。之后则"混迹京洛，心灰益寒"。大定十八年（1178），迁居洛阳城东北云溪洞。大定二十一年（1181）归莱州，建庵居住。承安二年（1197），金章宗聘召问道，刘处玄说："至道之要，寡嗜欲则身安，薄赋敛则国泰。"承安三年，归莱州，金章宗敕其在武官村所建之庵为灵虚观。泰和三年（1203），刘处玄逝于灵虚观。据此来看，刘处玄可能也没有到过崂山。

王处一拜王重阳为师后，很快奉师命赴铁查山七宝云光洞去修炼，在云光洞一住就是九年。后"遨游齐鲁"[1]，从其著作《云光集》来看，他的踪迹所至十分广泛。王处一"遨游齐鲁"，有没有可能来到崂山？在《云光集》中，有一首《赠崂山郑先生》诗，云："志坚心稳住崂山，华盖（古时真人）曾兹炼大丹。无限峰峦深掩映，自然尘事不相干。"[2] 五代末北宋初据王处一的时代，并不是很遥远，王处一将华盖真人刘若拙称为"古时真人"，是有些夸大了。不过却从侧面说明了刘若拙是王处一时代在崂山历史上最被认可的道士，这也从丘处机《牢山吟》"华盖真人上碧霄，道山从此郁清标"的诗句中得到证明。在诗

---

① 《金莲正宗仙缘像传》，第66页。
② 王处一：《云光集》卷二，《中华道藏》第四十六册，第662页。

中，王处一劝郑先生要"志坚心稳"地住在崂山，因为这个地方华盖真人刘若拙曾经在此修炼，是被道教所认可的道山或仙山。这首诗是王处一来崂山遇到郑先生而赠诗，还是在别的地方碰到了这个来自崂山的郑先生而赠诗，都不得而知。因此，王处一是否到过崂山，仍然是很难下结论的。王处一"遨游齐鲁"，来到崂山的可能性不是没有。《云光集》中还有一首《赠郑先生》诗，云："尘缘物物莫推穷，用度千般总是空。搜正本源清净主，翛然犹见自家风。"① 不知道这两个郑先生是否为同一个人。

郝大通入道后，先是与王处一同隐铁查山，随后到刘家村去寻找马钰、丘处机、谭处端、刘处玄四人，"谭激以随人脚跟转之语"②，于大定十三年游历赵、魏间，"往往乞食于真定、邢洺间"③。大定十五年始，在赵州南石桥下趺坐六年。明昌元年（1190），郝大通回到宁海。崇庆元年（1212）腊月，郝大通逝于宁海先天观。从其行历来看，郝大通没有到过崂山，从其著作中也看不出他接触过与崂山有关的人。

二

全真七子中可以确定到过崂山的，是丘处机。据《七真年谱》，丘处机在与马钰等人在刘蒋村为王重阳守墓结束之后的行历，大概如下。

大定十四年，丘处机与马钰、刘处玄、谭处端来到秦渡镇真武庙，各言其志，"丹阳斗贫，长真斗是，长生斗志，长春斗闲"。第二天，丘处机西入磻溪，隐居修炼六年，"穴居，日乞一食，行一簑，人谓之簑衣先生，昼夜不寐者六年"④。大定二十年，又来到陇州龙门山，隐

---

① 王处一：《云光集》卷二，第 661 页。
② 《金莲正宗仙缘像传》，第 67 页。
③ 冯璧：《太古集序》，《太古集》卷首，《中华道藏》第四十六册，第 687 页。
④ 《金莲正宗仙缘像传》，第 65 页。

居七年，"苦行如磻溪时"①。经过十三年的隐居修炼，丘处机"道既成"，且名声大震，"远方学者咸依之"②

大定二十六年（1186），丘处机离开龙门山，返回终南山刘蒋村，修葺了王重阳故居，取名"祖庵"。大定二十八年（1188），金世宗遣使召丘处机入京，丘处机对答称旨，本年八月，返回终南山。金章宗即位后，"以惑众乱民"的借口，"禁罢全真及五行毗卢"③。这里的"全真"此时已经成为道教的代称了，说明全真教这段时间的发展是非常迅速的。在禁令下，丘处机不得已于明昌二年（1191）返回了老家栖霞，建立了太虚观。

之后，丘处机于明昌三年（1192），在芝阳洞作斋醮。明昌四年（1193），在福山县作斋醮。明昌五年，在福山县再次作斋醮。承安四年（1199），在芝阳洞作斋醮。芝阳洞在福山县境内，与栖霞距离比较近。据康熙《福山县志》卷一《山川志》载："芝阳山，又名祝圣山，在县东南二里许，三峰横亘，峙两河，中央山之阳一峰，下有洞，广丈余，悬崖峭壁，古木阴歎，为马丹阳藏修处，图刻尚存。东一峰，特耸出，丹阳筑堵以居，题曰升仙峰。"由此可见，这段时期内。丘处机一直在栖霞县和福山县一带活动。

泰和五年（1205），丘处机在莱州作斋醮。大安元年（1209），丘处机来到了崂山，留下了《再题牢山》二十首，其中十首是《太清宫》，十首是《上清宫》。这些诗歌是丘处机来到崂山的确证，故全录于下：

上清宫（十首）

一

醮罢归来访道山，山深地僻海湾环。棹船即向波涛看，化

---

① 《金莲正宗仙缘像传》，第 65 页。

② 《长春真人本行碑》，《甘水仙源录》卷 2，《中华道藏》第四十七册，第 126 页。

③ 《金史》卷九《章宗纪》，中华书局 1975 年版，第 216 页。

出蓬莱杳霭间。

二

群峰峭拔下临渊，绝顶孤高上倚天。沧海古今吞日月，碧山朝夕起云烟。

三

青山本是道人家，况此仙山近海涯。海阔山高无浊秽，云深地僻转清嘉。

四

怪石嵌空自化成，千奇万状不能名。断崖绝壁无人到，日夜时闻仙乐声。

五

晓日朦胧渐起云，山色惨澹不全真。直须更上山头看，似驾天风出世尘。

六

巨石森森岭上排，巅峰岌岌到无阶。三秋水冻层冰结，九夏云寒叠嶂霾。

七

海上观山势转雄，清高突兀倚虚空。朝昏磊落生云气，变化皆由造物功。

八

陕右名山华岳稀，江南尤物九华奇。鳌山下枕东洋海，秀出山东尽不知。

九

重重叠叠互相遮，簇簇愤愤竞门嘉。眼界清凉心地爽，神山自古好生涯。

十

五岳曾经四岳游，群山未必可相俦。只因海角天涯背，不得高名贯九州。

太清宫（十首）

一

烟岚初别上清宫，晓色依稀路径通。才到下方人未食，坐观山海一濛鸿。

二

云烟惨澹雨霏微，石洞留人不放归。应是洞天相顾念，一生嗟我到来稀。

三

云海茫茫不见涯，潮头只见浪翻花。高峰万叠连云秀，一簇围屏是道家。

四

松风涧水两清幽，尽日清音夜未休。野鹤时来应不倦，闲人欲去更相留。

五

溪深石大更松多，郁郁苍苍道气和。不是历年樵采众，浮云蔽日满岩阿。

六

贯世高名共切云，游山上士独离群。仙卿贵重三茅客，仕族尊荣万石君。

七

西山仰视刺天高，山上仙家种碧桃。桃熟几番人换世，洞中秦女体生毛。

八

清歌窈裊步虚齐，月下高吟凤舞低。谈笑不干浮世事，相将直过九天西。

九

烟霞紫翠白云高，洞府群仙醉碧桃。鼓透碧岩雷震骇，满山禽兽尽呼号。

十

道力神功不可言，生成万化独超然。大山海岳知轻重？没底空浮万万年！

值得注意的是，丘处机在诗前的序中说："大安己巳胶西醮罢，道众相邀再游鳌山，复留题二十首。"① 诗题亦云"再题牢山"，说明丘处机这是第二次来到崂山了。

那么，丘处机第一次来到崂山是什么时候呢？丘处机有《牢山吟》二十首，兹亦录于下：

一

卓荦鳌山出海隅，霏微灵秀满天衢。群峰削蜡几千仞，乱石穿空一万株。

二

道祖二宫南镇海（谓上清宫、太清宫也），王明三嵛北当途（谓太平兴国观道南也）。是知物外仙游境，不向人间作画图。

三

初观山色有无时，十日迁延尚未之。咫尺洞天行不到，空余吟咏满囊诗。

四

浮烟积翠绕山城，叠嶂层峦簇画屏。造物建标东枕海，云舒霞卷日冥冥。

五

三围大海一平田，下镇金鳌上接天。日夜潮头风辊雪，彩霞深处有飞仙。

六

佳山福地隐仙灵，万壑千岩锁洞庭。造化不教当大路，为

---

① 丘处机：《磻溪集》卷二，《中华道藏》第二十六册，第604页。

嫌人世苦膻腥。

七

牢山本即是鳌山，大海中心不可攀。上帝欲令修道果，故移仙迹近人间。

八

重岗复岭势崔嵬，照眼云山翠作堆。路转山腰三百曲，行人一步一徘徊。

九

松岩郁崛瑞烟轻，洞府深沉气象清。怪石乱峰谁变化？亘初开辟自天成。

十

因持翰墨写形容，陟彼高岗二十重。南出巨平千万叠，一层崖上一层峰。

十一

四更山吐月犹斜，直上东峰看晓霞。日色丽天明照海，金光射目眼生花。

十二

天柱（峰也）巍峨独建标，上穿云雾入青霄。不知日月星辰谢，但觉阴阳气候调。

十三

洞有佳名号白龙（洞也），不知何代隐仙踪。至今万古人更变，犹自嵌岩对老松。

十四

洞有仙名唤老君（洞也），神清气爽独超群。凭高俯视临沧海，守静安闲对白云。

十五

华盖真人（宋太祖时得道者也）上碧霄，道山从此郁清标。至今绝壁幽岩下，尚有群仙听海潮。

十六

修真野客非才子，行到鳌山亦有诗。只欲洞天观海日，不劳云雨待青词。

十七

白发苍颜未了仙，游山玩水且留连。不嫌天上多官府，只恐人间有俗缘。

十八

修真却似上山劳，脚脚难移步步高。若不志心生退怠，直趋天上摘蟠桃。

十九

鳌山三面海浮空，日出扶桑照海红。浩渺碧波千万里，尽成金色满山东。

二十

山川皆属道生涯，万象森罗共一家。不是圣贤潜制御，乾坤那得久光华？

二十一

可叹巍巍造化功，山河大地立虚空。八荒四海知多少，尽在含元一气中。

诗题为"牢山吟二十首"，实际上是二十一首，看来丘处机游崂山的兴致很高，不自觉地就作了二十一首诗。

《牢山吟》诗前序云："东莱即墨之牢山，三围大海，背俯（或作负）平川，巨石巍峨，群峰峭拔，真洞天福地，一方之胜境也。然僻于海曲，举世鲜闻，其名亦不佳。予自昌阳醮罢，抵于王城永真观，南望烟霭之间，隐隐而见。道众相邀，迁延数日而方届。遂闲吟二十首，易为鳌山，因清畅道风云。"[①] 由此来看，这应该是丘处机第一次来到崂山，感觉到崂山的景色甚佳，但名却不佳，遂改名为鳌山。作二十首诗

---

① 丘处机：《磻溪集》卷二，第 603－604 页。

歌的用意，是为了"清畅道风"，即希望道教在崂山地区能有更大的发展。这次昌阳斋醮，丘处机作有《昌阳黄箓醮》诗，其一云："十月昌阳五谷饶，追思黄箓建清标。华灯羽服罗三殿，绛节霓旌下九霄。"其二云："法事升坛千众集，香云结盖万神朝。从兹降福禳禳满，一县潜推百祸消。"①

又，在上清宫东北，有丘处机《青玉案》词的刻石，词云："乘舟共约烟霞侣，策杖寻高步，直上孤峰尖险处。长吟法事，浩歌幽韵，响遏行云住。凭高目断周四顾，万壑千岩下无数，匝地洪波吞岛屿，三山不见，九霄凝望，似入钧天去。"此有序云："长春真人于大安己巳年胶西醮罢，道众邀请来游此山，上至南天门，命黄冠道士奏空洞步虚毕，乃作词一首，名曰《青玉案》。"末署"大安己巳。"旁刻"又作诗十首刻在别石"。"刻在别石"的十首诗，即上引"上清宫十首"。由此可知，丘处机还在崂山左右《青玉案》词一首。奇怪的是，《磻溪集》中并无这首《青玉案》，或者是《磻溪集》的编集者失收，或者是这首词根本就是伪作，是他人托丘处机之名所作。从词意来看，确实是表明游览之意，与丘处机游览崂山之行相切合；同时，刻石末直接署"大安己巳"，又言"又作诗十首刻在别石"，因此此词不像是伪作。应该是《磻溪集》的编集者失收，这也是很常见的事情。

丘处机这次来崂山的时间，诗序中说是在昌阳斋醮之后，应道众的邀请而到崂山。昌阳是莱阳的古称，王城永真观在今莱西境内，莱西距离崂山已经不甚远了，"迁延数日"是足可以到达的。

由上所梳理的丘处机的行历来看，在泰和五年之前，丘处机主要在栖霞和福山县一带活动。泰和五年，丘处机在莱州作斋醮，开始离开栖霞到胶东的其他地区活动、传教。因此，泰和五年前后应该是丘处机最有可能来到崂山的时间。崂山太清宫附近有"三清门"刻石："地处太清宫北谷中老道坟旁，有一高约丈余的锥状石崮，因地壳运动，此石自

---

① 丘处机：《磻溪集》卷一，第599页。

然裂为两片，南北向对，俨然一门屏，缝中可容二人并肩而过，是崂山仅次于劈石口的第二块劈石，在太清宫未修东山路前，此处为从北路入宫必经之门。据传宋庆元元年北七真邱长春等来太清宫时，就是从此门而过，此门因此而得名'三清门'。"① 庆元是南宋宋宁宗赵扩的年号，庆元元年是 1195 年。王集钦《崂山碑碣与刻石》在录"鳌山上清宫"刻石时说："在邱诗 10 首之上，横镌'鳌山上清宫'5 个大字，字径 30 厘米。这是邱长春第二次题崂山为鳌山，第一次为泰和戊辰年（1208）自昌阳（今莱阳）醮罢归至崂山白龙洞题诗 20 首，在序中写道：'其名亦不佳……易为鳌山，因畅道风云耳。'自邱易崂（牢）为鳌以来，道家者流，慕鳌山为仙境。"② 这里明确指出丘处机是在金泰和八年（1208）第一次来到崂山，与上述"三清门"中说的 1195 年就来过崂山相矛盾。将丘处机第一次来崂山的时间定为泰和八年，根据应该是崂山白龙洞"牢山吟二十首"刻石后的"泰和戊辰三月日栖岩洞主紫悟真刊石，野人王志新、刘志宽"。泰和戊辰即泰和八年，这里所署的是刻石的时间，而不一定就是丘处机第一次游崂山的时间。不过，根据这个署语，可以确定丘处机大概是在泰和五年至八年的这个期间内，第一次来到崂山。

丘处机离开崂山二年后，应金主之召至燕都。归后直至 1219 年，丘处机拒金主的再次征召，也拒绝了南宋皇帝的征召，基本上来往于栖霞、莱州等地。1219 年，丘处机应成吉思汗之召西行，此后再也没有回到过胶东，最终逝于北京。

周至元曾考查崂山的道派，认为"劳山道流约分四派"，一是龙门派，"祖邱真人长春，今山中修真庵、北九水（此下遗庙宇）、百福庵诸观属之。"③ 所谓的"龙门派"是以大定二十年（1180）丘处机所居

---

① 王集钦主编：《崂山碑碣与刻石》，青岛出版社 1999 年版，第 45 页。
② 王集钦主编：《崂山碑碣与刻石》，第 59 页。
③ 周至元：《崂山志》，第 342 页。

之龙门山而命名的，丘处机在龙门山隐修七年，终使自己"道既成"。但现在所说的"龙门派"并非丘处机所创，对此《中华道教大辞典》有明确的说明，云：

（龙门派）尊北七真之一的丘处机为开派祖师。《金盖心灯》、《白云观志》记有其传代谱系。称第一代赵道坚（号虚静），第二代张德纯（号碧芝），此两代生当元朝。第三代陈通微（号冲夷），第四代周玄朴（号大拙），下分传第五代张静定（号无我）和沈静圆（号顿空），再分传第六代赵真嵩（号复阳）和卫真定（号平阳），以上五代生当明朝。从诸传记叙中，很难断定是何人在何时开创了龙门派。第一代赵道坚，原为丘处机西觐元太祖随行十八弟子之一，但他随处机在1221年的西行途中，即逝世于西域的赛兰城。他处在全真道尚属幼弱时期，怎能另创其支派。后世龙门道士为了尊他为第一代宗师，遂由《金盖心灯》等对其历史进行改造，将其行谊大大延后。称他于至元庚辰，即至元十七年（1280），受丘处机传初真戒、中极戒。待其如法行持有成时，又"亲传心印，付衣钵，受天仙戒，赠偈四句，以为龙门派计二十字，即：道德通玄静……是为龙门第一代律师。"又称其"修持凡三十年，功圆行满，将示化，始以戒法口诀，于皇庆壬子年（1312）……亲授河南道士张碧芝名德纯。"（《金盖心灯》卷一《赵虚静律师传》）以上所记之传法纪年，皆在丘、赵二人死后几十年，自属虚构。之所以要如此改造丘、赵历史，无非是想将后出之龙门派与丘、赵挂上钩而已。它恰好证明龙门派既非丘处机所创，也非赵道坚所创。尊赵道坚为第一代传戒律师，实为龙门派攀祖的需要。由于赵道坚历史不实，直接影响对第二代张德纯的认定。即使张德纯确属丘处机之徒裔，他在元代也不可能创建龙门派。因记录元代全真道活动的资料，至今尚保存很多，皆看不出元代有分衍支派的迹象。其后第三代至第六代，生当明世。据载，第三代陈通微，第四代周玄朴，第五代张静定，皆居无定所，而留居四川青城山时间都较久。周玄朴于洪武二十年（1387）受戒，"是时玄门零落，有志之士，皆全身避咎。师隐青城，不履尘世五十余年。面壁内观，不以教相有为之事累心。弟子数人，皆不以阐教为事。律门几至湮没！住世一百一十年，始得天台道者张宗仁，承当法戒。……于景泰庚午岁（景泰元年，1450）十月望日他适，不知所终。"（《金盖心灯》卷一《周大拙律师传》）可见在景泰元年前，龙门派也未形成。第五代和第六代传人，也是游方不定，传人甚少，看不出在他们周围已形成了教团。故何时形成龙门派，尚待进一步研究。至清顺治十二年（1655），王常月至北京，次年三月，说戒于白云观，三次登坛传戒，收弟子千余人。康熙二年（1663），南下江、浙传戒，几年后，再去湖北武当山传戒，从而使龙门组织由这些地区迅速向全国传播，形成龙门派的"中兴"局面。王常月被其徒裔称为龙门"中兴"之臣。这种中兴景象，有的地区延续到乾、嘉之世。龙门派在其传播过程中，又不断分衍出许多小支派。[①]

据此来看，龙门派非丘处机所创，是丘处机的后传弟子创建的。按照《中华道教大辞典》所说，龙门派大约应是在明清之际形成的，崂山的龙门派应该也是在龙门派之称在社会上被确认以后，那些祖丘处机的道士们亦自称龙门派而形成的。虽然丘处机当时及其稍后，崂山并没有龙门派之称，但从崂山所刻的丘处机诗词来看，祖丘处机的道士的确不少。

周至元所说的另外三派是：随山派，"祖刘真人，今太清宫属之"；华山派，"（此下遗祖郝真人四字）此派属者最多，若上清宫、太平宫、关帝庙、蔚竹庵、神清宫、大劳观、华楼宫、通真宫、聚仙宫、旱寨观等庙尽系焉"；金山派，"源出龙门、至孙玄清始立此派。今山中自云

---

① 胡孚琛主编：《中华道教大辞典》，中国社会科学出版社1995年版，第66-67页。

洞、斗母宫、凝真观、大妙诸刹，皆其属也"。此外又有鹤山派，是龙门派分支，"分自徐复阳。但今此派不在鹤山，鹤山转归随山派矣"①。如上文所说，刘处玄、郝大通来到崂山的可能性不大，以二人为祖的道派的情况，其情形应与以丘处机为祖的龙门派一样。

《崂山太清宫志》中所录的著名道人中，有刘处玄，文云："宋庆元元年乙卯（公元一一九五年）与邱长春等道侣七人，由宁海昆嵛山来游崂山，刘处玄独留太清宫，讲授经典。于是太清宫道众由此归宗，从于刘祖所创的随山派。太清宫便是道教北七真随山派的发源地……刘处玄据崂山时间最长，著书、阐教、讲道最多……"② 根据上文关于七真及刘处玄个人的行迹来看，这些都是想当然的说法，并非历史事实。七真中，除丘处机之外，最有可能来到崂山的，是王处一，即使如此也不能肯定王处一是否真的到过崂山。

三

从实际来看，七真对于崂山道教的影响，虽然如丘处机来游崂山时受到道众们的欢迎，但效果还是很有限的。崂山道教的发展，随着当时形势的变化，而有了戏剧性的发展。综合来看，崂山道教的发展，可以看作是全真教在元代发展的一个缩影。

本章开始引陈垣先生的话，赞扬全真教与太一教、大道教虽然是"创教于南渡之后"，但"义不仕金"。其实，全真七子并非不想仕金，丘处机、王处一等人一直在寻求统治者的扶持。只是缘于自身发展的程度、金对待宗教的政策、历史形势的瞬息变化等诸多因素，而使全真七子没有仕金，丘处机根据当时的历史形势，做出了对于全真教发展有利

---

① 周至元：《崂山志》，第342页。蓝水在《崂山古今谈》中有《附周至元劳山道流宗派考》，在转引中字句稍有不同，参见该书第87页。

② 《崂山太清宫志》二，第11－12页。

的政治选择，最终是以丘处机为首的全真教倾身于成吉思汗与大元。

王重阳去世之后，由马钰掌教，马钰以苦行为主，吸引社会民众的信仰，而不去主动结交官府，也不营建宫观。马钰在关中传教时，跟随他的信众虽多，主要是下层的民众和知识分子居多。为了防止下层民众利用宗教起来反抗，金于大定十八年下诏禁止民间创寺造观，大定二十一年（1181）下诏禁止道士游方，"遣发道人各还本乡"①，马钰也被从关中赶回宁海老家。回到山东半岛后，马钰继续在宁海、文登、莱州、莱阳等地传教，吸引了一批信众。马钰去世后，由谭处端掌教，谭处端掌教仅二年便去世，对全真教没有起到太大的领导作用。谭处端之后，由刘处玄掌教，时在大定二十五年（1185），至泰和三年（1203）年去世，这段时期，全真教仍然没有太大的发展。随后由丘处机掌教。丘处机掌教初期，虽经多方努力，但同马钰、谭处端、刘处玄掌教时一样，没有太大的作为，全真教也没有获得真正意义上的发展。

全真教在金代的发展状况，与金统治者对待全真教态度的反复有关。全真七子经过20余年的传教，在下层民众中产生了一定的影响，民众日益增多，逐渐引起了金统治者的注意。此时，处于暮年的金世宗身体衰弱，"色欲过节，不胜疲惫"，遂对道教的养生术发生了浓厚的兴趣，开始"博访高道，求保养之术"②。七子中，王处一的神异事情最多，据记载，王处一七岁时"无疾死而复生，由是若知死生之说"。后来"遇异人坐大石来前，抚首与言"，"又闻空中神自名玄庭宫主，归乃敝服赤脚，狂歌市中。人谓或病失心，或识为无疾，将收敛冠巾妻之，不可，遂与母皆为老氏法"。入道之后，还能给王重阳以感应："明年辞居查山，真君从其徒马无为、谭蕴德、邱演道、郝太古四真人者，自文登将归宁海，径龙泉，去查山二百里。时炎暑，真君持伞自手飞出，未脯，坠查山，柄得'伞阳子'三字，识其师迹。"居云光洞

---

① 《金史》卷七《世宗纪》。
② 《玄风庆会录》，《中华道藏》第四十七册，第28页。

时，"志行确苦，尝俯大壑，一足跂立，观者目瞑毛坚，舌挢然而不能下，称为铁脚仙"。他曾展示他的法术，云："遨游齐鲁间，大肆其术，度人逐鬼，踣盗碎石，出神入梦，召雨摇峰，烹鸡降鹤，起死嘘枯，麾诃嚇斥，一方千里，白叟黄童，竭蹶其庐。或以为善幻诬民，因召饮可鸩，真人出门，戒其徒先凿池灌水，挠而浊之，往则持杯尽饮，曰：吾贫人也，无尝从人丐取，今幸见招，愿丐余杯以尽君欢。与之，又尽饮，归解衣浴池中，有顷池水沸涸，以故不死。"① 由此，王处一于大定二十七年（1187）最先被金世宗召见，"十年十一月十三日，玉阳真人奉诏至燕，帝问延生之理，师曰：'惜精全神，修身之要，端拱无为，治天下之本。'上待以方外之礼。"② 后来丘处机对成吉思汗问话的回答，基本与刘处玄的答语一致。《甘水仙源录》对刘处玄受到金世宗及后来金章宗的召见有详细说明，云："二十七年，征至燕京，居之天长观，尝问卫生为治，对曰：'含精以养神，恭己以无为，虽广成复生为陛下言，无易臣者。'世宗嘉之，继问饮鸩，对曰：'臣素无取仇人者，良由得疾致然。'或曰：或谓异人，或谗善幻，世宗试而鸩之，见不可杀，悔怒而逐谗者，当时讳之，谬云然也。明年为修真观，居不踰时，求还山，世宗烬之，委去。其年世宗不豫，复来征，真人对使者曰：吾不难斯行，诚不及一仰清光矣。明年正月三日下车，世宗崩已一日。章宗留为醮，资大行冥福。其年复还山……承安二年，再征至便殿，问卫生，对如告世宗者，赐紫，号体玄大师，居之崇福观，月给钱二百缗。是时吕道安将建祖庭，盖真君故庐，以无敕额，不敢集众，真人奏立观灵虚，赐道安冲虚大师，而祖庭造建始盛。以母玄靖年九十，求还山侍，厚烬遣之。泰和改元及三年，诏两设普天醮于亳州太清宫，度民为

---

① 《玉阳体玄广度真人王宗师道行碑》，《甘水仙源录》卷二，《中华道藏》第四十七册，第129页。

② 《七真年谱》，第73页。

道士千余人，其年玄靖逝。七年居圣水玉虚观，元妃送道经一藏。"①

王处一在其著述中保存了大量的诗歌，记录他受到征召的事宜。大定二十七年（1187）初次征召时，王处一作《大定丁未十一月十三日初奉宣召》诗，云："上腾和气彻三台，下布祥云遍九垓。化出空中清雨降，道横四海一声雷。"对于自己能够受到金世宗的宣召，心情还是相当兴奋的。接着作《奉旨起行》诗，云："诸天仙眷满空浮，带我容光西北流。统摄万灵澄浩渺，翠光拨弄紫云头。"诗前并有序记载自己起行的情况："到沧州无棣县新丰村，皇亲四官人道庵盘桓。续奉圣旨，委天长观大德。宣至十七日，复委棣州七驸马，支起发钱二百贯。临行赠众。"②从王处一的记录来看，金世宗对宣召王处一也是非常重视，过程非常隆重，可以说礼遇是很厚重的。还有《朝真》、《宣诏》、《赠皇亲》等诗，都是在第一次应召时所做。

大定二十八年，金世宗"寝疾"，再次宣诏王处一，"特差近侍内族诣圣水玉虚观传宣，令乘驷马车速来"，此即王处一《奉旨催行》诗，云："八月中秋得暇回，洞天游赏恣徘徊。戊申腊月重宣至，驷马轻车昼夜催。"王处一还没有到，金世宗已驾崩，"至己酉正月初三日到都，世宗已于初二日崩，少主即位，宣使不敢奏见，遂乃还故"，又作诗纪之："先帝升霞泣万方，洪恩厚德岂能忘。公卿不敢当今奏，却返云踪入故乡。"③

承安二年（1197），王处一第三次受召。这次宣召他的是金章宗。《七真年谱》云："承安二年丁巳……六月，玉阳真人被召，七月初三日见于便殿赐坐，帝问以养生之道，抵暮方归。翼日，赐体玄大师号及紫衣，劝赐燕都修真、崇福二观，俾真人任便居之，月给斋钱二百襁。"王处一自记云："承安丁巳，受第三宣，于六月二十五日到都下天长观。

---

① 《玉阳体玄广度真人王宗师道行碑》，《甘水仙源录》卷二，《中华道藏》第四十七册，第130页。
② 王处一：《云光集》卷二，《中华道藏》第二十六册，第655页。
③ 《云光集》卷二，第655页。

七月初三日宣见，赐坐。帝问《清净经》。师解之。次问北征事。师答云：'戊午年即止。'后果应。次问全真门户。师一一对答。帝深嘉叹。留连抵暮方出。翌日赐紫衣，号体玄大师。仍差近侍传旨，赐崇福、修真二观，任便住坐。每月给斋厨钱二百镪。"王处一对这次征召好像很看重，所作诗两首：其一云："修真观下信逼通，往复祥光透碧空。昔遇明师开正教，今蒙圣帝助玄风。"其二云："玉阳自此权行化，法众从兹好用功。稽首慈亲毋少虑，皇恩未许返乡中。"诗作好后，王处一"寄呈老母泪圣水道众"①，看得出他认为这次征召对于全真教的发展是非常有利的事情，所以诗中明言"法众从兹好用功"。

王处一在此期间交往了大量的官僚和士大夫，如从《按察使夫人患病求痊》、《福山王押司因病求教》、《随朝众官员索》、《莱州刘大官人索》、《赠莱阳二将军》、《密州千户请为黄箓济度师醮罢赠之》等诗题便可看出。而且，王处一所交往的这些官员层次广泛，有高层官僚和下层官僚，这对于全真教的发展应该是一个非常好的基础。此时王处一的名声之盛，甚至有外国使臣来拜谒，其《外国使谒辞不相见》诗云："只倦心拘身不安，百骸上下聚成团。这回不话人间事，全体光明都内观。"② 对于外国使臣的拜谒，他竟然辞不相见。

受到金皇帝召见的不只是王处一一人，在承安二年召见王处一之后，金章宗召见了刘处玄："冬，长生真人奉召赴阙，帝问以至道，师曰：'至道之要，寡嗜欲则身安，薄赋敛则国泰。'帝曰：'先生广成子之言乎？'"承安三年（1198），刘处玄因"应对悉合上意"，"三月得旨还山，敕赐观额五道，曰灵虚，曰太微，曰龙翔，曰集仙，曰妙真，令立观度人"③。《甘水仙源录》认为金章宗召见刘处玄是在承安三年："至承安之三年也，章宗闻其道价铿锽，乃遣使者征之，鹤板蒲轮，接

---

① 《云光集》卷一，第645页。
② 《云光集》卷二，第665页。
③ 《七真年谱》，第74页。

于紫宸，待如上宾，赐以琳宇，名曰修真。官僚士庶，络绎相仍，户外之屦，无时不盈。明年三月，乞还故山①，天子不敢臣，额赐灵虚，宠光祖庭。"按，金章宗召见刘处玄应该是在承安二年，刘处玄被召见之后，一直没有离开金的京师，承安三年又被召见，所以才有"应对悉合上意"之说。金章宗召见刘处玄，可能也是因为他有如王处一相似的神异。据称与马钰等人各言其志后，刘处玄"独遁迹于洛京，炼性于尘埃混合之中，养素于市尘杂沓之丛，管弦不足以滑其和，花柳不足以挠其精，心灰为之益寒，形木为之不春，人馈则食，不馈则殊无愠容，人问则对之以手，不问则终日纯纯。定力圆满，天光发明，乃迁于云溪之滨，门人为之穿洞室于岩垠。忽遇石井，寒泉泠泠，众骇其异，先生笑曰：'不远数尺更有二井，乃我宿生修炼之所经营也。'凿之果然，迄今洞宫号为三泉"。又言："自后东州醮坛，独师主盟，必有祥风泠泠，卷楮币而上腾，其感应也如神。"②

金章宗频繁召见王处一、刘处玄，说明此时金统治者对全真道的重视。金章宗即位之初，亦曾如金世宗一样，禁止道教、道教及其他民众宗教的传播，明昌元年和明昌二年连下两次诏令，"禁以太一混元受箓私建庵室者"③。但随着社会形势的发展、内外压力的迅速增大，金统治者意识到全真教在恢复统治和缓和社会矛盾、愤怒情绪的作用，收回了禁罢之令，全真教"已绝而复存，稍微而更炽"④。因此，刘处玄的被宣召，更重要的原因应该是他是此时全真教的掌教，假若能获得刘处玄的支持，就等于获得了整个全真教的支持。同时说明，全真教此时的发展，已经到了引起统治者足够重视的程度。

金章宗在召见王处一之前，先召见了王重阳的另一弟子刘通微。刘通微一直在北地立观传教，名声很大。明昌初，金章宗宣召刘通微，

---

① 《七真年谱》言刘处玄还山是在本年三月，参见《中华道藏》第四十七册，第74页。
② 《甘水仙源录》卷二，《中华道藏》第四十七册，第125、126页。
③ 《金史》卷九《章宗纪》。
④ 元好问：《遗山集》卷三十五《紫微观记》，《四库全书》本。

"问以九还七返之事"。刘通微说："此山林野人所尚，陛下居九五之位，四海生民之主不必留意于此。"并言以黄老清静无为之道来修身治国。金章宗听了很高兴，命其在永寿道院开堂演教。

丘处机因为在龙门山的七年隐居苦行，在当时就不仅引起当地民众的信服，也引起了当地地方官的敬信，"京兆统军夹谷公奉疏请还祖师之旧隐。师既至，构祖堂轮奂，余悉称是，诸方谓之祖庵，玄风愈振"①。大定二十八年（1188），丘处机"以道德升闻"②，受到了金世宗的宣召，"此年二月，长春真人奉诏至阙下，十一日圣旨令主万春节醮，蒙赐巾袍。四月，劫居宫庵。五月十八日，召见于长松岛。七月，应制进词五首，中秋得旨还终南山"③《甘水仙源录》记云："征赴京师，官建庵于万宁宫之西，以便咨访。夏五月召见于长松岛，秋七月复见。师剖析至理，进瑶台第一层曲，眷遇至渥。翌日遣中使赐上林桃，师不食茶果十余年，至是取其一啖之，重上赐也。八月得旨还终南，仍赐钱十万，表辞之。"④ 可见金世宗对丘处机是非常重视的。丘处机有《进呈世宗皇帝》诗可能就是这个时候作的，诗云："九重天子人间贵，十极仙灵象外尊。试问一方终日守，何如万里即时奔。"⑤ 金世宗驾崩后，丘处机还作《世宗挽词》，云："哀诏从天降，悲风到陕来。黄河卷霜雪，白日翳尘埃。自念长松晚，天恩再诏回。金盘赐桃食，厚德实伤哀。"前有引，叙及金世宗征召他的经过："臣处机以大定戊申春二月，自终南召赴阙下，蒙赐以巾冠衫系，待诏于天长观。越十有一日，旨令处机作高功法师，主万春节醮事。夏四月朔，徙居城北官庵。越二日己巳，奉圣旨塑纯阳、重阳、丹阳三师像于官庵，彩绘供具，靡不精备。后五月十八日，召见于长松岛。秋七月十日，再召见，剖析天人之

---

① 《长春真人本行碑》，《甘水仙源录》卷二，第126页。
② 《长春真人本行碑》，《甘水仙源录》卷二，第126页。
③ 《七真年谱》，第73页。
④ 《长春真人本行碑》，《甘水仙源录》卷二，第126页。
⑤ 丘处机：《磻溪集》卷二，第602页。

理，颇惬宸衷，薄暮言归。翌日，追中使赐桃一盘。处机不食茶果十有余年，过荷圣恩，即啖一枚。中秋，以他事得旨，许放还山，仍赐钱十万。表而辞之。逮己酉岁春，途经陕州，遽承哀诏。时也风尘濒洞，天气苍黄，士庶官僚尽皆素服，处机虽道修方外，身处世间，重念皇恩，宁不有感。谨缀挽词一首，用表诚恳云。"① 丘处机对这次召见过程的叙述非常详细。明昌初，因金章宗禁止宗教的禁令，丘处机回到了栖霞，即使在禁教的状况下，金章宗仍为丘处机在栖霞所创建的琳宫，敕赐其额曰太虚，"气象雄伟，为东方道林之冠"。泰和间，金章宗的元妃重道，"遥礼师禁中，遗道经一藏"。这次赐道经，不仅赐给丘处机，还赐给了王处一所居的圣水玉虚观。丘处机在山东，当地的地方官都与之交往，"师既居海上，达官贵人敬奉者日益多，定海军节度使刘公师鲁、邹公应中二老，当代名臣，皆相与友"②。尹志平《北游语录》中谈道丘处机此时的导向说，丘处机将刘处玄掌教时"无为有为相半"的教旨改变成"有为十之九，无为虽有其一，犹存而勿用焉。"一语道出了丘处机审时度势，抓住了发展的有利时机，采用走结交上层统治者的路线，最终使得全真教获得了飞速的发展。

丘处机帮助金章宗平定贞祐之乱，更使各路统治者看到了丘处机和全真教的力量。金章宗泰和六年（1206），成吉思汗统一了漠北蒙古各部，开始大举侵金。金宣宗贞祐二年（1214），在蒙古的逼迫之下，金迁都于开封，史称"贞祐南迁"。南迁之后的金，北有蒙古，南有南宋，局面非常被动，更被动的是统治区域内的民众不断发起反抗。与南迁同时的是，山东杨安儿发动起义，山东驸马都尉仆散安贞统兵镇压，时宁海、文登等地的反抗尚未平息，仆散安贞遂请丘处机出面，《甘水仙源录》记云："贞祐甲戌之秋，山东乱，驸马都尉仆散公将兵讨之，

---

① 丘处机：《磻溪集》卷三，第607页。
② 《长春真人本行碑》，《甘水仙源录》卷二，第127页。

时登及宁海未服，公请师抚谕，所至皆投戈拜命，二州遂定。"① 这次平息宁海和文登的反抗，一方面统治者看到了丘处机在民众中的号召力，一方面也看到了全真教的势力已经发展到了不可忽视的地步。

丘处机和全真教由此引起了金、南宋和蒙古三方的重视，都竞相派遣使臣召请丘处机。贞祐四年（1216），金宣宗召请丘处机，"时居登州，金主命东平监军王庭玉责诏召师归汴京，师曰：'我循天理而行，天使行处无敢违也。'乃不起"②。《长春真人西游记》云："戊寅岁之前，师在登州，河南屡欲遣使征聘。事有龃龉，遂已。明年，住莱州昊天观。夏四月，河南提控边鄙使至，邀师同往。师不可，使者携所书诗颂归。"据此，金好像还在1219年命地方官宣召过丘处机一次，丘处机只是让使者带去一首诗颂。"既而，复有使者自大梁来，道闻山东为宋人所据，乃还"③，看来，到了形势紧张的后期，金对丘处机是相当重视的。南宋嘉定十二年（1219），当时南宋已经攻陷齐、鲁，宋宁宗遣使召请丘处机，"居莱州昊天观。是时齐、鲁陷宋，八月，宋主遣使召师，不起"。莱州地方官谢曰："师居此，我辈诚有所依。"而丘处机则明言道："吾之出处，非若辈可知也，他日恐不能留居此耳。"④《长春真人西游记》记载南宋的这次宣召说："其年八月，江南大帅李公、彭公来请，不赴，尔后随处往往邀请。莱之主者，难其事，师乃言曰：'我之行止，天也，非若辈所及。知当有留不住时，去也。'"⑤ 这里的记述，可能更符合实际情况一些。

丘处机此时拒绝南宋和金的宣召，这是他做出的关键的选择。这个选择可以说决定了他个人和全真教的生死存亡，如果选择不当，对他个人和全真教的前途都是毁灭性的打击。丘处机不应南宋和金的宣召，是

① 《长春真人本行碑》，《甘水仙源录》卷二，第127页。
② 《七真年谱》，第74页。
③ 《长春真人西游记》卷上，《中华道藏》第四十七册，第1页。
④ 《七真年谱》，第75页。
⑤ 《长春真人西游记》卷上，第1页。

他敏锐地嗅到了南宋和金已经不能有所成就，在漠北兴起的蒙古才是将来的新生力量。早在承安二年（1197）金章宗召见王处一时，丘处机作《闻诏起玉阳公戏作》诗云："三竿红日自由睡，万顷白云相对闲。只恐虚名动华阙，有妨高枕卧青山。"① 同年，丘处机感觉到了金的危机，其《承安丁巳冬至后苦雪》诗后有小序云"时有事北边"，诗中感叹战争对人民造成的苦难，其一云："冬前冬后雪漫漫，淑气销沉万物干。出塞马惊山路险，防边人苦铁衣寒。"其二云："虽愁海北边灵苦，幸喜山东士庶安。日费国资三十万，如何性命不凋残。"② 至1210年，王处一也察觉出了形势的变化，"大元庚午……夏，玉阳真人蓟州玉田县醮毕，谓众曰：'北方道气将回，空中有神明往来，刀剑击触之象，莫非生灵将受苦耶。'"③《玉阳体玄广度真人王宗师道行碑》云："大安改元，北京请居华阳观。庚午醮蓟州玉田县，谓其徒曰：'若闻空中剑楣击撞声乎？北方气运将回，生齿必有横罹其毒者。'是年果天兵南牧。"④ 这里的"天兵"，自然是指蒙古军队了。王处一还作诗言及此事，《别玉田县官民》诗云："大道光明一并回，十方云阵走星礧。皇天后土垂真象，世务浮华一点灰。"在该诗序中说："庚午年，师在蓟州玉田县，因醮罢，谓众曰：'北方道气将回，空中有神明往来，刀剑击触之象，莫非生灵将受苦邪。'作诗与官民为别，继乃北边有事。"⑤ 与此相对应的是，《七真年谱》的编纂者就是在这一年开始用"大元"来纪年。前一年，丘处机游崂山，还以金的"大安己巳"来纪年，但第二年却随即以"大元庚午（1210）"来纪年，这时金还没有灭亡，而且元还没有自己的年号，这说明《七真年谱》的编纂者李道谦已经意识到这一年的重要性，全真教对于政治的选择实际上在这一年已经做出了。

---

① 丘处机：《磻溪集》卷二，第602页。
② 丘处机：《磻溪集》卷一，第597页。
③《七真年谱》，第74页。
④《甘水仙源录》卷二，第130页。
⑤《云光集》卷二，第663页。

四

在 1219 年，与金、南宋同时征召丘处机的，还有蒙古。南宋是在八月征召丘处机，成吉思汗则在五月，遣使者刘仲禄上路去见丘处机，因为路途遥远，刘仲禄十二月方到莱州，所以《长春真人西游记》中说"居无何，成吉思汗皇帝遣侍臣刘仲禄县（悬）虎头金牌"。虎头牌上写着"如朕亲行，便宜行事。及蒙古人二十辈，传旨敦请"①。刘仲禄还带着"成吉思汗皇帝赐神仙手诏"，云："制曰：天厌中原骄华太极之性，朕居北野嗜欲莫生之情，反朴还淳，去奢从俭，每一衣一食，与牛竖马围共弊同飧。视民如赤子，养士若弟兄，谋素和，恩素畜，练万众以身人之先，临百阵无念我之后，七载之中成大业，六合之内为一统。非朕之行有德，盖金之政无恒，是以受之天祐，获承至尊。南连蛮宋，北接回纥，东夏西夷，悉称臣佐。念我单子国千载百世已来，未之有也。然而任大守重，治平犹惧有阙，且夫刳舟剡楫，将欲济江河也，聘贤选佐，将已安天下也，朕践祚已来，勤心庶政，而三九之位，未见其人。访闻丘师先生，体真履规，博物恰闻，探赜穷理，道充德著。怀古君子之肃风，抱真上人之雅操。久栖岩谷，藏声隐形。阐祖师之遗化，坐致有道之士，云集仙径，莫可称数。自干戈而后，伏知先生犹隐山东旧境，朕心仰怀无已。岂不闻渭水同车，茅庐三顾之事，奈何山川弦阔，有失躬迎之礼。朕但避位侧身，斋戒沐浴，选差近侍官刘仲禄备轻骑素车，不远数千里，谨邀先生暂屈仙步，不以沙漠游远为念。或以忧民当世之务，或以恤朕保身之术，朕亲侍仙座，钦惟先生将咳唾之余，但授一言，斯可矣。今者聊发朕之微意万壹，明于诏章，诚望先生既著大道之端要，善无不应，亦岂违众生小愿哉。故咨诏示，惟宜知

---

① 《长春真人西游记》卷上，第 1 页。

悉。五月初一日。"① 此时丘处机还有所犹豫，"师踌躇间"，表明丘处机这时候还没有最终痛下决心，因为这时候他居住的莱州毕竟在南宋的统治之下。刘仲禄说："师名重四海，皇帝特诏仲绿瑜越山海，不限岁月，期必致之。"丘处机安慰刘仲禄说："兵革以来彼疆此界，公冒险至此，可谓劳矣。"刘仲禄则叙述自己一路上的经历，云："钦奉君命，敢不竭力。仲禄今年五月，在乃满国兀里朵得旨。六月，至白登北威宁，得羽客常真谕。七月，至德兴，以居庸路梗，燕京发士卒来迎。八月，抵京城。道众皆曰：'师之有无，未可必也。'过中山，历真定，风闻师在东莱。又得益都府安抚司官吴燕、蒋元，始得其详。欲以兵五千迎师。燕等曰：'京东之人，闻两朝议和，众心稍安。今忽提兵以入，必皆据险自固，师亦将乘柠海上矣。诚欲事济，不必示也。'从之，乃募自愿者得二十骑以行。将抵益都，使燕、元驰报其师张林。林以甲士万郊迎。仲禄笑曰：'所以过此者，为求访长春真人，君何以甲士为？'林于是散其卒，相与接辔以入。所历皆以此语之，人无骇谋。林复给以驷骑。次潍州，得尹公。冬十有二月，同至东莱，传皇帝所以宣召之旨。"丘处机听了之后，"知不可辞"，"知不可辞"之意，实际上可以说是丘处机被成吉思汗、刘仲禄的诚心所打动。丘处机对刘仲禄说："此中艰食，公等且往益都，俟我上元醮竟，当遣十五骑来，十八日即行。"② 于是，丘处机从弟子中选出十九人，跟随刘仲禄，踏上了西行面见成吉思汗的道路。成吉思汗闻听丘处机西行，非常高兴，又给丘处机发了一道敕书，《成吉思汗皇帝敕真人丘师》云："省所奏，应召而来者，具悉。惟师道逾三子，德重多方。命臣奉厥玄缥，驰传访诸沧海，时与愿适，天不人违。两朝屡召而弗行，单使一邀而肯起，谓朕天启，所以身归。不辞暴露于风霜，自愿跋涉于沙碛，书章来上，喜慰何言。军国之事，非朕所期，道德之心，诚云可尚。朕以彼酋不逊，我伐

① 《重阳宫圣旨碑》，陈垣编纂：《道家金石略》，文物出版社 1988 年版，第 445 页。
② 《长春真人西游记》卷上，第 1 - 2 页。

用章，军旅试临，边陲底定。来从去背，实力率之故然，久逸暂劳，既心服而后已。于是载扬威德，略驻车徒。重念云轩既发于蓬莱，鹤驭可游于天竺，达磨东迈，元印法以传心，老氏西行，或化胡而成道。顾川途之虽阔，瞻几杖以非遥。爰答来章，可明朕意。秋暑，师比平安好，指不多及。"①

《长春真人本行碑》中叙述丘处机西行面见成吉思汗的情况，说："明年春启行。夏四月道出居庸，夜遇群盗于其北，皆稽颡以退，且曰无惊父师。是年十月，师在武川进表，使回复，有敕书，促师西行，称之曰师，曰真人，其见重如此。又明年春，踰岭而北，壬午之四月甫达印度，见皇帝于大雪山之阳。问以长生药，师但举卫生之经以对。他日又数论仁孝，皇帝以其实，嘉之。癸未之三月，车驾至赛蓝，诏许师东归，且赐以烬礼。师固辞曰：臣归途万余里，得驲骑馆谷足矣。制可其奏，因尽蠲其徒之赋役。师之驰传往返也，所过迎者动数千人，所居户外之屦满矣，所去至有拥马首以泣者，其感人心如此。"回到汉地时，"四方道流不远千里而来，所历城郭皆挽留"②，这种状况表明，丘处机去面见成吉思汗，使得当时的道教人士看到发展的曙光和前途。关于丘处机西行一路上的情况，《长春真人西游记》、元移剌楚才（耶律楚材）所撰《玄风庆会录》等著中的记载尤其详细。就是从丘处机这次应召面见成吉思汗起，元定下了扶持全真教的政策。1223 年成吉思汗给丘处机下了护教敕文，即《元太祖敕谕邱处机护教文》："钦差使刘仲禄奉成吉思汗皇帝圣旨道与诸处官员每：丘神仙应有底修行院舍等，系逐日念诵经文告天底人每，与皇帝祝寿万岁万岁者。所据大小差发、税赋，都体教着者。据丘神仙底应系出家门人等，随处院舍，都教免了差发、税赋者。其外，诈推出家影占差发底人每，告到官司治罪，断按主者，奉到如此，不得建错，须至给付照用右付神仙门下收执，照使所

---

① 《重阳宫圣旨碑》，陈垣编纂：《道家金石略》，第445页。
② 《长春真人本行碑》，《甘水仙源录》卷二，第127页。

据。神仙应系出家门下，精严住持院子底人等，并免差发、税赋。准此。癸未羊儿年御宝三月日刘仲禄书。"同时颁给金虎符，《元太祖颁给邱处机金虎符文》云："宣差阿里鲜面奉成吉思皇帝圣旨：丘神仙奏知来底公事是也。煞好，我前时已有圣旨文字与你来，教你天下应有底出家善人都管著着。好底歹底，丘神仙就便理会，只你识者，奉到如此。癸未九月二十四日。"

丘处机东归后，一直住在北京，直至在北京去世，再没有回过山东。丘处机在北京建立宫观，传教授徒，受到道众们的热烈欢迎，"自师之复来，诸方道侣云集，邪说日寝。京人翕然归慕，若户晓家谕，教门四辟，百倍往昔"。"远方道人，继来求法名者日益众"①。他所居住的太极宫迅速成为当时北方道教的中心："厥后道侣云集，玄教日兴。乃建八会，曰平等，曰长春，曰灵宝，曰长生，曰明真，曰平安，曰消灭，曰万莲。"② 姬志真《盘山栖云观碑》云："由是玄风大振，四方翕然，道俗景仰，学徒云集。"③ 商挺《大都清逸观碑》云："长春既居燕，士庶之托迹，四方道侣之来归依者，不啻千数，宫中为之嗔咽。"④

1227 年在丘处机去世的前夕，"五月二十有五日，道人王志明至自秦州，传旨改北宫仙岛为万安宫，天长观为长春宫，语天下出家善人皆隶焉。且赐以金虎牌，道家事一仰神仙处置"⑤。《太祖赐邱处机金虎牌文》云："西域比胡归顺，回至燕京，皇帝感劳，特赐金虎牌。曰：真人到处，如朕亲临，丘神仙至汉地，凡朕所有之城池，其欲居者居之。掌管天下道门事务，以听神仙处置，他人勿得干预，宫观差役，尽行蠲

---

① 《长春真人西游记》卷下，第 18 页。
② 李道谦：《全真道第五代宗师长春演道主教真人内传》，陈垣：《道家金石略》，第 636 页。
③ 《云山集》卷七，《中华道藏》第二十七册，第 50 页。
④ 《甘水仙源录》卷十，第 206 页。
⑤ 《长春真人西游记》卷下，第 20 页。

免。所在官司常切卫护。天乐道人李德谦书。"① 此时的丘处机成为掌管天下道教的首领，成为北方道教的风云人物，全真教也成为道众们最为仰慕的教派。

显然，这个时期全真教的迅速发展，就是丘处机受到了成吉思汗的征召相关，丘处机抓住了这个有利的时机，"长春真人应召之后，大阐门庭，室中之席不虚，户外之履常满。"② 崂山道教，也随着丘处机的经历而在一直发展着。

值得注意的是，崂山道教及山东半岛的全真教与其他地区不同的是，从金代后期尽管形势有不同的变化，却是在一直向前发展。金世宗曾短暂禁教，使得全真七子纷纷回到宁海、莱州等地，大力传教。明昌初年，金章宗禁教，丘处机、王处一等人再次回到山东半岛，努力发展全真教。因此，就金代来看，无论是统治者的用教还是禁教，山东半岛的全真教一直呈现向前发展的状态，所以才在后来为能够引起金、南宋和蒙古三方统治者的注意而极力征召、笼络丘处机。崂山道教在其中自然也是受益者，丘处机也就是在禁教期间来到了崂山，成为推动崂山道教发展的重要动力。

更为重要的是丘处机应成吉思汗之召，并受到成吉思汗的高度重视，赋予掌管天下道教之职责，更使天下道众如蜂蚁般归附丘处机。崂山道教同样如此。这里有一个非常值得注意的事情，就是丘处机于大安己巳年（1209）第二次游崂山时作的二十首诗。这二十首作完后，当时的道众可能没有重视。现存于崂山太清宫三皇殿西侧墙外的石上，刻了丘处机本次写的《太清宫十首》，云："长春真人于大安己巳年到此

---

① 此《元太祖敕谕丘处机护教文》、《元太祖颁给丘处机金虎符文》、《元太祖赐丘处机金虎牌文》刻于崂山太清宫三皇殿殿门东西庑墙上，东壁嵌元太祖赐邱长春癸未敕谕，西壁嵌金虎牌及金虎符文石刻。又见于王集钦主编：《崂山碑碣与刻石》第26、27页；蓝水：《崂山古今谈》第84、85页；蓝水：《崂山志》第83页；周至元：《崂山志》卷六，第206–207页；《崂山太清宫志》第47–48页。

② 姬志真：《南昌观碑》，《云山集》卷八，第56页。

作诗十首。"诗末则云："庚寅年十一月上石。"庚寅年是 1230 年，据丘处机作诗时间已相距 22 年。崂山太清宫的道士们为什么不在 1209 年丘处机刚作此诗时就刻石呢？只能说明，丘处机作诗时还没有被统治者足够重视，而后随着丘处机受到成吉思汗越来越重视，成为天下道教的掌教者，崂山道众对丘处机的归向之心就越发深重。1230 年尽管丘处机已经去世三年，但此时掌教者是丘处机的弟子尹志平（1169—1251）。尹志平掌教之后，继续受到元统治者的支持，"壬辰，帝（元太宗窝阔台）南征还，师迎见于顺天，慰问甚厚，仍令皇后代祀香于长春宫，肌责优渥。甲午春……时皇后遣使劳问，赐道经一藏"①。尹志平亦如丘处机一样，掌天下道教事。因此，崂山道众此时将丘处机诗刻上石，一方面是继续以全真教为归的，一方面也是对丘处机的纪念。应该说，崂山道教就是从此刻开始，完全成为全真教的丛林。1368 年，尹志平将掌教之位让给李志常（1193－1256），自己则归隐山居。李志常是丘处机西行的十八弟子之一，亦深受蒙古皇帝的器重，"己丑秋七月，见上于乾楼辇，时方诏通经之士教太子，公进《易》、《诗》、《书》、《道德》、《孝经》，且具陈大义，上嘉之。冬十一月，得旨方还"②。李志常掌教后，继续得到蒙古统治者的支持，"三月，大行台断事官忽土虎奉朝命复加'玄门正派嗣法演教真常真人'号。夏四月赴阙，以教门事条奏，首及终南山灵虚观，系重阳祖师炼真开化之地，得旨赐'重阳宫'号，命大为营建。甲辰春正月，朝命令公于长春宫作普天大醮三千六百分位，及选行业精严之士，普赐戒箓。逮戊申春二月既望，醮始告成，凡七昼夜，祥应不可殚纪。岁辛亥，先帝即位之始年也，欲遵祀典遍祭岳渎。冬十月，遣中使诏公至阙下，上端拱御榻，亲缄信香，冥心注想，默梼于祀所者久之，金盒锦旛，皆手授公，选近侍哈力丹为辅行，仍赐内府白金五千两以充其费。陛辞之日，锡公金符，

---

① 戈毂：《清和妙道广化真人尹宗师碑铭并序》，《甘水仙源录》卷三，第 135 页。
② 《玄门掌教大宗师真常真人道行碑铭》，《甘水仙源录》卷三，第 138 页。

及倚付玺书，令掌教如故。公至祭所，设金篆醮三昼夜，承制赐登坛道
众紫衣，暨所属官吏预醮者，赏赉有差。询问穷乏，量加赈恤。自恒而
岱，岱而衡，衡隶宋境，公尝奏可于天坛望祀焉。既又合祭四渎于济
源，终之至于嵩，至于华，皆如恒、岱之礼。祀所多有征应，鸿儒巨
笔，碑以纪之。壬子春正月，命驾终南祖庭，恭行祀礼，规度营造，凡
山下道院皆为一例，以是地系教门根本故也。逮四月既望东归。癸丑春
正月，奉上命作金篆大斋，给散随路道士女冠普度戒牒，以公为印押大
宗师。甲寅春，上又遣使作普天大醮，分位日期，如戊申，而益以附荐
海内亡魂，敕公为大济度师，出黄金五百两，白金五千两，凡龙璧环纽
镇信之物，及沉檀龙麝诸香，并从官给。自发牒至满散，鸾鹤五云现于
空际者无虚日。公复念燕境罪徒久幽狴犴，不以澌洗，则无由自新，言
之有司，蒙开释者甚众。冬十有二月，有旨召公，乙卯秋七月，见上于
行宫。适西域进方物，时太子诸王就宴，敕公预焉。舍馆既定，数召
见，咨以治国保民之术。十有二月朔旦，上谓公曰：'朕欲天下百姓安
生乐业，然与我同此心者未见其人，何如？'公奏曰：'自古圣君有爱
民之心，则才德之士必应诚而至。'因历举勋贤并用，可成国泰民安之
效，上嘉纳之，命书诸册"[1]。在蒙古统治者的支持之下，李志常掌教
时期的全真教，达到它发展史上的最高峰。李志常在加入全真教之前，
曾在崂山隐居，因此，崂山道教在李志常掌教期间继续发展是可以想见
的。丘处机《牢山吟二十首》中的《上清宫十首》，刻石时间是至元九
年（1272），"（上清宫）西有大石，元至元九年有人刻邱长春诗十
首"[2]，则知这十首诗上石的时间更晚，可能是这个时候主上清宫的道
士属于丘处机后传。

　　丘处机对于全真教的发展，一方面如上所说借重了各方统治者的力
量，一方面也是与当时的战乱相关。当时金、元、南宋三方角力，致使

---

①　《甘水仙源录》卷三，第 139 页。

②　蓝水：《崂山志》，第 17 页。

天下人民陷入深重的苦难之中。在这种状况下，民众归依宗教的可能性就非常大。丘处机也看到了这一点，商挺《大都清逸观碑》中说："及南归至盖里泊，夜宣教语，谓众曰：'今大兵之后，人民涂炭，居无室行无食者，皆是也。立观度人，时不可失。此修行之先务，人人当铭诸心。'"① 丘处机看到了"大兵之后，人民涂炭"的有利条件，将发展壮大全真教、吸引信众作为"修行之先务"。当然，丘处机借着这个时机发展信众，也是抱着"立观度人"的目的。因此，全真教在金末能够得到快速的发展，与当时的战乱有着密不可分的联系。崂山道教的发展也与此有着很大的联系，如王鹗《玄门掌教大宗师真常真人道行碑铭》中记载李志常在崂山时保全避乱民众之事，云："居无几，负书曳杖，作云水之游，初隐东莱之牢山，复徙天柱山之仙人宫……公翌日遂行，至即墨之东山。属贞祐丧乱，土寇蜂起，山有窟室，可容数百人，寇至则避其中。众以公后，拒而不纳。俄为寇所获，问窟所在，捶楚惨毒，绝而复苏，竟不以告。寇退，窟人者出，环泣而谢之曰：'吾侪小人，数百口之命，悬于公一言，而公能忘不纳之怨，以死救之，其过常情远甚。'争为给养，至于康调，迄今父老犹能道之。"② 李志常的行为显然对于崂山道教的发展是有着极大的帮助的。

　　崂山道教就是在上述的历史条件之下，戏剧性地发展起来。

五

　　崂山道教在金元时期的发展，可从三个方面看得出来：一是信仰的道众包括道士的数量增加；二是这个时期创建和修复许多的道观，留下了许多道教遗迹；三是在山中出现了大量的刻石和碑碣。

　　从典籍记载来看，这个时期崂山信仰道教的道众和山中修行的道士

---

① 《甘水仙源录》卷十，第206页。
② 《甘水仙源录》卷三，第138页。

明显增多。但奇怪的是，留下姓名的道士还是不太多，这些留下姓名的道士多见于保存下来的刻石和碑碣上。丘处机之后，最为著名的是刘志坚。根据记载，刘志坚是丘处机第三代传人，号云岩子，元博州人。蓝水《崂山志》中言其事迹，云："倜傥有才干，少事永昌王，掌鹰房。尝梦见一仙翁谓曰：'奚为不速去也。'又梦至一山水幽绝处，忽悟，弃家入道。师事东平郭至空，郭曰：'闻汝善养鹰，夫学道亦若是矣，锻去野性，久之调服，自然合道。'遂受而笃行。东入劳，喜曰：'机缘在是矣。'初居上清官，后居华楼山，其弟子为建碧落宫。素不知书，一日口占曰：'三十三上抛家计，纵横自在无拘束，来到劳山下苦工，十年得个真气力。'忽谓弟子曰：'尔等善自修，吾将逝矣，当有声震鹿来。'弟子请后嘱，曰：'我一生以实心行实事，他何言哉。'沐浴端坐，至夜半月自风清，果有声震鹿来，悠然而逝。弟子葬之凌烟崮洞中。"① 现在关于刘志坚事迹的陈述，有两个来源：一是泰定三年（1326）集贤学士赵世延所撰写的《云岩子道行碑》，二是华楼山中的刻石。赵世延所撰写的《云岩子道行碑》中详细地叙述刘志坚的出家、来到崂山以及在崂山的修行等事。文云："老氏以清静无为为宗尚矣。汉文帝行其言，仁寿天下。后世符祝醮祭之法立，五千言之旨遂晦。凌迟至于金季，重阳王祖师出倡全真之学，而老子谷神不死，守雌抱一之道，得邱刘谭马为之疏附先后，其教始盛。云岩刘尊师，实邱真人所出第主传也。师讳志坚，世为博州人。弱冠西事永昌王，掌鹰房，倜傥负才气，有干材，不甘落人后。凡王邸交命四方，多所任使，故有刘使臣之称。岁逾壮，归里舍，尝梦一髯翁曰：'奚为不速去？'又梦至一境，山水幽深，心悟身幻世浮，锐然弃家入道。就东平仙天观郭尊师，往摄衣席下，执礼甚卑，服劳维谨。郭师目仒之曰：'闻汝善养鹰，学道亦不异是。锻去生犷野性，屏去一切尘念，久之调服，自然入道。'言下有省，乃被性除情，减膳祛睡，志一而笃行之。东平密迩博州，亲友沓

---

① 蓝水：《崂山志》，第60-61页。

至，劝挽归俗。郭曰：'我固知妆心坚确不移，奈处此不宜。'遂辞去，历邹、滕、沂、莒之郊，寻方云朋，讲明心要。东至即墨之鳌山，私喜机会在是矣！即山麓南阿石窟立志，虎狼旁午，人皆危之，曰：'独不惧乎？'师曰：'与物无竞，何忧何惧？'岁余，徒入奥洞，洞殊险深，非人所居，顾有大树，始面洞背树趺坐。稍倦，则稍倚树，自谓真尔怖死也耶。复移身面树背洞，夜深昏极，忽坠洞下，竟无所损。日一粝饭，盐醢不置。身衣鹿皮，野兽杂处。雅不识书，言出理会。直述：'三十二上抛家计，纵横自在无拘系。来到鳌山下死功，十年得个真气力。'迁自崖巅，心地逾明，手饲禽鸟，如猫狎食。今清虚庵是其处也。最后结茅上华楼，今碧落万寿宫是也。尝曰：'纯阳师之二童来补功行。'翌明，果二少年至，一钱姓、一徐姓，师曰：'来自何方？欲往何处？'二子再拜曰：'某等杭产也。退仰真风，愿备洒扫，请问道妙。'居无何，皆有发明。师自此后，薪水春爨百需自为。或曲为代劳，师辄叱去，必身亲之。约二十年，行之不息。常作颂曰：'先生有志不须愁，牢牵意马锁猿猴。白牛常立金栏里，免了伦（轮）回贩骨头。'师退藏坐忘，凡行必践其实。静定既久，天光内映，或前知休咎，或神游四方。若此者不可殚记。洞祁真人闻之，特赐云岩，玄逸张真人署为教门宗主。大德甲辰，今上渊潜高师粹行，制赐崇真利物明道真人，仍大护其山门。一日语众曰：'尔曹勉之，善自劝修，驹隙迅速，吾将逝矣。当有声大震，有鹿来迎，是其证也。'门人请末后。师曰：'师真秘语，具载方策，曾未一窥。我平时以诚实行真实事；尚何言哉！'俾具沐浴，栉发更衣，端坐至午夜，月朗风清，果声震鹿至，悠然而逝。容宛如生，其庶几尸解者欤！师生庚子岁五月十三日，终于大德乙巳四月十七日子时，春秋六十有六。门人葬于凌烟崮。若吏若民不期而来会葬者众。今户部侍郎王仲怿，时以事过山下，拉守宰诘朝同候师。俄一道者云：'师羽化前诸官来访，惜不及会见，各宜珍重。'皆恍叹，就执绋送葬而返。辽王追悼下教，俾树碑镌铭，以昭来世。窃观师少负迈往之气，驰骋四方，一旦幡然，遁世高蹈，志刚节苦，胁不沾席者逾三十年，必求底于有成而后已。岂非仁者有勇，知者行尽者乎！泰定改元之秋，门人黄道盈稽首来请曰："吾师云岩殁久矣，未有铭，必待知师之道者而铭之，敢请。"辞以不能。道盈请益勤，不得而辞，遂按状叙以其事，为之铭曰："道本无为，清静是则。明而诚之，复归无极。玄对垂恻，示兹典常。其就能弘，曰维重阳。重阳六子，长春耀世，觉此来裔。三传挺秀，厥有云岩。山居洞饮，坐究行参。守静执虚，辟阖玄牝。绵绵不息，□默与吻。历稔三十，鹿裘棕帔，终始靡逾，邈企高风，凄其天籁。云飞碧落，月明寒濑。渤海渺渺，鳌峰峨峨。我铭砾石，永久不磨。'泰定三年，岁次丙寅正月十二日。"[1] 将此文上石的是刘志坚的门人、"特赐金冠金紫服葆玄崇素圆明真静大师天佑道人"混成子与"前益都路道门提点、本宫宗门提点"黄道盈。

刘志坚去世后，埋在华楼山凌烟崮下，现还存有云岩子墓。据传明万历间，洞开蜕见。后人关于云岩子的诗不少，如王思诚诗："石盘万仞上凌烟，石椁深藏羽化仙。自是开山第一祖，相传此去九千年。"秦景容诗："高出群峰表，亭亭紫雾飘。昔年闻使客，埋骨上青霄。"王偁《云岩子蜕》诗："人求尔以生，尔示人以死。片石与孤烟，孰如云岩子。"周璠诗："人间襃鄂峙凌烟，争似山中古洞天。却怪云岩有遗蜕，不教天上葬神仙。"王卓泉诗："先生去上白云乡，点点苍苔锁石床。丹诀不传遗壳在，墓门花木发幽香。"[2]

关于刘志坚的刻石，一是他所刻的刻石，刘志坚在华楼山中将王重阳、马钰、丘处机的一些诗词刻上石，详细可见下文所引华楼宫刻石；二是有些关于他的刻石，如华楼山上有两处关于云岩子的石刻，一在玉皇殿后，末书大德二年（1298）十月二十日，诗系丹诀："炉中养就药通神，汞里丹砂不计春。两意分明曾说破，仲源不悟洞中宾。""粮养

① 周至元：《崂山志》卷六，第214－217页。周至元：《崂山志》卷四又有刘志坚简志，参见第163－164页。
② 周至元：《崂山志》卷三，第133页。

精血气，身安得自然。四时无患染，何处觅神仙。若使蛟蛳知我字，至今万古不沉埋。"二在虎啸峰岩上，词云："屈指追锡前世名头，省悟今生。今生要不做修行，犹恐轮回作争行。如真常满如期开，墓骨分明，便器宝剑铸向炉底龟天火。"① 还有两首兖州董师父赠云岩子词刻石，一在华表峰南面之下，全文14行，全文为："兖州小东门董师父赠云岩子，酹江月，清虚至道，愿同流客，客俱达真理，识破幻缘终久，假物外参寻知己，幽上山林，喧居廛市，动静常明，示纵横妙用，湛然消息无比，真空渺邈难量，微来不见透骨穿筋髓，表里灵光无曲委，道在先天而矣，这些功夫真实做就，暗合先师指，他时若解，顿然心上欢喜。大德四年三月初三日。"② 二是董师父赠云岩子的《上丹霄》，云："炼神丹，凭志气，要坚牢，先锁下劣马猿……保护主人公，勿纵分毫，功要积，行要做，物要远我，人抛得，跳出四大形巢，虚空踏定，那里头，旧知交始终不改，志无移，德行清高。"③ 后署"云岩子上石，刘志德朱志成"。

刘志坚之外，本时期见于记载的其他道士有：

王嘉禄，新城人。少时入崂山，遇到一个道士，道士传授其五禽之术，"遂不食，但以石为饭，或食松柏叶，渴则饮涧水。久之，遍身生毛寸许。一日思其母归，复火食，毛尽落，然食石如故。尝囊石自随，映日视之，即辨其味，著齿无声，如粢糕饵"④。他的母亲去世之后，王嘉禄又入崂山，不知所终。

李志明，是王重阳派孙，"以清虚为体，明道为宗"⑤。大德初杖履来劳，重修太清宫，建聚仙宫，独居明霞洞35年。80岁高龄时尚步履轻健，度弟子几百人。华楼刻石群中，有李志明上石的王重阳诗，云：

---

① 周至元：《崂山志》卷六，第197页。
② 王集钦主编：《崂山碑碣与刻石》，第132页。
③ 王集钦主编：《崂山碑碣与刻石》，第145页。
④ 黄肇颚：《崂山续志》卷首，第7－8页。又见周至元：《崂山志》卷四，第164页。
⑤ 周至元：《崂山志》卷二，第67页。又见周至元：《崂山志》卷四，第164页。

"一别终南水竹村，家无二（儿）女一（亦）无孙。三千里外寻知友，
引入长生不死门。"① 编集《崂山碑碣与刻石》的作者王集钦，说这是
王重阳来到华楼山的证据，其实不然。这首诗名为《赠马钰》，诗前序
云："先生尝于陕西作此诗，及到宁海军，马钰初相见得姓名再书以赠
之。"② 显然该诗是王重阳在陕西时所作，"迤逦出关"时见到马钰，又
将该诗赠与马钰。一说该诗也非为赠与马钰，是王重阳出关"抵登
州"③ 时，题在一处道观的墙壁上的。

张志清，全真派道士，蓝水言："时东海珠牢山多虎患，志清避之，
虎不为害。"④ 言张志清避虎，故虎不为害，周至元则言张志清有道力
而使虎避他："修行卓越，尝往来于崂珠二山，山故多虎，居久之，虎
皆远避。人皆服其道力。"⑤ 应该是蓝水所言真实性较高，不过周至元
所说更符合道教传记的色彩。

徐复阳，元代道士，一说是明代道士，误。号太和子，"尝师李灵
仙，得秘传"⑥。据称徐复阳栖息于鹤山遇真庵，"锻炼成功，阳神静
出"⑦。元顺帝（1320—1370）慕其名，遣使召见，赐以锦衣。徐复阳
年八十岁去世，著有《近仙客词》。在鹤山滚龙洞东下，有摸钱涧，为
徐复阳遗迹。清人纪润《劳山记》中记载徐复阳和摸钱涧事，云："又
有摸钱涧，里人相传，前朝有一李道名灵仙，收盲目徐复阳为徒，掷钱
九文，令复阳出涧去摸，一年得三文，三年摸完，目睛忽开而明。功果
圆满，飞升挂号。道传废人，触天大怒，罚灵仙刀下飞升。灵仙即晓天
机，值墨邑有解囚犯至省出斩者，从至中途，夜半，酒醉解役放囚，自

---

① 王集钦主编：《崂山碑碣与刻石》，第 139 页。
② 《重阳全真集》卷二，《中华道藏》第二十六册，第 289 页。又见白如祥辑校：《王重
阳集》卷二，齐鲁书社 2005 年版，第 42 页。
③ 《历世真仙体道通鉴续编》卷一，《中华道藏》第四十七册，第 580 页。
④ 蓝水：《崂山志》，第 67 页。
⑤ 周至元：《崂山志》卷四，第 172 – 175 页。
⑥ 周至元：《崂山志》卷四，第 164 页。
⑦ 蓝水：《崂山志》，第 67 页。

缚替犯赴斩。及斩时，白气冲天，天鼓忽响，云中复阳大叫曰：'师傅跟我来！'监斩官奏疏误斩神仙。"① 将徐复阳的事迹说得活灵活现，此为当地关于徐复阳的传说。黄肇颚认为徐复阳摸钱而盲眼复明，是"积诚生明"："金钱涧一作摸钱涧，世传徐复阳摸钱处也。徐目双瞽，得钱而双目顿明。一志凝神，积诚生明，其理然与！"② 王悟禅有诗谈徐复阳及摸钱涧云："滚龙洞下涧东流，曾有仙真炼苦头。艳说摸钱留迹在，棘针多是上弯钩。"③

　　崂山道士们大多居于深山之中与人交往少，被记录下来亦少，这些留下名姓的道士，要么是被游山的文人所记录下来，要么是当地民众口头上传下来的，所以一方面为人所熟知者少，另一方面这些道士的记录往往充满了神异。限于文献的缺失，可知的道士人数相当有限。但实际上，金元时期崂山信仰道教的民众和道士的人数应该是很多的，这从下面所述的金元时期所创建的道观以及保留到现在的道教遗迹中就可以推测出来。

六

　　王重阳去世后，直到王处一被金世宗征召之前，全真七子基本上是在民间活动，潜修默炼。这一阶段，全真教作风刻苦朴素，还没有创建起属于全真派的宫观。丘处机掌教之后，尤其是其居住北京掌管天下道教之后，全真教开始大肆建造宫观。此时及其之后的整个元代，全真教在燕京地区、河北、河南、山东、山西、陕西、甘肃等广大地区创建了大量的宫观。

　　崂山地处山东半岛之端，在元代全真教大力创建宫观之风下，可以

---

① 转引自蓝水：《崂山志》，第99页。
② 黄肇颚：《崂山续志》卷六，第230页。
③ 周至元：《崂山志》卷二，第68页。

想象的是也一定创建了不少的宫观。事实上也是如此，崂山的许多宫观，都是在元代开始创建的，如周至元所云，"自元以迄于清，山中道观次第兴建，名亦渐播海内"①。

崂山金元时期所创建的道观及遗迹，如下所述。

明霞洞。蓝水《崂山志》："洞额大书明霞洞大安辛未年（1211），不知何人题。元道士李志明始居此。"洞上有元代恒阳乔某镜七古一首，云："崂山道士人不识，学透先天耀红日。厌薄神仙不肯为，咳唾一声天地裂。夜来传法怕高声，语落人间神鬼泣。"②

聚仙宫。又名韩塞观，元泰定（1324－1328）间，李志明、王志真所创建，学士张起岩为之记，"旧时殿宇宏丽，有玉皇、真武、三清等殿，今惟真武殿存"③。清人徐注有《聚仙宫》诗，云："堡戍巡行路转艰，壮怀无奈鬓毛斑。魂从征雁家千里，梦破啼鸟月满天。楼角声哀青蟑合，海涯春到白云闲。太平何处堪投隐，仙子遗宫烟雾间。"④ 宫观依山面海。由宫左南走之南窑半岛，岛上有将台，有方数丈四角各凿圆孔，盖用立亭柱者，相传为北魏时齐王王伯恭遗迹。蓝水《崂山志》称王伯恭为兖州人，"北魏南侵时，起义劳山，自称齐王。与东莱镇将孔伯孙战败死"⑤。可见此处的历史由来已久。

泰定二年（1325），学生张起岩撰《聚仙宫碑》，叙述聚仙宫创建之始末，云："自王重阳之东也，而全真氏之教盛行。其徒林立，山崎、云蒸、波涌，以播敷恢宏其说。于是并海之名山胜境，半为所有。至若下插巨海，高出天半，连峰复岭，绵结环抱，蟠据数百里，长松交荫，飞泉喷薄，珍草奇木，骈山间出，檐楹轩户，隐现于烟云杳霭之间。凭高引领，历览无际，使人有遗世之念，则有崂山上清宫。盖即墨为齐东

---

① 《崂山志》卷一，第3页。
② 周至元：《崂山志》卷六，第200页。
③ 周至元：《崂山志》卷三，第93页。
④ 《万古崂山千首诗》，第221页。
⑤ 蓝水：《崂山志》，第49页。

饶邑，而山在邑东南五十里，陡绝入海，鲸波潊洞，挟倭本，引吴会，顾揖莱牟，襟带齐鲁，风帆浪舶，瞬息千里。上清宫据山之巅，又全得其胜，是宜为仙真之窟宅，人天之洞府也。然其地峻极，众颇以登陟为劳，南下转而西二十里，近山之趾，始得平衍，为宫殿，为门垣，请于掌教大宗师，赐额'聚仙宫'。而簪裳之士，云集于是，即山垦田，以供其饩，取材以供其用。通元隐真子李志明实主张是，提点王志真实纲维是，助其成者则县尉栾克刚也。工既告成，为塑像，又辇石，欲志其迹，俾道士沈志和持书来请文。栾在胶西为名族，尝从事山东宣阃，与余有一日之雅。计志和跋履往返千余里，乌乎可拒！遂即其图记，以叙列之。当五代时，有华盖真人刘姓者，自蜀而来，遁迹兹山。宋祖闻其有道，召至阙庭，留未几，坚求还山，敕建太平兴国院以处之。上清、太清二宫，其别馆也。志明大德初元，受华搂刘尊师之请，爱其胜绝，奠居。又阅一纪，其徒林志远、志全即昆仑云霞洞，延之至，筑为环堵明霞洞。洞在上清之岭又三里许，块处二十五年。远近信向稽首问道者，络绎相属。今年八十，步履轻健。计平昔迁居四十处，度徒计五百。其志行可知已。夫老氏之为道，以虚为宗，以重元为门。秦汉以来号方士者，始有神仙不死之说。若全真为教，大概务以安恬冲澹合其自然，含垢忍辱，苦心励行，持之久而行之力，斯为得之。隐真子心契道真，处于环堵，恬然自如，不言而人自化，不动而众皆劝，是其真积之至，故能易硗确而轮奂于斯，以为祈天永命之所，是则可尚也。已铭曰：'兹山峻秀横天东，下插沧海高凌空。丹崖翠壁何穹窿，琼枝琪树分蒙茸。明霞霁映扶桑红，灵扃太宇相昭融。仙驭隐现空明中，鸾鹤缥缈翔天风。有客寓迹白云峰，翠华为盖冰雪容，道价辉赫闻九重，凤书远召来崆峒。卜基芟落荆榛丛，羣羽鸟革如神工。长春宴毕留仙踪，乘云一去追无从。空余夜鹤号长松，隐真学道知其宗。环堵块居神内充，志行超卓惊凡庸。谈说垦欸开愚聋，向风景仰众所同。善誉殷殷声隆隆，作室要嗣先人功。徒役竭蹶惟虔恭，平地突起真仙宫。隐然背负层冈雄，高门朱碧环崇墉。秘境清廓犹方蓬，簪裳云集必敬恭。上祝国祚绵无穷，为民祈佑除灾凶。占云望海玄关通，姑射仙人或可逢。愿斥物历成丰年，庙堂无事安夔龙。'"①

太清宫。在青山村南三里，俗呼下宫。太清宫虽为宋时所建，不过在丘处机来游后，应当有一个快速发展的阶段，"三皇殿檐下东壁嵌元太祖赐邱长春癸未敕谕，西壁嵌金虎牌及金虎符文石刻"。据传张三丰、徐复阳相继栖止，徐复阳止此有可能，张三丰止此的可能性很小，详见后章。傅增湘《劳山游记》中游太清宫事，云："邱长春石刻，在寺右浑元石上为绝句十首。寺后岩上为《青玉案》词，字径五、六寸，笔力浑健。余藏有金刻本《磻溪集》，诗载集中，词乃佚去，或为编辑时所遗也。门外一碑兀立，摩视之知为元延祐朱羍所撰。养庵告道士，明岁当遣工槌拓。宫建于宋，盛于元。"② 元延祐四年（1317），朱羍撰有《重建上清宫碑》，云："历海诸山，峻极秀丽，为天东之具瞻，经志之所载者，惟崂山焉。晏谟《齐记》云：'泰山虽云高，不必（如）东海崂。'以其蟠根巨浸，神龙攸居，峰谒五云，仙灵所集，真浮世之洞天，人间之福地也。在昔郑司农康成尝教授于此，宋初昌陵与华盖真人际遇，乃赐宫额曰'上清'。金源氏正隆间，重阳祖师自西徂东，遨游海上，全真教兴。其徒长春邱真人寓是，爱其青峰突元，翠巘峻嶒，宛若鳌负蓬瀛，丹书刻石曰：'鳌山'。赋诗曰：'五岳曾经四岳游，群山未必可相侔。只因海角天涯背，不得高名贯九州。'中有微旨存焉。天兴壬辰，中原兵革，朝市悉变，宫殿皆空。皇元御宇，大德元年，重阳之派孙，通玄弘教洞微大师隐真子李志明，杖屦西来，志趣不凡神形卓异，以清静虚无为体，以明道阐教为宗。乐木石同居，养乔松之寿，功行内修，英华外著，道俗景仰，师而礼之者众。次弟游历至此，睹其颓垣圮址，芜没于苍烟萑莽之中，喟然叹曰：'东海名山，祖师遗迹，清

① 周至元：《崂山志》卷六，第213－214页。又见黄肇颚：《崂山续志》卷八，第301－302页。

② 转引自蓝水：《崂山志》，第103页。

95

静境界，岂容泯灭！非天卑人，人自弃耳。于是与其徒斩除荆榛，采木陶土，鸠工命梓，重修殿宇。涂玄元圣祖像，左右真仙列侍，庙庑斋堂焕然鼎新，以居清众。澄心涤虑，焚香诵经，上祝国祚永延，下为生民禳袚。一日信士总管翰罗思武德，自即墨不远数百里，踵门谒余，具道始末，且欲款石，丐文纪实，非为一传不朽，抑且使后之人，知有善人成善事，俾赞成平之化。余应之曰：'年衰识浅：笔砚生尘，骫骳之文，不足以称扬仙烈。'固让再三，义不容辞。乃谓曰：'山不在高，有仙则名，境不在僻，有人则胜。时事有废兴，道心无今古。昔华盖老仙，长春真人，肇基于前，今隐真子继踵于后，一朝岿然复兴高真之宇，逸士之庐，岂无所待，方诸二贤，其揆一也。回视夸炫富贵利达者，汩没于声色畋猎之娱，贪羡于金玉车服之玩，甘萦尘网，流沉苦海，迷而不复，丧命失真之徒，岂可同日而语哉！或山海之盛势，与夫烟云霞彩，变化吞吐，四时朝暮，景物无穷。寿乐在兹，仙凡路隔，登览者宜自得之。此不必云。"①

上清宫。又称上宫，在明霞洞南下，距青山村约三里许……宫与太清，同为华盖真人之别馆，亦建于宋初。历史发展与太清宫相同，丘处机来游后，留下诗十首及词一首，之后应该发展较快，"西有大石，元至元九年有人刻邱长春诗十首……宫东北大石刻邱长春书'访道山'三字及《青玉案》词"。后人言丘处机在此居住的时间较久，当亦不确。入元后，半就倾圮。大德中隐真子李志明鸠工重新，为记者承务郎朱翠。后人在上清宫留下了众多诗句，如蓝田诗："载酒东来海上山，松风危坐月如环。岚光湿逼吟怀透，幻出仙宫在世间。"陈心源诗："羊肠诘曲上夫梯，直到高峰万象低。入眼纵观沧海阔，此身欲与白云齐。山中岁月忘秦汉，世外烽烟痛鼓鼙。安得诛茅开净土，长随道侣证菩提。"王悟禅诗："艳说龙门访道来，三山隐迹洞云开。诗题妙句鳌蜂立，调寄青词玉案排，桥架朝真跨瀑涧，墓留遗壳显灵台。迎仙真接

---

① 周至元：《崂山志》卷六，第211–213页。

宫门外，到此游人莫浪猜。"

太平宫。亦名太平兴国院，"与上清，太清二宫俱系宋太祖为华盖道人敕建者。华盖为劳山道教祖师，宫亦为山中宫观之最早者……白龙洞为一大白石卧洞西，中空，上刻邱长春书七绝诗二十首……宫西有犹龙洞，原名老君洞，中祀老子，口上刻道德经第一章，未有'大德十一年赵孟頫'八字，书法不工，不知何人作伪"①。宫前有"金明昌重建太平宫碑"，太平宫应该是在金明昌年间（1190－1196）进行了重建。

塘子观。据传为宋时建。据说太平宫道士传述有《塘子观庙志》，不见文本，称南宋灭亡后，宋昺帝的两个嫔妃谢丽、谢安化装成渔民，来到太平宫出家修道，后居于塘子观之上的洞穴，现称为"妃子洞窟"。从实地来看，"妃子洞窟"很小，仅容两人并排坐。谢丽与谢安史书不见记载，因此这可能只是个传说，所谓的"妃子洞窟"可能是金元时期在洞穴中苦修的道士，如明霞洞的情况一般。

凝真观。崂山《崂山志》言创建于元至大（1308－1311）年间，但观有"元大德十年重修凝真观碑"，大德十年为1306年，可知此观创建时间早于大德十年，可能是金或元初时所创建。在壁石口北。白永修诗："观门临迥野，山翠万重包。笋折鸦争啄，松深鹤暗巢。花香疏幔入，草长万阴交，尘妄都消尽，磬音时一敲。"

遇真庵（宫）。在鹤山，蓝水《崂山志》言创建于元，周至元《崂山志》则言创建于宋嘉定间，元至正时复修。分三殿，下祀真武，中祀老君，最上祀玉皇。前后殿塑像皆左衽。遇真庵（宫）后有仙鹤洞，有邱长春所题"仙鹤洞"三大字。庵内有"元至正二十年重修鹤山遇真庵碑记"，表明本庵在至正二十年（1360）进行了重修，碑记中"述邱长春曾栖于此，并言前有三清殿"②。

黄石宫。元建，因在黄色岩下而得名，"旧分三院，黄志所谓'当

---

① 蓝水：《崂山志》，第25页。
② 周至元：《崂山志》卷六，第213页。

径者洞'，今已不存，宫已圮，只一黄色岩。中级有泉亦涸。上级有老君堂，已就圮"①。

华楼宫。在华楼山王乔崮下，敕建于元泰定（1324－1328）年间，始建者为刘志坚。中祀老君、玉皇及关帝，"后为碧落岩，前临南天门，西南拥石门诸山，处高而境物不危，别擅胜致"②。岩下为玉皇洞，中供玉皇像，高约三尺，侍者二，用掖县石英岩雕成甚精工，系元至大二年莱州、莱阳、胶水三达鲁花赤所置。玉皇洞前石碣，记"莱州达鲁花赤多识德谋作，莱阳县达鲁花赤孛兰爱，胶水县达鲁花赤乃满德"衔名后镌"时至大二年三月吉日"。宫周围有"老师傅坟"，大概是金元时代去世道士之坟墓。东边有洞，内就镌床皂各一，盖言"丘中人曾栖其中"，亦应是后来道众的附会。金即墨人朱仲明游华楼时，作诗六首，其中有《玉皇洞》诗，云："石窍崆峒透上方，云封紫翠郁苍苍。谁开混沌烟霞窟，呼吸阴阳纳晚凉。"③金朱铎游华楼亦作有诗六首，《翠屏岩》诗云："岩崖屏簇郁峨峨，陡觉仙凡隔翠萝。紫府闲游消世虑。炉薰一柱篆烟多。"《王乔崮》诗云："凫飞翩翩物外游，风箫声远洞门秋。自从仙驭腾空去，更有何人到岭头。"《灵烟崮》诗："峻嶒怪石锁山烟，飞渡山间不老仙。传得祖师衣钵在，不知寒尽不知年。"《聚仙台》："层台百尺是谁家，老树苍苍逼径斜。鹤驭不归踪迹在，春风再见碧桃花。"《清风岭》诗："仙境周围戏五禽，仙家居室瞰幽深。邯郸梦断清风岭，坐依云根整容襟。"《夕阳洞》："逸兴飘飘散不收，夕阳正在古溪头。仙家自有长生术，晚景从知分外幽。"④ 这些诗歌，都将华楼山、华楼宫写成仙境，充满浓浓的仙意。元尚书郎王思诚于至元十二年（1275）游此，赋诗多首，描写道教遗迹，《翠屏岩》诗："翠屏百尺郁嵯峨，苍藓斑斑挂紫萝。谁凿烟霞开石府，龛中仙子亦何多。"

① 崂山：《崂山志》，第33页。
② 周至元：《崂山志》卷二，第91页。
③ 《万古崂山千首诗》，第5页。
④ 《万古崂山千首诗》，第6页。

《玉皇洞》诗："白石宪中白玉仙，洞门口日锁云烟。道人自爱寻幽胜，凿破云根几百年。"《王乔崮》："仙子吹笙何处游，碧天明月几千秋。谁知万叠崂峰顶，犹有遗踪在上头。"《金液泉》："金液泉生碧落岩，津津下注石方宪。瓦瓶日汲仙家用，酿酒煮茶味转甘。"[1] 从这些诗歌来看，歌咏王乔崮、玉皇洞等，说明此时华楼宫还没有建，但玉皇洞等道教遗迹已经存在。故华楼之地，可能是先有一些道众在此修行，居于玉皇洞等处，而后在泰定年间刘志坚创建了华楼宫。蓝中珪诗云："野竹奇花满涧中，高山耸处拥仙宫。峰峦环列云屏翠，岛屿遥分海月红。金液飞泉尘虑洗，丹梯悬磴世缘空。三生有诀谁堪悟，坐对青松万壑风。"华楼山七仙洞中有七石像，即全真七祖，亦不知何人何时所造。

　　华楼山山中摩崖刻石不少，"多元道家所遗，书大德二、三、四年上石者，多云岩子所刻"[2]。值得注意的是，大德年间出现如此多的刻石，这与全真教受到打压之后的重新振兴有关。元宪宗五年（1255），也就是李志常掌教的倒数第二年，佛教徒发起了《化胡经》之争，此时的统治者开始扶持佛教，经过1258年和1281年两次佛道之争，全真教全面败北，全真教因此受到沉重打击，结束了发展的鼎盛局面，进入发展的低谷。至元成宗1294年即位，弛道教之禁，全真教又进入正常的发展轨道。大德（1297－1307）是元成宗的第二个年号，崂山道教也在此背景下在此兴盛。华楼山众多的大德年间的刻石，以及众多道观的创建、修复便是证明。据统计，华楼山中共有石刻八十多处，共计3500余字。这些石刻的时代，元、清居多。元刻石中比较著名的有云岩子石刻，已见前；还有黄道坚石刻，为诗一首，云："法性煌煌满太虚，微尘扰扰复何如。上超碧落一尘外，下入黄泉九地余。大劫任从沧海遍，空山自有白云居。也知日出言词怪，莫道疯狂类接舆。"还有黄石洞石刻，云"至元五年（1268）二月敕，即墨县尹奉全真弟子张"

---

① 《万古崂山千首诗》，第7页。
② 蓝水：《崂山志》，第35页。

等字样。

华楼山中还刻有王重阳、马钰、丘处机、刘志坚等人所作的诗词，其纪年多书大德二年（1298）上石。王重阳、马钰、丘处机等人的诗词，大多为刘志坚上石，刘志坚刻石为姜玄童等人上石。周至元所录颇多，如下云：

王重阳作："背上葫芦蒲酒沽，无中却是有中无。清光墨蜡斑斑现，月里丛林永不枯。"马丹阳答作："琼浆玉液不消沽，舌上甘津不暂无。学得飞仙既寂法，灵苗秀章永难枯。""饥生阳火炼金精，食饱伤心气不升。止念神清为日用，夜间少睡自身轻。""叫住行坐卧常喋口，呼吸调神透香馨。甘津玉液舌根涌，到此方知体得真。""修行何处用工夫，马速猿颠须并除。牢捉牢擒生五彩，暂停暂住免三涂。""倘然自在神丹漏，路汲从容玉髓枯。酒色财气心不尽，德玄德妙恰如无。""家住终南水竹村，又无儿女又无孙。三千里外寻知友，引入长生不死门。"邱长春作《双双燕》词："春烟澹荡，青山媚，行云乱飘空界。花光石涧，秀出洞天奇怪。户牖凭高万丈尽，耳目临风一快。多生浩劫，尘情旷朗，浑无纤芥。堪爱逍遥自在。疏枷锁，抛离业根冤债。风邻月伴，道合水晶天籁。无限峥嵘胜景，尽赐于山堂教卖。千乘宝珠，酬价问君谁解。"马丹阳作《归山操歌》曰："能无为兮无不为，能无知兮无不知，如此道兮谁不为？为此道兮谁不知？风萧萧兮木叶飞，声嗷嗷兮雁南归。嗟人世兮日月催，老与死兮犹贪痴。嗟人世兮魂欲飞，伤人世兮心欲摧。难可了兮人间非，指青山兮当早归。青山昏兮明月飞，青山晓兮明月归。饥餐霞兮渴饮溪，与世隔兮人不知。无乎知兮无乎为，此心灭兮那复疑。天庭忽有双华飞登三宫兮，游紫薇。"云岩子作："落魄红尘数十年，朝朝恣性日高眠。尾闾通透泥丸穴，丹皂能分造化权。只此云霄应有路，算来我命岂由天。莫言大道人难会，自是凡夫不学仙。""南北程游数十春，潜行玄理潜修真。不求世上无穷物，只向寰中觅个人。悟得已知消息大，内丹常遗溯流津。假饶千载重相见，也似如今日转新。""京洛幽闲清影中，居住古观古冢东。物情已染心不染，尘世虽同道不同。炼药岂辞千日苦，运精常遣四肢通。世间最重堪珍重，除却人身总是空。""求仙之日乱纷纷，涉历山川走似云。纵学长生寻外物，算来至道未尝闻。阳精已失真和气，金石徒劳客热薰。却怪凡夫总不悟，尽甘荒野任丘坟。""休读九经三史书，与身到了不相符。争如保养元和气，更为添烧大药炉。存得真精终济老，炼成金质定冲虚。分明有个长生路，其奈凡夫转迷途。""求贵贪财无尽时，高官极富又何为。争如权重劳心治，未胜身贫得自怡。倚枕任从春日永，运精不逐鬓毛衰。他年物外相逢处，自是神仙别有期。""真铅真汞不难寻，自是凡夫错用心。日魄月魂明甚朗，木精火候理何深。辛苦运精须九载，变化通灵辨五金。出世只须餐一粒，昆仑蓬岛尽知音。""夹脊双阙至顶门，修行路径此为根。华池玉液频频咽，紫府玄君遣上奔。常使气充关节透，自然精满谷神存。一朝得到长生地，须感当时指教人。""天纲空疏万象疏，一株松倒华山枯。寒云去后留孤月，腊雪来时向太虚。古洞龙蛇归紫府，十年鸾凤落苍梧。自从别却先生后，南北东西少丈夫。""修行不要意忙忙，常把心猿意马降。世事不贪长守分，外劳不动内阴阳。忘言少语精神爽，养气全神记忆强。若使昼夜还不睡，六贼三尸尽消亡。""道人日用是如何，景灭情亡气自和。一粒丹砂炉里滚，两条银焰透烟萝。木人会唱环中曲，石女能吟白雪歌。兔角敲开圆满月，真人无梦笑呵呵。""先生有志不须愁，劳（牢）擒意马锁猿猴。白牛常在金栏里，免使伦（轮）回贩骨头。""三十二上抛家计，纵横自在无拘系。来到崂山下苦工，十年得个真气力。""天有三才日月星，地有三才水火风，人有三才气血精。"①

这些刻石的内容，都是王重阳、马钰、丘处机、刘志坚等人的一些诗词。这些诗词正如周至元所说的，"皆道语，堪味"。

灵鹫庵。华楼宫之下院，"凡寺观在高深处者，皆有下院，又称角庵，以备暂放由他处运来食用等物"②。据此，此观也应该是元时所建。

神清宫。在芙蓉峰西路，蓝水《崂山志》言创于明，周至元《崂山志》则言创建于宋，元时重修。神清宫下有长春洞，湫湿不可居，传丘处机曾于此栖止因名。杨还吉《长春洞诗》云："昔读长春传，今如长春洞。本自岩栖人，乃为君洞动。忆当西赴时，万里阴山冻。积雪没马鞭，诸戎劳转送。若衷拟玩世，甘言类托讽。往迹已百年，名犹此山重。故老谬传闻，昆仑辄伯仲。洞前双珠树，十围有余空。道人指余言，西征于此种。树老烟云生，山空鸾鹤痛。远望疑飞帆，近视犹覆瓮。阿阁三五重，偃蹇巢成风。有时风雨来，不为忧华栋。洞前松柏声，洞里蝴蝶梦。想像洞中人，生涯犹聚讼。"洞旁周鲁题"洞天"二字。周至元收录有一则清代丘处机于神清宫显现的轶事，云："清光绪中，有道人于某，黄昏时见有道人趺坐其中。状貌修整，神骨不凡。叩其何来，不答。道人以为云游道友，不之异也。次晨睬之，已无。惟见洞壁留题云：'光绪月日长春重游至此。'笔力雄伟，真处机笔也。"③神清宫西下有"仙奔石"，有丘处机所题"游仙奔"三字及七绝一首，估计托名的可能性较大。宫内有长春井，亦传为丘处机所凿。

仙人宫。在天柱山西，旧称天仙观，传创于宋末，前有天仙洞，相传丘处机曾于此处趺坐。

太和观。一名北九水庙，在柳树台东北二里创建于元天顺二年（1328）。

---

① 周至元：《崂山志》卷六，第198—200页。
② 蓝水：《崂山志》，第34页。
③ 周至元：《崂山志》卷八，第340页。

大崂观。在大崂村东南，创建于元延祐（1314－1320）年间。

迎真观。一名迎仙观，在柳子口。元至大三年（1310）建。

先天庵。创建于元正间。在天门峰海门涧之交，为齐道人成道处。中祀玉皇。

圣水庵。在三标山西南，元时建。

驱虎庵。在太清宫东南，下临大海。元时建。

通真宫。即童公祠，又名童真宫，在王乔崮之阴。原为祀汉不其令童恢，"元代皇庆间创修为道教宫观，延祐中重建，达鲁花赤普颜不花为之记。昔时山民每值水旱螟蟘之灾，多祷之"[①]。

综上所述，金元时期的崂山道教，借助了这个时期的历史和社会形势，无论是统治者的禁教还是对宗教的扶持，都获得了相当的发展。崂山道教此时完全归入为全真教派，借着全真教在全国的迅速发展而很快发展起来，此时所创建的众多道观和所留下的大量的道教遗迹，显示出崂山道教在金元时期曾经存在过的盛况。

---

① 周至元：《崂山志》卷三，第118页。

第四章　明清时期的崂山道教

　　崂山道教经过金元时期的发展，具有了一定的规模。进入明清时期，崂山道教继续发展，现在所看到的崂山道教的状况，基本上是明清的遗留。明清时期对于道教的限制比较多，远不如元代发展的自由，崂山道教却还能继续有所发展。现在看到的明清时期留下的道教遗迹相对丰富，大概是三个方面的原因：一是距离现在的时间比较近，二是留下的文献记载比较多，三来在崂山修行的道士明显增多。

一

　　1368 年，朱元璋将蒙古人赶回大漠之后，在南京建立了大明王朝。朱元璋及其继任者们对待宗教采用既利用又限制的三教并用的态度和策略。

　　朱元璋认识到要加强和稳固统治，必须加强思想上的统治。在思想上的统治，一方面以程朱理学作为统治思想，并以推行文字狱的方式，使得士大夫们不敢多言；另一方面是利用儒、释、道三教，内外并治。

　　在儒、释、道三教中，朱元璋在统一战争中就非常重用儒士，认为最为重要的还是儒学。他说："仲尼之道，祖尧舜，率三王，删诗制典，万世永赖。"[1] 儒学也是"凡有国家不可无"[2] 的，在建立明王朝之后，

---

① 《三教论》，《明太祖文集》卷十，《四库全书》本。
② 《释道论》，《明太祖文集》卷十。

朱元璋认为必须要以儒学作为统治思想，朱元璋因此将程朱理学确定为明王朝的统治思想。

对于佛教和道教，朱元璋首先对二教在历史上所带来的一些弊病加以批评，说："昔梁武帝好佛，遇神僧宝公者，其武帝终不遇佛证果。汉武帝、魏武帝、唐明皇皆好神仙，足世而不霞举。以斯求所求，以斯之所不验，则仙佛无矣。"① 朱元璋曾与明初的宋濂论神仙之说云："古人主每宴逸，便思神仙，夫使国治民安，心神安泰，便是神仙，他何所尚？"② 由此来看，朱元璋对宗教有着清醒的认识。宋濂对道："汉武好神仙而方士至，梁武好佛而异僧集，使移此心以求贤辅天下，其有不治乎？"③ 朱元璋与宋濂的对答，表明二人沉溺于佛道不能治理好国家的观念，若将求佛道之心转移到求天下贤能之士，国家焉能不长治久安。明人夏良胜亦记此事云："圣祖御西庑，大臣皆坐侍，指《大学衍义》中言司马迁论黄老事，令宋濂讲析，俾在坐者听之。濂既如诏，设言曰：'汉武嗜神仙之术，好四夷之功，民力既竭，重刑罚以震服之。臣以为人主能以义理养性，则邪说不能侵；兴学校以教民，则祸乱无从而作矣。'"对此，夏良胜评论说："异端之说，易于惑人，而最深者莫若老子。盖以仁义为说，以道德为名，而一以简便从事，夫谁不惑！且曹参以收宁一之效，汉文以成富庶之功，虽史迁亦以与儒并论，而莫为之上下也。惟我圣祖省观《衍义》，则于真德秀直指其旨，至于惑乱世主、断丧生民者，已洞然不惑于中。又令宋濂讲析以谕大臣，盖不欲独善一身，而欲兼善于众也。濂又能仰承德意，推及以辟神仙、申、韩之术，有是君则有是臣矣。"④ 夏良胜的话，表面上是称赞宋濂能辟神仙、申、韩之术，实际上这是明初士大夫的一种较为普遍的认识。

尽管如此，朱元璋却没有只扶持儒家而打击、排斥宗教，而是对宗

① 《三教论》，《明太祖文集》卷十。
② 《罪惟录》卷三十二上，《四部丛刊》本。
③ 《中庸衍义》卷二，《四库全书》本。
④ 《中庸衍义》卷二。

教采取保护和扶植。一方面，这与朱元璋的经历有关。朱元璋在加入起义军之前，在皇觉寺出家。八年的为僧经历，使朱元璋对宗教有一定程度的感情。在道教方面，据传朱元璋的降生与道教有着关联，《皇朝本纪》说："母太后陈氏夜梦一黄冠自西北来，至舍南麦场中麦糠内取白药一丸置太后掌中，太后视渐长，黄冠曰：'好物食之。'太后应而吞之，觉谓仁祖曰：'口尚有香。'明旦帝生。"不管这种说法是夸饰、神化还是巧合，都说明朱元璋与道教的关系。这些因素，决定了朱元璋对于宗教的态度。

同时，朱元璋也认识到了宗教的作用，他评论说："于斯三教……佛仙之幽灵，暗助王纲，益世无穷，惟常是吉。尝闻天下无二道，圣人无两心。三教之立，虽持身荣俭之不同，其所济给之理一然。于斯世之愚人，于斯三教，有不可阙者。"佛、道二教与儒学一样，都有助于治世，尽管儒学是"万世永赖"之基，但佛、道二教也能"暗助王纲"，有"益世无穷"之用。从这个角度出发，朱元璋对佛、道二教进行辩护："夫三教之说，自汉历宋至今，人皆称之。故儒以仲尼，佛祖释迦，道宗老聃。于斯三事，误陷老子，已有年矣。孰不知老子之道，非金丹黄冠之术，乃有国有家者日用常行，有不可阙者是也。今古以老子为虚无，实为谬哉。其老子之道，密三皇五帝之仁，法天正己，动以时而举合宜，又非升霞禅定之机，实与仲尼之志齐。言简而意深，时人不识，故弗用。为前，好仙佛者假之，若果必欲称三教者，儒以仲尼，佛以释迦，仙以赤松子辈，则可以为教之名，称无瑕疵。况于三者之道，幽而灵，张而固，世人无不益其事，而行于世者，此天道也。古今人志有不同，贪生怕死，而非聪明，求长生不死者，故有为帝兴之，为民富者尚之慕之。"并对批驳二教、要求消灭二教者加以驳斥，朱元璋说这是"有等愚昧"之人，"罔知所以"①。

朱元璋之所以批评那些要求消除佛、道二教者是"有等愚昧"之

① 《三教论》，《明太祖文集》卷十。

人，是因为这些人只知儒学可用于治政，而不知佛、道二教亦能"阴翊王度"："古今通天下，居民上者圣贤也。其所得圣贤之名称者云何？盖谓善守一定不易之道，而又能身行而化天，不愚顽者也。故得称名之。其所以不易之道云何？三纲五常是也。是道也，中国驭世之圣贤，能相继而行之，终世而不异此道者，方为圣贤。未尝有舍此道而安天下，圣贤之称，未之有也……斯道自中古以下，愚顽者出，不循教者广，故天地异生圣人于西方，备神通而博变化，谈虚无之道，动以果报因缘，是道流行西土，其愚顽闻之，如流之趋下，渐入中国，阴翊王度，已有年矣。斯道非异圣人之道而同焉。其非圣贤之人，见浅而识薄，必然以为异，所以可以云异者，在别阴阳虚实之道耳……所以，天下无二道，圣人无两心。"① 佛、道二教与儒家无二道，佛、道二教的圣人与儒家的圣人无两心，所以朱元璋说二教能"阴翊王度"。明初，这些"有等愚昧"之人颇多，明初文人宋濂曾记明朝建立之初就有儒士"以释氏为世蠹"，"请灭除之"，朱元璋"以佛之功阴翊王度，却不听"②。

　　以儒为主、三教并用，是朱元璋制定宗教政策的前提和基础的。在这个前提下，朱元璋对于佛、道二教采取既保护、扶植又加以限制的策略，即一方面是利用二教来加强和巩固自己的统治，一方面又限制其力量无限扩大，进而危及到自己的统治，如洪武二十四年（1391）时说："今之学佛者，曰禅、曰讲、曰瑜伽，学道者曰正一、曰全真，皆不循本俗，污教败行，为害甚大。自今天下僧道，凡各府州县寺观虽多，但存其宽大可容众者一所并而居之，毋杂处于外，与民相混。"③

　　建文帝即位之后，继承了朱元璋对宗教的政策，对佛、道二教加以限制："朕闻释道之教，其来久矣。本义清净空幻为宗、超世离俗为事。

① 《宦释论》，《明太祖文集》卷十。
② 《翰苑续集》卷之五，载《宋濂全集》，浙江古籍出版社 1999 年版，第 859－860 页。
③ 《太祖实录》卷一百八十四。

近代以来，俗僧鄙士，贪著自养，殖货富豪，甚至田连阡陌。本欲以财自奉，然利害相乘，迷不知觉。既有饶足之利，必受官府之扰。况因此不能自守，每罹刑宪，非惟身遭僇辱，而教亦隳焉。"建文帝是从寺观的田地太多、经济力量过大反而招致灾祸出发，限制寺观的财力来保护僧道。建文帝对待二教的态度，与朱元璋一样，认为二教能阴翊王度："夫佛道本心，阴翊王化，其助弘多。"但二教之末流，"所习本乖，蠹蚀教门，致使讪毁肆行，贻累厥初"。对这种状况，建文帝"甚悯之"，推究其"害教之端"，"实自田始"。因此，建文帝对僧道与寺观的田产加以细致的规定："今天下寺庵宫观，除原无田产外，其有田者，每僧道一人，各存田五亩，免其租税，以供香火之费，余田尽入官，有佃户者，佃者自承其业，无佃户者，均给平民。如旧田不及今定数者，不增。若有以祖业及历代拨赐为词告言者，勿理。如原系本朝拨赐者，不在此例。凡僧道一应丁役，并免。"建文帝也秉承了朱元璋对出家年龄的限制："非奉朝命，不许私窃簪剃。年未五十者，不许为尼及女冠。"建文帝说"多藏厚亡"，是"老氏攸戒"，"除欲去累"，为"大觉所珍"。若能做到不积蓄财产、去累除欲，则"利欲减则善心生，善人多则风俗美"。建文帝认为按照这样的"定制"，国家和天下就会"永底太平"①。

建文帝之后，从明成祖开始，基本上都是延续了朱元璋的宗教政策，只是在扶持或限制的程度上有所差异。至明世宗嘉靖皇帝，对于道教的崇奉达到了顶点。嘉靖皇帝好斋醮，大小事都进行斋醮，"日事斋醮"②。明世宗对于道教的崇奉，直接影响到了嘉靖时期的政局。进行斋醮仪式，需要撰写青词，于是士大夫争相撰写青词以邀宠，一旦中嘉靖帝之意，立刻得到超擢。整个嘉靖时期，内阁辅臣有九人因撰写青词获得青睐而入阁。对于官员的任免，道士们的言语也往往会起到决定性

---

① 《国朝典汇》卷一百三十四。
② 《明史》卷三百七《邵元节传》，中华书局1974年版，第7894页。

的作用。嘉靖帝最信任的两个道士是邵元节和陶仲文。邵元节，龙虎山上清宫道士，嘉靖三年（1524）被召入京，便受到明世宗的宠信。嘉靖十五年（1536），授礼部尚书，赐一品服。嘉靖十八年（1539），邵元节去世，嘉靖帝为之出涕，赠少师，赐谥号"文康荣靖"①。陶仲文，湖北黄冈人，因受到邵元节的推荐而得到嘉靖帝的信任，授其神霄保国宣教高士，又封神霄保国弘烈宣教振法通真忠孝秉一真人，领道教事。嘉靖二十一年（1542），世宗移居深宫，"日求长生，郊庙不亲，朝讲尽废，君臣不相接"，只有陶仲文"得时见"，而且"见辄赐坐，称之为师而不名"。嘉靖三十九年（1560），陶仲文去世，世宗闻之"痛悼"，赐谥号"荣康惠肃"②。

明世宗对于道士的崇奉，从下面的一段话中便可以看得出来："道士龚中佩者，幼入昆山县之猛将庙，落魄贫苦，漫游京师，因入真人陶仲文名下，得交撰青词诸人。其人愚憨好酒，乃羽人之下劣者，然幼熟道书，尽知诸神名号，入直诸老，时从考问诸灵位业。遂为婚娶，荐为太常博士，驯至太常少卿，上命入内庭教习诸宫人科仪。然时酣酗，侮诸中贵，因恨，思中之。一日出饮于刑部郎邵峻家，上偶呼不至，为诸榼所潛，上大怒，下诏狱杖死。世宗宫闱防范最严，何以容一醉道士出入禁御，此与武宗朝西僧直豹房何异？"一个小小的道士，因能记诵神仙名号、结交陶仲文，便能进入内廷，已经毫无朝廷体面可言。虽然世宗将其"诛殛"，但已即如沈德潜所言的那样，"已非体矣！"③由此可看到的，是明世宗崇奉道士的程度。

但是，这段话中，也可以看到明世宗对于道士亦非无原则的纵容与信任，龚中佩因为外出饮酒没有及时回来、应召不至，竟然便被下狱杖死，除了欷歔感叹他的命运之外，也使人看到皇权的专断与多变。实际

---

① 《明史》卷三百七《邵元节传》，第 7895 页。
② 《明史》卷三百七《陶仲文传》，第 7896、7898 页。
③ 沈德潜：《万历野获编》卷二十七"道士入直内廷"，中华书局 1980 年版，第 700页。

上，明世宗对于道士们的限制和处分同样很多，如书中的"道士娶妻"条，云："世宗宠任羽流，虽多异典，然有处分。最可笑者，如掌太常寺礼部左侍郎金赟仁，以三年考满，求荫其待协律郎陈自遄，科臣执奏，谓荫叙无及异姓之例，而礼部之议姑升自遄一级，乃以自遄为太常典簿，不为例，已属可笑。时严分宜为礼卿，其逢迎上意，亦何足责？甫逾年，而赟仁与自遄各私娶妻，即居神乐观中，且毁天坛地以广私室，为乐舞生所发，上下刑部议罪，发赟仁为民，自遄永戍边卫。"①这两个道士尽管受到皇帝"异典"之宠幸，在违反戒律娶妻放纵之后，仍然会受到处罚。再如备受崇奉的道士段朝用，在术不验及违法事发之后，亦被下狱死，"段朝用"条云："段瘌子名朝用，庐州合肥人。自言工点化之术，初以术干翊国公郭勋，勋筑丹室居之，以所炼为仙银，制器百余，云饮食用之可不死。因秉一真人陶仲文进之上，上大悦，以荐二亲几筵。又次第及八庙，朝用又进银万两，助雷坛工费，上益以为忠爱，授紫府宣忠高士，朝用因请岁进银数万金，以资国用。上命朝用支文官正五品俸，加郭勋禄岁百石。已而，其术渐不验，有徒王子严者害其宠，乃发其诸诬秽隐恶，日哄仲文所，仲文惧累及，上章请禁子严，仍责朝用岁办银四万两供用，上曰：'黄白之术，自昔有之。非真有道术者不能，卿初荐朝用及彼进银，朕亦信之，以其足代民膏血也，却屡试不效，何预卿事？'令俱执赴锦衣镇抚司拷问，已而贷朝用，改为羽林卫千户，又改紫府宣忠仙人。时，郭勋已进翊国公，得罪下狱，未测上指，朝用遂行谋骗，执勋奴捞掠之，且曰：'归语而主，馈我金十万，当免而主追赃。'勋奴不应，絷之，其夕死，朝用知不可掩，乃上言勋奴行刺，为己所觉，邂逅致毙。且署衔为羽林千户，上怒，以朝用已改官不受命，又于禁封日奏私事，擅杀人，下诏狱讯治。法司议显戮，没入妻子财产，朝用与勋，相继瘐死于狱。"② 段朝用下狱论死，

---

① 《万历野获编》卷二十七，第 697 – 698 页。
② 《万历野获编》卷二十七，第 698 – 699 页。

可谓罪有应得。从中可以看到的是，明世宗尽管宠幸道士，但并非一味纵容，对道士还是有限制和惩罚的。就是最受宠幸的陶仲文，都害怕受到段朝用的牵连，极力要撇清与其之间的关系。作为一个皇帝来说，明世宗看到段朝用会黄白之术，想到的是用此术得到的白银来"代民膏血"，其心还是可赞的。

　　明世宗之后，对道教的限制开始严格起来，明穆宗鉴于世宗崇道过滥的教训，对道教采取了严峻的限制。一方面对世宗宠幸的道士如邵元节、陶仲文等，削夺其官爵和诰命，并惩处了世宗时期的一大批道士。另一方面，对明初以来追加的正一天师大加贬降。明神宗万历皇帝即位后，继续采取限制的政策，此时道士们的状况，如沈德潜所说："今上己卯（1579）冬，龙虎山真人张国祥，以觐期入朝，缀班二品，上御门望见道冠羽衣，以为服饰不雅，不足以肃观瞻，即下圣谕：'他是方外之人，焉用朝参？又无民社之寄，何须入觐？自今非奉召命不必来京。'"① 道士们如果没有征召之命，禁止入京朝觐，这表明对道教的重视程度已经大大不如以前了，抑制要多于扶持。至明熹宗、明思宗时，明朝进入末世，明朝的大厦岌岌可危，统治者已经无暇顾及宗教问题了。

　　清王朝在入关之前，与道教基本没有什么关系，对道教也不感兴趣。入关后，清统治者开始为统一中国作各种准备，宗教政策开始显现。顺治三年（1646）时，江西巡抚李翔凤进正一真人符四十幅，顺治皇帝下谕说："致福之道，安所事此，朝廷一用，天下必致效尤，其置之。"② 到顺治六年（1649）时，清统治者改变了对道教的态度，该年"封张真人五十二代孙应京为正一嗣教大真人，赐敕印"。清朝的统治者意识到，要统一中国，还需要安抚和利用各种力量。尽管开始利用道教，但还是以限制为主，在赐封号之后，接着下谕云："凡僧道巫瞽

---

　　① 《万历野获编》卷二十七，第696页。
　　② 《清朝续文献通考》，商务印书馆1936年版，第8493页。

之流，止宜礼神推命，不许妄行法术，蛊惑愚众。如有犯违，治以重罪。著礼部严行稽察。"① 张应京受封后，上京入觐，顺治帝对之下诏说："国家续天立极，光昭典礼，清静之教，亦所不废。尔祖张道陵，博通五经，覃精玄教，治民疾病，俾不惑神怪，子孙嗣教，代有崇封。兹特命尔袭职，掌理道箓，统率族属，务使异端方术，不得惑乱愚民。今朝纲整肃，百度唯贞，尔其申饬教规，遵行正道，其附山本教族属，贤愚不同，悉听纠察，此外不得干预。尔尤宜法祖奉道，谨德修行，身立模范，禁约该管员役，俾之一守法纪，毋致生事，庶不负朝廷优加盛典，尔其承之！"② 显然，此处明确限定，道教的信众只能自行修行，不得干预其他的任何事务，尤其不得使用道术"惑乱愚民"。

康熙对待道教的态度与顺治一样。他认为"儒者有道，保合太和"已经足够，"何取黄老"？因此对僧道防范非常严格："一切僧道，原不可过于优崇。若一时优崇，日后渐加纵肆，或别致妄为，尔等识之。"③ 又说："至于僧道邪教，素悖礼法，其惑世诬民尤甚。愚人遇方术之士，闻其虚诞之言，辄以为有道，敬之如神，殊堪嗤笑，俱宜严行禁止。"④ 康熙虽然没有废除佛道二教，但对之一直是采取严厉的约束政策。雍正帝信仰佛教，倡导三教合一，认为三教皆有可用之处："域中有三教，曰儒、曰释、曰道。儒教本乎圣人，为生民立命，乃治世之大经大法。而释氏之明心见性，道家之炼气凝神，亦于吾儒存心养气之旨不悖。且其教皆主于劝人为善，戒人为恶，亦有补于治化。道家所用经箓符章，能祈晴祷雨，治病驱邪，其济人利物之功验，人所共知。"⑤ 佛、道各有所用，且与儒学之旨不相悖。在《太上清宫碑文》中，更是肯定道教的作用："以忠孝为道法之宗，自东汉迄今千五百年，法裔相仍，克

---

① 《世宗实录》卷四十四，中华书局1985年版，第357页。
② 《白云观志》卷七《补天师世家》，《藏外道书》第20册，第640页。
③ 《圣祖实录》卷一百一十一，《清实录》第5册，第132页。
④ 《圣祖实录》卷一百二十九，《清实录》第5册，第385页。
⑤ 《龙虎山志》卷一，《藏外道书》第19册，第427页。

修绪业，效忠阐教，捍患除灾。盖其精诚所感，实足以通贯幽明，知鬼神之情状。故能常垂宇宙，裨益圣功，福国济人，功验昭著。"① 雍正在位期间，给予道士的宠遇远超过顺治和康熙。自乾隆开始，清王朝对道教活动的限制越来越严格："（乾隆）四年（1739），议奏：嗣后真人差委法员往各省开坛传度，一概永行禁止。如有法员潜往各省选道士、受（授）箓传徒者，一经发觉，将法员治罪，该真人一并议处。"② 在这种状况下，道教的处境日益困难。

至嘉庆、道光两帝，道教的地位继续被贬低。统治者的态度以及所采取的限制政策，加上道教自身所存在的诸多问题，使其在政治层面和社会层面上的处境都越来越艰难，不断地走向衰落。道教衰落的主要表现有三个方面：一是理论教义发展停滞，二是教团势力日渐衰弱，三是对社会的影响力减弱③。在明、清两代对道教限制政策下，受到影响的是道教的所有教派，全真教自然也不例外。

如上文所述，崂山道教在元代时已经归属全真教派，在明、清两代同样受到限制政策的约束。值得注意的是，崂山道教在明、清两代却得到了显著的发展，这是非常令人惊奇的。

二

在元代处于道教领袖地位的全真教，在明、清两代不再掌管天下的道教。明、清两代所扶持的道教教派是正一道，正一道的前身即是天师道。张陵于汉顺帝汉安元年（142）在鹤鸣山声称受太上老君之命，封为天师之位，得到新出的"正一盟威之道"，创立天师道。天师道被看作是中国道教创立的开始，因张陵传正一盟威之道，后来名为正一道。

---

① 《世宗宪皇帝御制文集》卷十六，《四库全书》本。
② 《清朝续文献通考》第 1 册，第 8494 页。
③ 参见卿希泰主编：《中国道教史》第四册，四川人民出版社 1996 年版，第 12－13 页。

被称为正一道的时间，是在元代，元成宗大德八年（1304），成宗封第三十八代天师张与材为"正一教主，主领三山符箓"，合道教中的龙虎宗、茅山宗、阁皂宗、神霄派、清微派、东华派、天心派、净名道、太一道等，正式称为正一道。此后，全国道教皆分属正一、全真两大教派，明、清两代所承认的道教也只有这两派。

从朱元璋开始，明、清两代的统治者更重视正一道。朱元璋重视正一道的原因，大概是因为全真教在元代后期已经蜕化成上层宗教，脱离了民众，而正一道在民间的影响力相当大，加之朱元璋起兵是在安徽、吴越、两湖、江西等地，一则与正一道的接触更多，二则需要民众的力量支持。早在龙凤六年（1360），朱元璋就出榜征召张陵第四十二代孙张正常，朱元璋即位的洪武元年（1368），张正常入贺，朱元璋授以"正一教主嗣汉四十二代天师、护国阐祖通诚崇道弘德大真人"号，使领道教事。此后，正一道的历代天师都受到了朝廷的册封，取代了全真教掌管天下道教。由此，正一道在明清两代的政治地位远超全真教。但是，正由于对于道教的限制，正一天师的地位不断被贬降，加上正一的教团组织发展停滞、理论上缺乏创新，正一道在明清两代实际上是处于一个不断衰落的状态。

随着明初统治者对正一道的重视，全真教则一直处于沉寂状态，但与正一道处于不断衰降的状态相比，全真道尽管没有出现太多的有声望的道士，却一直在悄悄向前发展。影响明清两代全真教发展的，有三个大的因素：一是明初朱元璋、朱棣二帝对张三丰的追寻，二是清代全真教的中兴，三是"全真教"三个字在民间成了道教的代名词。

朱元璋在起兵之初，身边不缺乏道士，其中最为著名的张中、周颠仙等，这些道士往往被视为方术之士，如顾起元说："葛洪《神仙传》言：'有介象多方术。'一代初兴，奇人快士，风赴云集，以供役使，故不可谓其怪迂也。我国初周颠仙、冷谦、铁冠道人、张三丰之类亦

然。"①《明史》在提到他们时亦是同样的看法，云："明初，周颠、张
三丰之属，踪迹秘幻，莫可测识，而震动天子，要非妄诞取宠者所可
几。张中、袁珙，占验奇中。"② 周颠与张三丰在《明史》中皆有传，
其中《周颠仙》传云："周颠，建昌人，无名字。年十四，得狂疾，走
南昌市中乞食，语言无恒，皆呼之曰颠。及长，有异状，数谒长官，曰
'告太平'。时天下宁谧，人莫测也。后南昌为陈友谅所据，颠避去。
太祖克南昌，颠谒道左。洎还金陵，颠亦随至。一日，驾出，颠来谒。
问'何为'，曰'告太平'。自是屡以告。太祖厌之，命覆以巨缸，积
薪煅之。薪尽启视，则无恙，顶上出微汗而已。太祖异之，命寄食蒋山
僧寺。已而僧来诉，颠与沙弥争饭，怒而不食且半月。太祖往视颠，颠
无饥色。乃赐盛馔，食已闭空室中，绝其粒一月，比往视，如故。诸将
士争进酒馔，茹而吐之，太祖与共食则不吐。太祖将征友谅，问曰：
'此行可乎？'对曰：'可。'曰：'彼已称帝，克之不亦难乎？'颠仰首
视天，正容曰：'天上无他座。'太祖携之行，舟次安庆，无风，遣使
问之，曰：'行则有风。'遂命牵舟进，须臾风大作，直抵小孤。太祖
虑其妄言惑军心，使人守之。至马当，见江豚戏水，叹曰：'水怪见，
损人多。'守者以告。太祖恶之，投诸江。师次湖口，颠复来，且乞食。
太祖与之食，食已，即整衣作远行状，遂辞去。友谅既平，太祖遣使往
庐山求之，不得，疑其仙去。"③ 朱元璋虽然厌恶周颠仙所说的一些言
语，其实对他一直颇为挂念，所以在洪武中期，亲为之作传，即保存下
来的《御制周颠仙传》。根据朱元璋所撰写的传记及《明史》所载，以
及众多的关于周颠仙的传说与异闻来看，周颠仙似乎是一个内炼有成的
全真教道士。这就说明，全真教其实从一开始就在朱元璋身边发挥着
作用。

① 顾起元：《客座赘语》卷八《吴八绝》，中华书局1987年版，第274页。
② 《明史》卷二百九十九，第7633页。
③ 《明史》卷二百九十九，第7639页。

　　比周颠仙更为朱元璋所挂念的，是张三丰。如上所言，张三丰在明初也被视为方术之士。关于张三丰其人，如《明史》所云，"踪迹秘幻，莫可测识"。正是附在他身上的这种神秘色彩，引得人们尤其是统治者们更加渴望能见到他的真面目。据说，最早记载张三丰事迹的，是明初任自垣撰《太和太岳山志》，文云："张全一，字玄玄，号三丰。相传留侯之裔，不知何许人？丰姿魁伟，龟形鹤背，大耳圆目，须髯如戟，顶中作一髻。手执方尺，身披一衲，自无寒暑。或处穷山，或游闹市，嬉嬉自如，傍若无人。有请益者，终日不答一语，乃至议论三教经书，则络绎不绝。但凡吐词发语，专以道德仁义，忠孝为本，并无虚诞祸福、欺诳于人。所以心与神通、神与道一，事事皆有先见之理。或三五日一餐，或两三月一食。兴来穿山走石，倦时铺云卧雪，行无常行，住无常住，人皆异之，咸以为神仙中人也。洪武初来入武当，拜玄帝于天柱峰。遍历诸山，搜奇览胜。尝与耆旧语云：'吾山异日与今日，大有不同矣。我且将五龙、南岩、紫霄去荆榛拾瓦砾，且初创焉。'命丘玄清住五龙，卢秋云住南岩，刘古泉、杨善澄住紫霄。又寻展旗峰北陲，卜地结草芦，奉高真香火，曰遇真宫。黄土城卜地立草庵，曰会仙馆。语及弟子周真德，尔可善守香火，成立自有时来，非在子也。至嘱！至嘱！洪武二十三年，拂袖长往，不知所止。二十四年，太祖皇帝，遣三山高道使于四方。清理道教，有张玄玄可请来。永乐初太宗文皇帝慕其至道，致香书，累遣使臣请之不获，后十年敕大臣，师之所言，信不虚矣。"① 任自垣是镇江府阳县人，出家于茅山元符万宁宫。永乐九年（1411）授道录司右正义，十一年，选授太和山玉虚宫提点。宣德三年（1428）升太常寺丞，提督太和山，并命为上清派第五十三代宗师。因此，他所写的张三丰的传记，可信度是比较高的。《明史》张三丰传云："张三丰，辽东懿州人，名全一，一名君宝，三丰其号也。以其不饰边幅，又号张邋遢。颀而伟，龟形鹤背，大耳圆目，须髯如

---

① 《太和太岳山志》卷六，北京图书馆收藏善本。

载。寒暑惟一衲一蓑，所啖，升斗辄尽，或数日一食，或数月不食。尽经目不忘，游处无恒，或云能一日千里。善嬉谐，旁若无人。尝游武当诸岩壑，语人曰：'此山异日必大兴。'时五龙、南岩、紫霄俱毁于兵，三丰与其徒去荆榛，辟瓦砾，创草庐居之，已而舍去。太祖故闻其名，洪武二十四年遣使觅之，不得。后居宝鸡之金台观。一日自言当死，留颂而逝，县人共棺殓之。及葬，闻棺内有声，启视则复活。乃游四川，见蜀献王。复入武当，历襄、汉，踪迹益奇幻。永乐中，成祖遣给事中胡濙偕内侍朱祥赍玺书香币往访，遍历荒徼，积数年不遇。乃命工部侍郎郭琎、隆平侯张信等，督丁夫三十余万人，大营武当宫观，费以百万计。既成，赐名太和太岳山，设官铸印以守，竟符三丰言。或言三丰金时人，元初与刘秉忠同师，后学道于鹿邑之太清宫，然皆不可考。天顺三年，英宗赐诰，赠为通微显化真人，终莫测其存亡也。"① 这两个传记的记载还是有很大不同的，《明史》所记尤重朱元璋和朱棣寻找张三丰之事，这样的记载增加了张三丰身上的神秘感。

朱元璋和朱棣对张三丰的征召和竭尽全力地寻找，使得张三丰的名声更大。张三丰为什么不应召而把自己隐藏起来呢？可能是他看透了荣名，他在《八遁序》中称赞隐遁说："遁之为用妙矣哉！天子不得臣，诸侯不得友，不谒名公，不逢权贵，不以长生之术分人主励精图治之心，自求自用，自得自娱，望之若白云之在天而舒卷无定也，即之如明月之印水而动荡难收也。"② 又有《谈出家道情》中表达出家人的逍遥自在："叹出家，倒也高学了些散淡逍遥，顺逆颠倒通玄妙。一瓢饭能吃多少，三杯酒面像仙桃，花街柳巷呵呵笑，小葫芦常挂在腰，万灵丹带上几包。到处与人行方便，遇缘时美酒佳肴，淡薄时饮水箪瓢。富贵穷通由天造，任凭他身挂紫袍，任凭他骏马金貂，转眼难免无常到，三寸气缥缥缈缈，一家人哭哭叫叫，那管你子贤孙孝。算将来修道为高。

---

① 《明史》卷二百九十九，第7641页。
② 《张三丰全集》卷二，《重刊道藏辑要》第五册，第388－389页。

延年寿病减灾消，无忧无虑无烦恼。等时来到步云霄，会八仙去上仙桥，那时方显玄中妙!"① 在得知朱棣派人四处找他时，他给朱棣回了一封信，信中说："皇帝陛下福德无疆，臣本野夫，于时无益，荷蒙宸翰，屡下太和，车马数驰，猿鹤相讶。伏愿陛下，澄心治理，屏欲崇德，民福主福，民寿主寿。方士金石，勿信为佳。恭进一诗，乞赐一览。外附口歌三章，皆义山人袪欲修身之道，毋视为异术，则臣幸甚。"诗云："地天交泰化功成，朝野咸安治道亨。皇极殿中龙虎静，武当云外鼓钟清。臣居草莽原无用，帝问刍荛若有情。敢把微言劳圣听，澄心寡欲是长生。"② 从这封信和所附诗来看，基本上延续金元时期全真教、尤其是丘处机以来的观念。

张三丰不应朱元璋、朱棣的征召而逍遥于世外，引得后来对他附加了无穷的传说。其中的传说之一，就是他游览各地并且留下了遗迹，现在全国的众多道教遗迹中都可以看到张三丰的痕迹，这反过来使得他的传说附会变得更多。任自垣《大岳太和山志》言其"拂袖长往，不知所止"，《明史》言其"游处无恒，或云能一日千里"，使得各地与他有关的遗迹都或真或假。

张三丰的"游处无恒"，有没有来到崂山游历？现在崂山的遗迹中，有许多是关于张三丰的。最显著的，是明霞洞上方的三丰洞，传言张三丰曾在此栖居："由宫洞（明霞洞）之间一径北上，巨壁南向凿其下为玄真洞，如卵壳，中容人立。洞额横刻'重建玄真吸将乌兔口中吞'十一字，古拙可喜，相传为张三丰笔。'重'字上石剥落，当尚有三字，乃七言诗二句，上句不知所云，下句乃形容洞口之形者。《明史·方伎传》称：'三丰居宝鸡观，悬崖峭壁间，多所题词。'则三丰到处，固喜摩崖。洞外东岩下复有一小洞，口西向为三丰洞，三丰尝栖

---

① 《张三丰全集》卷四，第 461 页。
② 《张三丰全集》卷五，第 502 页。

其中。"① 三丰洞旁有明人周鲁的题诗，云："白云留住须忘归，名利萦人两俱非。莫笑山僧茅屋小，万山环翠雾中围。"王集钦主编的《崂山碑碣与刻石》，将乌兔误认为"鸟兔"，说："古代鸟兔指月亮。"此说误，乌兔系指日月。乌是金乌，三足，是神话传说中驾驭日车的神鸟名，《淮南子·精神训》云："日中有踆乌。"汉高诱注："踆，犹蹲也。谓三足乌。"兔是玉兔，拿着玉杵，跪地捣药，后被视为月亮的代名词。汉代王充在《论衡·说日》中说："日中有三足乌，月中有兔、蟾蜍。"就是以乌兔来指代日月。《崂山碑碣与刻石》中还说："张三丰……明洪武初，入武当山，人以肮脏，目为邋遢道人，永乐元年已 157 岁。永乐五年，三丰由青州之云门山来崂山，明代张锡龄有《张三丰传》，记之颇详。"② 张锡龄为汪锡龄之误，汪锡龄于康熙五十九年得到张三丰著述的残稿，又勤加搜罗，编成《三丰全书》，并作《三丰先生本传》，对张三丰之事迹确实言之颇详，传云："三丰先生姓张名通，字君实。先世为江西龙虎山人，故尝自称为天师后裔。父裕贤公，学精星算。南宋末，知天下王气将从北起，遂携本支眷属，徙辽阳懿州。有子名居仁，亦名昌，字子安一字仲安，号白山，即先生父也。壮负奇器，元太宗收召人才，分三科取士，子安赴试策论科入选。然性素恬淡，无仕宦情，终其身于林下。定宗丁未夏，先生母林太夫人梦元鹤自海天飞来，而诞先生，时四月初九日子时也。丰神奇异，龟形鹤骨，大耳圆睛。五岁目染异疾，积久渐昏。其时有张云庵者，方外异人也。住持碧落宫，自号白云禅老。见先生奇之曰：'此子仙风道骨，自非凡器，但目遭魔障，须拜贫道为弟子，了脱尘翳，慧珠再朗，即送还。'太夫人许之，遂投云庵为徒。静居半载而目渐明，教习道经过目便晓，有暇兼读儒、释两家之书，随手披阅，会通其大意即止。忽忽七载，太夫人念之，云庵亦不留，遂拜辞归家，专究儒业。中统元年，举茂才异等；二年，称

---

① 蓝水：《崂山志》，第 17 – 18 页。
② 《崂山碑碣与刻石》，第 68 页。

文学才识，列名上闻，以备擢用，然非先生素志也。因显扬之故，欲效毛庐江捧檄意耳。至元甲子秋，游燕京。时方定鼎于燕，诏令旧列文学才识者待用，栖迟燕市。闻望日隆，始与平章政事廉公希宪识。公异其才，奏补中山博陵令，遂之官。政暇访葛洪山，相传为稚川修炼处，因念一官萧散，颇同勾漏，予岂不能似稚川？越明年而丁艰矣，又数月而报忧矣。先生遂绝仕进意，奉讳归辽阳，终日哀毁，觅山之高洁者，营厝甫毕，制居数载，日诵洞经。俄有邱道人者，叩门相访，剧谈玄理，满座风清，洒然有方外之想。道人既去，因束装出游，田产悉付族人，嘱代扫墓，挈二行童相随。北燕赵，东齐鲁，南韩魏，往来名山古刹，吟咏闲观，且行且住。如是者几三十年，均无所遇，乃西之秦陇，挹太华之气，纳太白之奇，走褒斜，度陈仓，见宝鸡山泽幽邃而清，乃就居焉。中有三尖山，三峰挺秀，苍润可喜，因自号为三丰居士。延祐元年，年六十七，始入终南，得遇火龙真人，传以大道。更名玄素，一名玄化，自号玄玄子，别号昆阳。山居四载，功效寂然。闻近斯道者，必须法财两用，平生游访，兼颇好善，囊箧殆空，不觉泪下，火龙怪之，进告以故，乃传丹砂点化之诀，命出山修炼。立辞恩师，和光混俗者数年。泰定甲子春，南至武当，调神九载而道始成。于是湘云巴雨之间，隐显遨游又十余岁，乃于至正初，由楚还辽阳，省墓讫，复之燕市，公卿故交，死亡已尽矣。遂之西山，遇前邱道人，谈心话道，促膝参同，方知为长春先生符阳子也。别后复至秦蜀，由荆楚之吴越，侨寓金陵，遇沈万三，传以丹道，事在至正十九年。临别，先生预知万三有徙边之祸，嘱曰：'东南王气正盛，当晤子于西南也。'仍还秦，居宝鸡金台观。九月二十日，阳神出游，士人杨轨山以先生辞世，买棺收殓。临窆之际，柩有声如雷，启视复生。盖其阳神出游，朴厚者见之，以为宛其死矣。后乃携轨山遁去。又二年，沧桑顿改，海水重清，元纪忽终，明运又启，先生乃结庵于太和，故为疯汉，人目为邋遢道人。道士邱元靖，安静可喜，秘收为徒。他日入成都，说蜀王椿入道，不听，退还襄邓间，更莫测其踪迹矣。洪武十七年甲子，太祖以华夷宾服，诏求先生，不赴。十八年，又强沈万三敦请，亦不赴。盖帝王自有道，不可以金丹金液分人主励精图治之思。古来方士酿祸，皆因游仙入朝为厉之阶，登圣真者，决不为唐之叶法善、宋之林灵素也，前车可鉴矣。二十五年，乃遁入云南，适太祖徙万三于海上，缘此践约来会，同炼天元服食大药。明年成，始之贵州平越福泉山，朝真礼斗，候诏飞升。建文元年，完璞子访先生于武当，适从平越归来，相得甚欢。永乐四年，侍读学士胡广奏言先生深有道法，广具神通。五年丁亥，即命胡濙等遍游天下访之。十年壬辰，又命孙碧云于武当建宫拜候，并致书相请。直逮十四年，并不闻有踪迹。帝乃怒谓胡广曰：'卿言张三丰蕴抱玄机，胡弗敢来见朕也？'斥广寻觅之。广大惧，星夜抵武当，焚香泣祷。是年五月朔，为南极万寿，老君命诸仙及期大会，时先生亦在诏中，遂与玄天官属御气同行，适见胡广情切，乃按云车，许以陛见入朝后，即赴上清之命，飘然而去。明年，胡濙等还朝，终未得见先生也。吾师乎！吾师乎！其隐中之仙乎！其仙中之神乎！其神仙而天仙者乎！继荷玉诏，高会群真，位列兑宫，身成乾体，故能神通变化，济世度人。四围上下，虚空处处，皆鸾骖所至，将所谓深藏宏愿，广大法门者，吕祖之后，惟先生一身而已。锡龄风尘俗吏，几忘去声本原，观察剑南，又鲜仁政，滥叨厚禄，辜负皇恩。两年来曦天少见，水潦频增，龄乃跣足剪甲，恭祷眉山之灵。拈香七日，晴光普照，画景遥开，奇峰异水间幸遇先生，鉴龄微忱，招龄入道，并示《丹经秘诀》一章，及《捷要篇》二卷，照法修炼，始识玄功。因此悔入宦途。游情山水，迄乃自出清奉，结庐凌云，未知何年何日蝉脱尘网，采瑶花、奉桃实敬献先生也。龄侍先生甚久，得悉先生原本又甚详，爰洗浊怀，恭为纪传，以付吾门嗣起者。"① 汪锡龄虽对张三丰事迹叙述详细，但并没有说张三丰从青州来崂山事，不过文中亦言张三丰辞官之后，游历天下，"北燕赵，东齐鲁，南韩魏，往来名山古刹，吟咏闲观，且行且住"，或许真的来到过崂山。

---

① 汪锡龄：《三丰先生本传》，《张三丰先生全集》卷一，第412－414页。

真正提及张三丰自青州来崂山的，是黄宗昌，其记云："明永乐间，有张三丰者，尝自青州云门来，于崂山下居之，居民苏现礼敬焉。邑中初无耐冬花，三丰自海岛携出一本，植现庭前，虽隆冬严雪，叶色愈翠，正月即花，蕃艳可爱。今近二百年，枝干大小如初，或分其蘖株别植，未有能生者。又有张仙塔、邋遢石，皆其历迹。"①《山东通志》中记载云："张三丰，本贵州黄平人。永乐间来隐青州云门洞，修炼不出。一日往游劳山，居民苏现礼之甚恭。三丰取单头耐冬花一枝，插现庭前，枝叶菁葱，经愈茂，至正月花发，清艳不凡，分枝移之，辄萎死，盖上仙葩也。"②《即墨县志》云："张三丰，名全一，名君宝，三丰其号也。辽东懿州人，永乐间自青州云门来居劳山下，苏现甚敬礼之。邑中初无耐冬花，三丰自海岛挟出一本，植现庭前，种类始繁。又有张仙塔、邋遢石，皆其历迹。旧志作贵州黄平人，误。"③ 从这些记载来看，张三丰来崂山之说的源头，皆出自黄宗昌的《崂山志》，黄宗昌之说可能听即墨本地人、抑或崂山中之道士的传言。而《崂山太清宫志》中的"张三丰传"则又是综合了上述的记载，云："张三丰字君实，名君宝，号'元元子'，别号'邋遢'，辽宁东懿州（今辽宁彰武）人，南宋淳祐丁未年（1247）生。五岁拜云庵道士为师，十岁归家探母，开庆元年中举人，后来崂山等地刹居数年，日诵洞经，后入终南山，遏火龙真人，传以大道。元泰定元年（1324）至武当山面壁九载，道成后复来崂山，住太清宫南山前驱虎庵数年。汪锡令（龄）《张三丰传》载：'三丰特精技击，武当保其法，后世论拳术者，以武当为内家，少林为外家。'永乐初年，三丰由青州三来崂山，崂山道士的武当拳艺即张三丰此时所传。崂山原无耐冬，张三丰乘舟到千里岩岛上移来一本，植于太清宫三清殿院。从此，崂山各庙及村镇山野繁衍了耐冬。张三丰

---

① 孙克诚：《黄宗昌〈崂山志〉注释》卷五，第139页。
② 《山东通志》卷三十，《四库全书》本。
③ 清同治《即墨县志》卷十二，第300页。

功绩多著，被称为道教祖师之一，也是拳术武当派之祖。皇帝封为'广慈普度真君'、'通微显化天尊'。"① 这里说，张三丰三次来到崂山，更系附会之说；而且汪锡龄《三丰先生本传》中并没有说到张三丰精技击之事。

由此，张三丰来崂山的说法，只能当做半真半假之论。蓝水在总结各种关于张三丰与崂山的记载说："张三丰，俗名献，又名通，又名全一，又名玄素，字玄玄，一字君实，号斗篷，义号落魄。尝久居宝鸡之金台观，爱其三丰挺秀，因自号三丰。元辽阳懿州人。七岁能弈即无敌。至元间尝举茂才，为廉希宪所赏，除博陵令。后弃家入道，首访师太白山，久之出山混俗。身长七尺，丰姿魁伟、龟形鹤骨，大耳圆睛，须髯如戟，顶作一髻，手持方寸尺，寒暑惟一衲，时或卧雪中不为害。静则瞑目，能旬日不食，或辟谷数月自若，每食升斗辄尽。经书一览即成诵不忘。人或请益不答，及至议论三教经书，则络绎不绝。事事先知，应显莫测。或处穷山，或游市井，或日行千里，足迹遍天下，终日嬉嬉自如，人咸以地行目之。尝之金陵，主沈万三家，万三名秀，奏淮大渔户，奉三丰惟谨，万三授以法，万三遽富埒国府。明洪武初入武当山，人以其肮脏，自为邋遢道人。武当故繁盛，经兵逐焚毁殆尽，三丰与弟子许玄靖等，除榛棘粗创十数处，使各守一所，曰：'兹山异日必大兴，善宇以待。'十七年诏求之不赴，二十二年拂袖长往。二十四年遣三山高道使于四方清理道教，高皇帝曰：'有张玄玄者可请来。'竟不之遇。乃召玄靖至，与语悦之，拜御史，擢太常乡，寻祈还。方三丰居宝鸡时，二十六年九月二十四日，自言当辞世，留颂之而逝，具人杨轨山等置棺殓讫，及窆，则有声若雷，启视复活。去之蜀见献王椿，居蜀七年。永乐五年，成祖以胡广言，命给事中胡濙等遍天下访之，而三丰已由青州之云门山东来劳山，主山民苏现家。初劳山无耐冬，三丰自海岛携来一本，植现庭中，后渐蕃衍。十年命工部侍郎郭琎等，督丁壮

---

① 《崂山太清宫志》，第 12 - 13 页。

三十万人，大营武当宫观，三丰所粗创者俱兴复之，费以百万计，既成赐名太和太岳山，设官铸印以守，竟符三丰言。十四年胡濙还，三丰终不得见。天顺三年，诰封为'通微显化真人。'终莫知其存否。然至永乐元年，已一百五十七岁。所著有《太极炼丹秘诀》一书行世。三丰特精技击，武当传其法，后世论拳术者，以武当为内家，少林为外家。按明代有关张三丰记录，汪锡龄有《张三丰传》载其出处及求道经过颇详，又其弟子某为之传、多道家语，俱见《太极炼丹秘诀》。又先侍御公《北泉集》中有'三丰传'，于其状貌及徵求诏语与营建武当特详。《明史》有传，载其佯死见其异，余亦含糊。朱国祯《涌幢小品》称：'文皇于道教，惟太和山一役，则因默佑之功，竭两朝物力表其巅，至今奔走四海，似是天开地辟，大圣人因而成之，有莫知其然而然者。'所谓默佑，不知所云。或如蒋子文曾显神灵，但在当代，似尽人皆知，而《明史》遗之。总之，三丰在明代必多奇迹，骇人听闻，感动人主，有此奢举，则明代百家所载其灵异，不尽妄。"① 总之，张三丰与崂山之关系，只能如蓝水所言，不能为真，亦"不尽妄"。

如黄宗昌所提到的，现在崂山与张三丰有关的遗迹，还有张仙塔。蓝水《崂山志》"张仙塔"云："传系张三丰手成者，耐冬当亦其所植。俗称南荒刹、北荒刹。按憨山初有咏八仙墩与张仙塔诗，则其命名于世自憨山始。"邋遢石，蓝水《崂山志》"铁骑山"："即所谓不其山……隔涧为邋遢石，相传张三丰于此飞升，三丰又号邋遢故名。"明人曹臣《劳山周游记》云："……二十里至不其山，入谷沿涧五里许，抵宿邋遢石之玉蕊楼。石据涧流之左，云张三丰所至故名。"

<h1 style="text-align:center">三</h1>

在崂山上清宫之上的明霞洞，自元代道士李志明之后，记录颇少，

---

① 蓝水：《崂山志》，第61－62页。

后来好像逐渐凋敝，不为道士所重，致使此地为佛僧所占据。后来开创全真教崂山派的孙玄清，幼时便于此出家为僧。孙玄清后来弃释入道，明霞洞便又回到道教的统系。

关于孙玄清，各种文献有不同的记载。其一是他的出生，一言其生于 1497 年，一言其生于 1517 年，二说相差二十年，不知何者为是。其二是他的姓名，还有另外两种说法：一种是傅勤家，他在提到道教的分派时，说："丘祖岔派玄字分支，玄静祖师，姓孙名玄静，字元玉，号金山，系山东莱州府即墨县崂山人，明嘉靖敕封护国天师。留传之派。"孙玄静所谓"留传之派"就是金山派，并言其派云："玄至一无上，天元妙理生，体性浮空坐，自然是全真。常怀清净意，合目得金丹，道高扶社稷，留名万古传。宏扬开大化，正法度贤宗，温良恭俭让，宽仁慈善容。潜心存本位，密念守规中，勤修延寿命，内息润黄庭。安义黍珠成，凝照慧光灵，冲举云霄外。"[1] 另一种是《即墨县志》，云："孙元清，寿光人，号紫阳。幼系瞽僧，嘉靖间至明霞洞，弃释就道，修养二十余年，目复明。赴京都白云观，注《灵宝秘诀》、《玉皇心印经》、《太上清净经》、《皇经始末元奥》。奉敕召见，封护国天师府左赞教，掌管真人府事；金山子海岳真人。隆庆三年飞升。"[2] 傅勤家说的孙玄静、《即墨县志》中提到的孙元清，综合文献来看，与孙玄清应为同一人。

如上所说，孙玄清字金山，号海岳山人，青州府寿光县人。据传，孙玄清 9 岁时父母早丧。因悲痛双目失明，不愿寄养于众伯父，而去铁佛寺为僧，取玄清为号。后来听说崂山道士徐复阳修行 20 年后复明，于是来到崂山明霞洞，并在此苦行二十余年。关于其眼睛复明一事，也有不同的说法，一说弃佛入道后复明，一说是复明之后弃佛入道。从孙玄清弃佛入道的举动来看，应该是他的眼睛可能是在明霞洞时因与道

---

①　傅勤家：《中国道教史》，东方出版社 2008 年版，第 178 页。
②　清同治《即墨县志》卷十二，第 301 页。

教、道士的某种机缘而复明，由此使他觉得道教比佛教更有帮助，从而弃佛入道。又据传，孙玄清在明霞洞出家，师事李显陀，后游铁查山云光洞，遇到通源子，授以升降天门运筹之法。19岁时住黄石宫，遇到斗篷张真人（有说此张真人即张三丰），共谈修真口诀，豁然贯通。嘉靖三十七年（1558），到北京白云观住堂一年，求雨灵验，获封"护国天师左赞教主紫阳真人"。孙玄清在崂山所创立的教派，被称为金山派，因在崂山而又被称为崂山派。

明霞洞左侧镌刻有《孙真人紫阳疏》石刻，又称为《海岳修真记》，疏的内容为叙述孙玄清之事迹，文云："臣居东齐海滨，潜踪崂山上清宫明霞洞，修行五十余年，大悟千百遍，小悟不可以计数。自得道之后，每思皇王浩荡之恩，无由寸报，旦夕实切遑遑，忽闻朝廷差官，诏取天下玄文秘录，同洽并参，辞别师斗篷张，遂即下山上京。至景州娘娘庙，天降大雪，七日七夜方晴，感刘知县会见，请留数月，同至千佛顶龚头村，修盖丛林一处。至嘉靖三十七年，功事完毕，赴京白云观，坐钵堂一年，造《释门宗卷》八部六册，阁老翟公銮、少卿龚公中佩者，二人具本呈进御览。敕封护国天师府左赞教，掌管真人府事；海岳真人。嘉靖庚申岁（1560），秋八月望前二日，复将灵宝秘诀，清净真一，玉帝敕命，上药三品，自升而降，行坐运筹，水火既济，金液大还丹药，为真人供事，太常寺少卿龚中佩者，具本呈进御览，表臣之忠孝，勤慰圣心，得沐恩光宠褒。至癸西岁春三月二十六日，复将皇经备述其始末玄奥，集成四号帙，并及诸书丹诀，总二十六册，令徒子孙至鸾，具本呈进御览，于二十七日奉圣旨：'所进至秘留览，孙至鸾赏银千两。礼部知道。'窃惟叨冒恩宠优渥，思欲补报，今将各经书，广行刊刻，流布传通。上祝圣寿无疆，永赞皇图悠久，后叙飞升。"[1] 刻末有赞曰："林下五十年，大悟几千翻。诸仙口诀同，工夫

---

① 黄肇颚：《崂山续志》卷七《明霞洞》所录《孙真人疏》，最后一句"永赞皇图悠久"后无"后叙飞升"一句，文末署有"海岳真人石刻"字样。

常现前。不得帝号封，因此不还元。古之诸天仙，受封跨祥鸾。万岁常览照，行坐默绵绵。凡圣皆无碍，玉帝在其前。内外无间断，延寿与天全。自古有长生，非只小臣言。西母无间断，丹诀震心寒。功满飞升去，九宫音乐悬。天仙皆恭候，香花默绵绵。混元皆起送，圣境不可言。"这篇《记》，不知是何人将其刻于明霞洞之石上，可能是金山派（崂山派）的道士为了纪念孙玄清，而将这篇疏刻在明霞洞石上。又据记载，清乾隆三十五年（1770），崂山道士王生本在白云洞立有白云洞历代碑，内述其金山派祖师海岳山人之功绩，惜碑文已佚。石刻上还有《赠孙真人还元一首》，诗云："隐迹云林不记年，冲虚清淡妙中玄。留经世远开迷海，阐教功多度有缘。派接七真辉玉性，丹成九转涌金莲。俄惊解化乘风去，常使同心思惨然。"诗末落款为"隆庆三年孟秋文渊阁太傅翟鸾沐书。"又有七律一首："唐代真人思邈仙，同宗玄裔得家传。青蛇海上知无异，黄鹤楼中妙不传。炼已精修无上道，清音忠进至玄篇。停看不日丹成就，玉册旌书上九天。"①

由于孙玄清的存在，使得全真教在明代中期能够继续与朝廷保持着关系，不至于使全真教完全被正一道所压制。但在明中期之后，影响全真教发展的，还有民间对全真教的认同。在民间的民众（尤其是北方的民众）观念中，全真教几乎成为道教的代名词了。沈德潜提到北京的"淹九"之俗说："京师正月灯市，例以十八日收灯，城中游冶顿寂。至次日，都中士女，倾国出城西郊所谓白云观者，联袂嬉游，席地布饮，都人名为耍烟九。意以为火树星桥甫收声采，而以烟火得名耳。既见友人柬中称为淹九，或云灯事兰珊，未忍遽舍，取淹留之义，似亦近之。既得之都下耆旧，则云：'全真道人邱元清，以是日就阉，故名阉九。'邱初从黄得祯出家，洪武初，以张三丰荐为五龙宫住持，有司又以贤才荐为御史矣。上以二宫人赐之，邱度不能辞，遂自宫，今观其遗像，真俨然一妪也。后转太常卿，封三代，殁于京师。邱之事迹甚著，

① 周至元：《崂山志》卷六，第202—203页。

但自宫之日月不可考。然京师是日不但游人塞途，而四方全真道人，不期而集者不下数万，状貌诡异，衣冠瑰僻，分曹而谈出世之业。中贵人多以是日散钱施斋，闻京都无赖亦有趁此时腐其童稚者，则阉九之说，亦似不妄。全真有南北二宗，起于金海陵王中孚，其后有谭、马、邱、刘之属，其教始盛，大抵以收摄精气为主。今并阳具去之，不知何以谋长生也？京师自此日后，冠绅闺阁，寻春选胜，继以上冢踏青，宝马钿车，更番杂沓，竞出西闉，水边林下，壶榼无虚日，至端午射柳南郊，而游事渐歇矣。魏文帝《典论》云：'左慈到，人竞受其补导之术，至寺人严竣往从问受，奄竖真无事于斯术也。'今观邱元清事，则严竣不为谬妄，而魏文之谕失之矣。"① 文中对于全真教虽无尊敬之意，但从中可看出京师民众对于全真教的态度，将一个全真教教徒的阉割之日，变成了全城寻欢游玩的大节日。

不过，明代中后期之后，全真教在民众中的名声往往不太好，道教此时失去了理论上的创新，一些平庸的道士或一些江湖骗子往往借助一些道教方术行骗，如明人陆容提到一个道士驱邪的骗术："同寮刘时雍言其乡一女染奇病，每中夜，有物来与交，日渐羸惫，医莫能治。闻一道士能祛邪，请治之。道士求二童男，淋浴更衣，各授以剑，作咒语，嘿水使舞。舞将终，叱之去。二童趋出，投水中，久之不起，众危之。逾半日，水忽涌起，二童共持一大蛇头出。头微有角，盖蛟类也。二童仆地，久而始苏。女是夜始安寝，病不复作矣。道士由是名誉大振。后有人召之，竟不验。或疑其犯淫污自坏也。"② 行类似这样骗术的，正一道的道士做得更多，但当时社会上却将这些邪术行骗的事情，往往都归到全真教的身上。这在明代的一些小说作品中经常出现，小说中将这些行骗道士基本上都称之为全真教道士。如明末的小说《三教开迷归正演义》中，将那些行骗的道士全部称为全真道士。在小说的第七十一回

---

① 《万历野获编》补遗卷三，第 901 – 902 页。
② 《菽园杂记》卷七。

中，一个全真道士自称会法术，说自己的手段云："说俺道人手段奇，烧丹炼汞拜名师。天旱俺能降霖雨，涝时尤会把晴祈。撒豆成兵排阵势，降龙伏虎遣熊罴。驾雾腾云似天马，呼风唤雨若神祇。从师学得铁衫法，任你刀枪棍棒槌。炼得灵丹来卖药，与伊平日不相知。有甚关情干碍你，拒人千里把俺欺。"当时道士行骗的方式，除用所谓的方术之外，便是以烧炼变金银的黄白术为名来骗取钱财。《三教开迷归正演义》第十五回中，一个全真道士治好了童勾金的风寒，童勾金便招待道士，结果被骗去千金，童勾金叙述被骗的过程说："他却袖中取出一个小纸包，把铜钱两个在那包内裹了些黑末药，叫小弟以火煎倾，顷刻白银二钱，呼童沽酒。小弟见了全真这个手段，利心就起，当时便恳求他，他就说道：'但不三代行善，我自终南而来，望气当与君业。这个小术比那三教的艮背工夫万分扃异。君既要学，须要虔诚投拜我门下，做一个弟子，立一纸投词，方传于你。'小弟便依从，一一听他，采买药物，要千金做母。谁知他锻炼不半月，尽将千金提去，而今方知世上有此一等炼丹提鏉骗人的，为此费了几许金银。"更出奇的是，这个全真道士将骗取到的金银挥霍尽了之后，又大摇大摆地来找被骗者，引诱让受骗者和一起去行骗。童勾金经不住这个道士的引诱，于是和他一起去行骗。小说中叙述他们的行骗说："全真说道：'实不相瞒，小道原意来摄制你家千金使用，不匡你千金俱是借贷，我不忍你着恼，送了来生，故此来救你。'勾金说：'原来如此，我也放不的你了，你死我活，经官断罢。'全真笑道：'炼丹烧汞，我与你都一样罪名，若怕你便不来。你若要这千金，却有个话儿说，如今我又寻了一个主顾，却有三千金，若取了他三千金，把二千金分与你，一千金是我得，连前一千，我却也是二千金了。'勾金说：'如何设法这三千金？'全真说：'我如何摄你的一千金？自无难事，只要你随我一行。'勾金说：'我如何会炼？怎随得你？'全真说：'半句话也不要你说，你口里可含一枚杏核，装个不语。只说是我师父，任我跪拜，只是不理。酒肴上品供奉，得了银子向宅上存贮。'勾金说：'只恐这人家认得我。'全真便说出某人家，勾金道：'认不得，认不得。'扯着全真，叫了几个家仆跟随，全真说道：'勾金你真愚，我若怕你便不来了，既来，可怕你人多？你若不信，宅上后园中，凭你唤多少家仆人等，莫说与我厮打，但能扯的着我，也算他是强。'勾金心里也要拿他，便唤了十余人在后园。这全真把衣一退，十余人那里赶的他上，沾着他便是一交。勾金暗地里夸全真之能，又声声叹自己之苦，已是想那二千金之分，却也顾不得一己之害，只得把家使一个也不跟随。"这个全真道士行起骗来可真是有恃无恐。小说中继续揭露出当时全真道士们行骗所惯用的手段说："烧炼之家瞒我不得，有一等下明炉的，有一等买药物的，有一等烧毛汞的，有一等拜师父的，有一等捉讹头的，有一等起埋贮的，有一等弄符咒的，有一等假缉盗的，奸计多端，岂能尽述！"袁灵明一一解释这些骗术说："炼丹的与人相会，他有个瘦银法儿，把银子一两炼一钱，一钱炼一分，只瘦到三五厘，和些末药，藏在袖里。遇着这样贪痴之人，借个事儿，或铜或铁物件，故意裹上些些末药，下火一烧，顷刻就是白银。贪痴见了，自然就要拜师求道，他却开个药方，先串了个药肆，诡立一个药名，三五十两的价，不怕你不买，这叫做买药物，先设了你银子。及至安炉，将礶子内必要你几两银母，和着铅药煎镕，他先在家中照样镕一礶光铅的，却来倒换你有银母的去，一日一礶，十日十礶，抵换完了，哄你过三五日开炉，他却一去无影踪，这叫做下明炉。若是烧炼之家，防范严密，出入搜验衣袖，他便哄到净室，将银埋藏地下，竟去了不来。贪痴只道又提了去，真个巧妙，那知他不得手，却埋在你家屋里。一年半载，换个人来，讲起烧炼，便说炼丹要药要银母皆是假设人财，我分文不用，只要些铅汞，人便不疑，也不防范，谁知却是来取那埋藏的，这叫着起埋贮。若是不信烧炼，他便说有个符法，只要将百两银母，和铅铜共放在一盒，烧符念咒，叫贪痴礼拜千百个头，那却有两个人，一个等你磕的眼昏，得了手去了。待去者路远，这一个故意弄破，任你多少人拿他，他却有力善走。若去不得，被你拿住，顷刻假扮的公差批文到你家捉强盗，连你也捉去，地方又不敢抢，贪痴慌了，自求释放不及，那里敢说出炼丹，这叫做弄符咒、假缉盗。还有一等设了银子去讫，贪痴在家气恼，他却在别处又愚上一个贪痴，要把先边贪痴做个当头，乃明明复来见你，你见了虽切恨，他却挟制你说如今又炼着一家，加倍提了还你，只要你去做我个师父，也不要你言语，好饮好食，供奉甚备，至有把你头发剃了。这贪痴没奈何，只是要银子，随着他愚弄，到了后边这家有个当头，不防他，却又提了去，却把当头师父痛打借招，哪里叫屈！这叫做拜师父的一等。"这些骗术的确让人防不胜防，难怪那么多的人受骗上当。

这些骗术已经完全败坏了"道家的门风"，从民众将这些败坏"道家的门风"之事，都归于全真教身上，反映出当时对全真教的认知，似乎民众们认为天下的道士只有全真教，这从反面反映出全真教在当时社会中的流行。

四

应该看到的是，孙玄清尽管对崂山道教的发展做出了努力，但他主要是在明霞洞修行，居住在黄石宫等道观的时间非常短暂，忽视了对宫观的修建。面对此时全真教整体"颓敝"的状态，崂山也不可避免，尤其是太清宫几乎塌圮，如蓝水说："德清，字澄印，号憨山……时太清宫就圮，羽流窘甚，憨山念可建大法幢，乃尽购其地，十五年就宫址建海印寺，多度生徒，敬礼贤士，于是佛宇僧寮之盛，几埒五台、普陀。有旧时太清宫道士耿义兰寄食寺中，有话不得，怒诉于公被答，乃走京师上变告，逮憨山入京，已而谪戍雷州，寺毁复为宫。"[1] 关于憨山与太清宫之争，后文有详述，通过此事件的起因来看，太清宫处于坍塌的状态，"羽流窘甚"，说明太清宫此时的境遇非常差。不仅太清宫如此，其他的一些宫观同样出现这样的情况，如蓝水记载明代道士李阳

---

① 蓝水：《崂山志》，第63页。

兴在嘉靖期间来到巨峰的白云庵，"白云庵已圮"①。这些记录，从侧面反映出崂山道教此时所遇到的窘迫状态。

事实上，崂山道教真实的境况或许并非如太清宫之颓敝那般窘迫。崂山的道士们往往喜欢在山中的石洞中进行苦修，孙玄清在明霞洞中苦修二十余年就是一个明显的事例。现太清宫内连环洞前有简介牌，上云："古代修真道人素喜啸傲于世外，栖隐于山林。或穴居洞栖，或茅庵存身，远离繁华尘嚣，力求简约自然，以此磨练心性，苦志修行。昔崂山太清宫鼎盛之时，后山遍地茅庵，连环洞即为历代道士隐居潜修之所。"这段说明所陈述的确是实情，从崂山中遍布各处的修行山洞便可以看得出来。

崂山的释、道之士在山洞中的修行，从文献中也可举出很多的事例。如前文所说的元代道人李志明，虽然重修了太清宫、修建聚仙宫，但他却主要居住于明霞洞，而且一住便是35年。与明霞洞同样著名的，是在其上不远处的玄真洞，"（从明霞洞）入门连上数十级……询古洞，云在山后，养庵往探之，云有辽金题名，上为'玄真洞'"②。玄真洞有两洞：一稍大，另一个很小，勉强能容一个人坐下，此即为后来所传的张三丰修行之处。如上论，此洞断非张三丰所修行之居，有可能确实是辽、金、元时期某些道人的隐居修行之所。前文所述的元代著名道士刘志坚，从开始修行就在山洞中，去世亦在山洞中，蓝水记其遗蜕云："华楼山凌烟崮云岩子遗蜕凡三见。一，黄《志》称：'元使臣刘志坚修道处，其蜕在焉，天启辛酉，雨大洞石崩蜕见，发肤宛然无损，人相传为道人死不朽。'二，明崇祯七年曹臣《劳山周游记》称：'凌烟崮元人刘志坚遗蜕崮中，侧面仰卧，人疑复起，盖予得睹真仙不敢惊觉耳。'三，清张允抡《游劳记》称：'洞中有骸骨，宛然全身，云是羽人刘志坚遗蜕。'按刘志坚卒于大德九年，至明末已三百三十年，而遗

---

① 蓝水：《崂山志》，第67页。
② 傅增湘：《崂山游记》，转引自蓝水：《崂山志》，第103页。

蜕宛然。予于民国二十年至凌烟崮，见洞口杜以碑，左右砌以砖，被拆，所谓雨大石崩者非真。见遗蜕仅余颅骨半、骭一而已。明清之交而云宛然者，盖人死于夏日，随死随埋，地下阴气上升，尸体血流肌肉不腐而为腊。刘志坚卒于四月十七日，故虽三百年肌肉不腐。迨予见时，不惟发肤不宛然，骨亦不全者，缘洞口既开，日久天长，狂风吹入，肌腊全失，狐貛之类又从而噬其骨，故所谓真仙者，落得骸骨不全。"这种情况在崂山道士的修行中，一直被持续下去，如清代僧尼广住，亦同道士一般在洞窟中修行，蓝水记载其事说："广住字大方，胶州王氏女，幼以病出家为尼。诣京受戒后，参拜南海。入劳暂居白云洞西没日岭。受胶州邓夫人与白云洞资助，后独居日起石清风洞，苦修十八年。殁葬洞前，白云洞道人为筑石塔，匡鹤泉为立碑于雕龙嘴。"[1] 其所修行之地，基本都是在各石洞中。蓝水对此颇为注意，故在其关于崂山的诗歌中，屡屡提及，如《崂山五律》中有多首诗提及，云："先我蜡双屐，来游尽有人。空龛云入卧，题壁藓生辉。锚挂峰汰铁，洞藏羽化身。古今谁得似，袁肇与刘晨。""不识栖真洞，当时确有仙。明明犹古月，寂寂但青天。""古洞栖真人不见，春风秋雨自年年。"[2] 等等。

如上所述种种，表明在崂山修行的道士们，往往不是特别注重营建宫观，更注重自己的苦修苦行，致使崂山的宫观有所颓敝。因此，崂山宫观的颓敝，并不能完全说明崂山道教处于颓敝的状态，只是在一定程度上说明道士们更重视独自的苦行。

太清宫经过耿义兰与憨山之争后，耿义兰率领众道士对其加以一定程度的修葺。此时对崂山庙宇有所修葺的是道人齐本守。齐本守，又有记载为齐守本，可能是在记录过程中将其名字颠倒混淆了。黄宗昌《崂山志》中记载有齐道人者，言其为青州寿光人，"性僻耽静"。此齐道人即齐守本，字养真，号金辉，又号逍遥子。黄宗昌详其事迹云："来

---

① 蓝水：《崂山志》，第66页。
② 蓝水：《崂山志》，第151、152页。

海上，穷二崂之区，尽而南，两峰矗立者为南天门，中有庵曰先天庵，松萝宛转，幽胜绝尘，道人依之，缄默自持。喜焚洒，蓝缕蓬跣。日啖糠秕一撮，所余粒悉炊之，以果游方之腹，意于于①甚适也。为庵重新，帝宇三楹，廊厢倍之，皆躬亲拮据，其苦行，人所不堪比。有取庵左林木者，众难之，道人救解焉，赠以所伐之木，使去。天启辛酉（1621）冬，有老尼，可九十，冻若就死状，来求宿，众不纳，且挥之道人曰：'老人亦有性命，此可避，谁当不避？'因呼与处，略无忌焉。后尼屡显异迹，山居者乃皆知非凡人，寻亦不知其所往。壬戌春正月，道忽语众曰：'吾世缘已尽，将从此逝矣！'恍失所在，羽众觅之至八仙墩，则衲履在焉。墩之下，汪洋东溟也。人谓道人水解云。"② 这里提到齐本守修葺先天庵，清人纪润在游崂山时，在游记中提到齐本守历时三年的时间修建"天门后之大殿"："天门后之大殿，是一齐道人名守本者，独手钻石，三年成功，墙皆石条。一旦无踪，找至八仙墩，得一衲脱，留一诗句曰：'道名齐守本，功夫从未有。打坐二十年，用工下苦修。若问归何处？仙台阆苑游。'此万历年间事也。"《崂山太清宫志》亦有齐守本传，云："于明万历年间，同师白不夜，由寿县东来，尽览二劳之胜，及至太清宫西北山天门后，爱其两峰高峙，并有邱长春真人题刻，乃邱真人所建的先天庵，喜其清幽，留住于此。后则多事劳苦，广行方便，自食糠秕，供人米粮，同居道众，皆为钦感。齐居先天庵用二十一年的时间，亲手增建殿宇三间及两廊配房，此皆真人之苦劳功行，为他人所不能及者。齐本守为崂山金辉派始祖，公元1602年正月二十一日去世，皇帝敕封为上元普济道化真君。先天庵倾废后，道士归太清宫合居，故太清宫一度亦称金辉派道庙。"③ 根据黄宗昌所记，齐守本应为1622年去世，《崂山太清宫志》记为1602年，应为疏忽。

---

① 《黄宗昌〈崂山志〉注释》的作者认为此处衍一"于"字，误。"于于"乃自得之貌，语出《庄子·应帝王》："泰氏其卧徐徐，其觉于于。"成玄英疏："于于，自得之貌。"

② 《黄宗昌〈崂山志〉注释》，第141页。又见蓝水：《崂山志》，第62-63页。

③ 《崂山太清宫志》，第17-18页。

金辉派是齐本守在崂山修行、传教所形成的全真教的一个支派，傅勤家引《诸真宗派总薄》云："丘祖本字岔派分支，其真人名本守，字金辉，留传之派。"从这里所记齐本守为本字分支来看，其名字应该是齐本守，齐守本乃传写之误。傅勤家并引其派诗云："本合教中理，智时悟我机，远近从和起，阳子结金辉。超元守静致，同法会真人，诠义功斯尚，观文象乃纯。"① 因其对崂山道教发展所作出的贡献，即墨人杨懋科为之作《齐道人赞》诗云："性根元始，气括鸿濛。栖真海上，洞洞空空。急水迴帆，啖糠绝粒。百折其坚，瞿然骨立。孤峰扫月，空谷吹云。纵横自在，遁魔消氛。恍逗心花，笔精墨妙。朗吟飞渡，出窈入窕。光翻银海，法转金轮。天门寥阔，身外有身。化鹤归来，爰止其庐。嘘吸仙风，叫醒迷愚。"② 齐本守为崂山道家所作出的这些贡献，确实值得这样的赞歌。

五

明亡后，或为政治避难，或不愿意事清，有大批的人遁入空门，其中大量的人进入全真教。这些人的成分非常复杂，有皇室成员，有不肯仕清明代的官员，有大量的对清代不认同的儒士，还有一些抗清人士。崂山此时便涌进大量各式各样的人，成为道士。

其中最为著名的，应该算作是边永清。边永清，字震圉，保定人，一说满城人，明熹宗时任御马太监。在此之前，有太监李真立于天启二年（1622）建修真庵于崂山王哥庄前，出家为道士，边永清于明亡后携带四个宫女来到李真立的修真庵，以出家为名避祸。据说在清顺治十年（1653），胶州总兵海时行叛变，时永清在危城中，"贼议据登莱，分兵掠高密、即墨，永清知两城空虚，恐不守，因诒之曰：'两邑城小

① 傅勤家：《中国道教史》，第178页。
② 黄肇颚：《崂山续志》卷五，第205页。

而坚，攻之不克，大兵四集，无照类矣。'贼信之，遂南窜，两邑获免"。其晚年时，重修殿宇，无疾而化。海阳赵似祖作有《边道人歌》云："大崂小崂云濛濛，南来海水磨青铜。中有仙人携玉女，黄冠翠羽凌天风。我闻边道人，明季之内使。龙髯飞上天，侧身莽无地。爰偕四宫娥，黄尘苦颠踬。峨峨东海有仙山，紫霞宫阙开仙关。羽人衲子自来去，一缕白云空际攀。道人避谷层岩里，宫人度作女道士。铁马金戈总不闻，青山碧海常如此。偶然对泣话前朝，荆棘铜驼恨未消。春雨煤山人寂寂，落花水殿雨潇潇。褚宫娥，葬池水；费宫人，刺虎死。血溅红颜两公主，钿蝉零落田妃子。可惜同辈老琴张，埋骨寒池呼不起。地老天荒竟如何？余生且复栖岩阿。重开天女散花会，分唱宫人入道歌。噫吁唏！闒茸有此奇男子，绮罗亦能耽山水。胡为须眉伟丈夫，蟒玉鸣驺近千里。"[1] 据说，边永清携带四宫女到崂山，带来了大明的朝廷音乐，这是崂山音乐的渊源。前来依附边永清的，还有杨绍慎，其自号玄默道人，明亡后潜逃至崂山，"兄事永清，朴诚无欺，煦煦然与物无竞，人多称之"[2]。

此外，在崂山颇为人所知的李一壶，似乎亦与明朝有着密切的关系。蓝水《崂山志》录有李一壶事，云："李一壶，居址名字俱不以语人，常以酒一壶自随，人称李一壶。明亡黄衣道冠客于劳山。好饮酒，醉辄痛哭。或意其有隐焉，问之不答，居久之去，已而复来，容愈戚，哭愈哀，一夕自缢死。"[3] 黄肇颚《崂山续志》卷首亦有李一壶传，云："李一壶，不知何许人，亦不详其名字。明亡，黄冠道衣，客于墨。貌颀而长，须发疏秀。喜饮酒，一壶辄止，则向南山而哭，自称为李一壶。尝谓人曰：'吾当与野狼为缘。'后果为狼啮死。先九世叔祖虎溪公葬之栗里，时携一壶祭其墓。"[4] 从这两段话语来看，李一壶似乎是

---

① 周至元：《崂山志》，第 165 – 166 页。
② 周至元：《崂山志》，第 166 页。
③ 蓝水：《崂山志》，第 50 页。
④ 黄肇颚：《崂山续志》卷首，第 7 页。

明朝的士人，随着明朝的灭亡，来崂山装扮为道士避祸，对于明朝的灭亡，心中存有巨大的悲痛，故以酒来麻醉自己。在他内心中还希望明朝能够兴复。他"居久之去，已而复来"，可能是出去探听反清复明的消息，随着清军战事节节胜利，中国在清的统治之下逐渐平静下来，他感觉到明朝的复兴已经没有希望了，"容愈戚，哭愈哀"，心里充满了巨大的哀痛，最后死于非命。清人戴褐夫作有《一壶先生传》，对其事迹的叙述最为详细："一壶先生者，不知其姓名，亦不知何许人。衣破衣，戴角巾，佯狂自放。尝往来登莱之间，爱劳山山水，辄居数载去。久之，复来，其踪迹皆不可得而知也。好饮酒，每行以酒壶自随，故人称之曰'一壶先生'。知之者，饮以酒，留宿其家，间一读书，歔虚流涕而罢，往往不能竟读也。与即墨黄生、莱阳李弗生者善。两生知其非常人，皆敬事之。或就先生宿，或延先生至其家。然先生对此两生，每瞠目无语，辄曰：'行酒来，余与生痛饮。'两生度其胸中，有不平之思，而外自放于酒。尝从容叩之，不答。一日，李生乘马山行，望见桃花数十株盛开，临深溪，一人独坐树下。心度之曰：'其一壶先生乎？'比至，果先生也。方提壶饮酒，下马与先生同饮，醉而别去先生踪迹即无定，或久留之，乃去，去不知所至，已而又来。康熙二十一年，去即墨久矣，忽又来，居一僧舍。萃素所与生来者视之，风募容貌憔悴，神气惝恍，问其所自来，不黍。每夜中，放声哭，哭竟夜，阅数日，竟自缢死。赞曰：'一壶先生，其殆补锅匠，雪庵和尚之汉亚欤！吾闻其虽行道，而酒酣大呼，俯仰天地，其气犹壮也，忽悲愤死，一瞑而万世不视，其故何哉？'李先生曰：'先生卒时，年垂七十。'"戴褐夫所疑问的"其气犹壮也，忽悲愤死，一瞑而万世不视"之故，可能就是上面所说的缘故。黄洎赠歌云："方壶道士能避世，不言爵里与姓字。芒鞋布袜方山冠，首裁青山足履地。年过八旬行绰约，双眸如电光磅礴。登山常握葛陂龙，还家未化辽阳鹤。不炼丹砂不辟谷，渴饮香醪饥食肉。青蛇在手气犹豪，白眼看天歌且哭。醉卧炉头人不识，鼾驺如雷彻四壁。夜阑酒醒月当空，笑倚东风吹铁笛。"赵瀚有《访李一壶留题》，诗云："寻胜时孤往，兹来更破颜。眼中无俗子，榻畔即真山。树密莺声合，庭虚蝶影闲。最宜永夜坐，依月醉潺溪。"① 赵似祖《一壶道人歌》："一壶道人身九尺，昂头独步鬐如戟。大崂山底海茫茫，洗眼看云云气白。一壶道人喜饮酒，漫云一石与一斗。一壶独醉乱峰头，缥缈羽衣露双肘。醒后掀鬐意气豪，逢人历历话前朝。回首思陵殉社稷，哭声直上苍天高。天高日暝白鹤唳，长松萧飒惊寒吹。山僧羽客铁石心，闻说兴亡泪纷纷。道人胸臆多悲哀，甘心匿影掩蒿莱。名字模糊复谁识，山中樵牧空相猜。吾乡前辈姜给事，抗疏严迪风尘起。鼎湖号泣坠龙鬐，祝发逃名来吴市。一壶道人殆其俦，青山碧海云悠悠。谪仙苗裔无乃是，犹悔人间识李侯。"② 如李一壶"逢人历历话前朝"者，正是众多明末遗老遗少的生动写照。

正如有边永清、李一壶等类人士加入进来，为崂山道教添加了新的因素，使得崂山道教在当时那样一种特殊历史状况下得到了一定程度的发展。不过，此时全真教的振兴，更主要的还是有赖于龙门派后传王常月的努力。

从明前期开始，全真教确不如元代时那般鼎盛，处于"零落"的状态，据记载说："元门零落，有志之士，皆全身避咎，师隐青城，不履城市五十余年……弟子数人，皆不以阐教为事，律门几致湮没。"③ "师"是指龙门派第四代律师周玄朴（号大拙），这是为了夸大周玄朴的作用而作此说，尽管明代全真教不如元代时鼎盛，却也不至于到"零落"的地步。从整个明代来看，全真教的发展确实受到了抑制。至第六代律师赵真嵩，在王屋山收王常月为徒，全真教的发展又出现了改观。王常月感叹当时的全真教的颓敝，说："元风颓敝，邪说流行，罹诸艰苦，徒增浩叹耳！"④ 赵真嵩见王常月有重振全真教的志向，就将戒律

---

① 蓝水：《崂山志》，第116页。又见《万古崂山千首诗》，第124页。
② 周至元：《崂山志》，第146-147页。
③ 《金盖心灯》卷一《周大拙律师传》，《藏外道书》第三十一册，第178页。
④ 《金盖心灯》卷一《王昆阳律师传》，第183页。

传给王常月，王常月成为全真教第七代律师。

王常月（？－1680），原名平，法名常月，号昆阳。顺治十二年（1655），王常月来到时已荒芜的白云观，开始了振兴全真教的传教活动，并很快取得了顺治帝的信任。得到顺治帝的支持，对于全真教的振兴极度重要，王常月说："我道门中自七真阐教之后，教相衰微，戒律威仪四百年不显于世。缘因教门之中未曾有人出来担当其任……今幸道运当行，遭逢盛世，上有皇上福庇，天下太平；朝多官宰善信，教中护法；又有檀越布施，衣巾冠钵，制就现成，这便是千生难遇、历世希逢。"① 在清代对于宗教以限制为主的政策下，能够得到皇帝的信任与支持，确实是"千生难遇、历世希逢"的事情。

康熙帝继位后，王常月继续得到康熙帝的支持。康熙二年（1663），王常月率领弟子詹守椿、邵守善等人南下传教，为龙门派在江浙的迅速传播打下了基础，使自明代以来处于衰颓状况下的全真教逐渐复兴，被称为龙门中兴之祖，闵一得在《金盖心灯》中称他"是我朝高士第一流人物"。康熙十九年（1680），王常月去世，康熙帝赐号为"抱一高士"。此次龙门派的复兴有三个显著的特点：一是有大批富户出身的儒士涌进教门，成为全真教的骨干，他们的文化素养较高，组织活动能力也很强，是推动龙门中兴的主要因素。二是龙门派的大部组织地处江南，与正一道融合的趋向突出。三是时代的变迁，使教义教规日趋世俗化②。

在王常月的努力下，全真教在江浙、江西、广东、西北、东北、山东等地发展迅速。崂山道教当受到这股中兴之风的影响，而有较大的发展，直观地来看，这个时候关于崂山的游记中出现的道士越来越多。

---

① 《碧苑坛经》卷上，《藏外道书》第十册，第168页。
② 参见卿希泰主编：《中国道教史》第四册，第112页。

六

明清时期，除了上述所提到的孙玄清、齐本守等著名且成就比较高的道士，以及明亡后来到崂山的李真立、边永清、李一壶等道人之外，还有许多的道士留下了他们的名姓。

李阳兴，明代道士，荣城人，嘉靖间来到崂山。当时，巨峰白云庵已圮，李阳兴"动兴复之念"，在邑绅蓝因的帮助之下，向民众募资，"大起玉皇殿，覆以铁瓦"。据传李阳兴在崂山传教时，"生徒不下千人"。这个数字可能有所夸张。在他的努力之下，崂山"道风之畅，为一时最"①，可知他对于崂山道教的贡献。

丁本无，明代道士，字太乙。曾中浙江举人，朝廷中时值魏忠贤擅权，"残杀善类"，丁本无心中愤激，遂"弃家入崂山白云庵为道士"。其家人追至崂山，希望他能回心转意，丁本无"登白云楼石上与决，并令爱妾改嫁"②，家人无奈归去。丁本无在崂山中居住三十余年，著《金辉录》、《戒杀文》、《群仙要语》诸书。曾经在姑余山登坛说法，殁葬山下。另据高明见言其"著有《金辉录》、《戒杀文》、《群仙要语》等著作"③，可知他应该是属于齐本守的金辉派。

刘贞洁，字恒清，明代道士，乃即墨县马鞍山东农家之女。9岁始能言，15岁尚不知书，一日"忽面壁断息而坐，遂默契道要，搦管摛词，神悟玄解，兼二门胜义"。这些对她的神化，体现出宗教教徒的体悟性、绝对性和神秘性。万历年间，据传慈圣太后曾传诣京师，为其镂具《体原》、《豁悟》等经，并赠号"嗜觉禅士"④，不知是否真有此事。在她身上，体现出佛教与道教交杂的世俗化宗教的色彩。当时人争

---

① 蓝水：《崂山志》，第67页。
② 蓝水：《崂山志》，第67页。
③ 高明见：《道教海上名山——东海崂山》，第74页。
④ 蓝水：《崂山志》，第67－68页。

以仙姑呼之，后知世运当衰，于明光宗时期进入崂山，居住在明霞洞东铁佛涧，又占据明霞洞，与上清宫的王道士发生纠纷。之后，其侄将其接回老家，在村子东造白云庵供其居住。于清顺治四年（1647）去世，年七十一。

杨一正，明天顺间来崂山，"得异书"，每遇旱情时，"祷者不令设坛，但书'霹雳'二字于役人手中，令急掘开之，即雷轰雨沛，所刻之期皆丝毫不爽"。又尝与人偕行，道遇雨，"其衣屦无纤沾濡"，人争奇之，呼为"杨童子"。从这些记述来看，杨一正是一个方术色彩浓厚的道士。

与杨一正相类的，还有王真成。其为诸城人，"往来海上"。值天旱，山民以祈雨禳之。王真成说："天无雨当谋之龙王。"乃令一人从入海，至深处，执瓶者弃而返，"瓶乃随真成俱没"。久之，众见其携瓶出，并欣然说："借雨来矣。"① 众人皆以仙人视之。

华楼宫道人，失其姓氏，"形容怪异，执樵苏之役"。高密张生假宫中攻读，一日偶谈及《易》，道人从窗外指其误解，试与之谈，理皆玄妙。生虚心受其学，至成名儒。

蒋清山，字云石，自号烟霞散人。江南人，或云河南祥符人，明时中过进士，任过知县之职。明亡后，"感沧桑之变"，于清初来到崂山，居住于百佛庵，并将百佛庵改名为百福庵，将其变成道观，本人亦著黄冠以终。与当地人胡翔瀛相善，"引为契友"。胡翔瀛，字峄阳，"生有异秉，精研周易，于濂洛之学，别有心契。家贫甚，一介不苟取。蓬室瓮牖，悠然自适"。他长期居住在崂山中，受蒋清山影响，其言行亦近道教，"人多以仙目之"②。著有《柳斋碎语》、《易象训蒙》等书。

与蒋清山、胡翔瀛相交善的是孙笃先。孙笃先，昌阳人，别号琴隐先生，"性恬静，不求进取。室中除琴书外，别无长物"。喜欢游山玩

① 周至元：《崂山志》卷四，第172页。
② 周至元：《崂山志》卷四，第148页。

水，来到崂山后，"爱其奇秀"，遂留不去。曾自署门联云："外世曾无奢愿，看山自有深情。"胡翔瀛有其像赞，云："道德俺然，破我浑混。舞珠弄丸，穿凿纷纷。远矣先生，独任天真。狎鸥海上，抱瓮汉阴。五帝之世，三皇之春。性耽山水，踪混嚣尘，卒岁游优，赋诗鸣琴。不愿浊富，是以清贫。仪容秀古，耳目精神。"①

　　王明佛，明末清初道士。号悟禅，诸城人，"能诗，善酒，尤工书法"。明亡后来到崂山，隐身于道观，起初来崂山有可能是为了避祸。来到崂山后，"鸠杖诗囊，足迹遍名山"。晚年定居于塘子观，"凿洞栖其中，不火食者数年"，可知其颇有方术。闲暇则出游，所致之处"以书换酒，酒醉书成，悠然不留"。他才思敏捷，留下了大量的关于崂山的诗篇，"所作诗文多不起稿，而具清真淡远之致"。其作品收集在《雪泥鸿爪集》中。与一些士人交往颇多，当时及后来众多士人有纪念之诗，刘树人尝赠诗云："尘海茫茫唤奈何，全凭慧剑斩群魔。拈毫偶作逢场戏，诗杂仙心不厌多。脱却儒冠著道装，饱看尘世遍沧桑。新诗写出真情性，鹤舞云中自在翔。"张绶卿赠诗："三生有幸遇仙禅，说法谈经入缘。不用别寻方外去，丹砂炼的性中天。"张墨林赠诗："唏！噫吁唏！有才不逐名与利，有身不营房与地。五岳名山随处家，书塾道院复僧寺。镇日功课忙如许，口吟诗词手作字。诗字换来酒满觞，郑庄千里不赍粮。右军右丞衣钵远，渊源千古琅琊王。学道愿学邱长春，交友愿交素心人。笑看世事何扰攘，紫气东来为避秦。憨山化去尹翰归，崂山萧条风景微。一自道岸侍者至，白云苍松生光辉。儒心禅号道装束，云中养鸡山抱犊。我读斯文敬斯人。斯人在兹山之福。"李作榘《怀悟禅诗》云："九世论交翰墨缘，连编珠玉又来前。自从小聚仙园后，弹指光阴三十年。了却尘缘万虑空，栖真闻在聚仙宫。应怜历尽沧桑劫，失马犹存绝塞翁。将隐闲身久不文，呼牛呼马任纷纭。二崂说多仙迹，望断胶东日暮云。不须车笠话前盟，忧患迭尝老弟兄。酒兴尚豪

---

　　①　周至元：《崂山志》卷四，第148页。

诗律细，几时促膝话平生。倜傥王郎已白头，又从斤卷见风流。愿随夫子朝天阙，甘逐刘安厕上游。"①

李长明，名笈，阳信人。初居崂山，精修苦炼，后于马鞍山创修道院而居之。生平筑桥尤多，县北河、沽河、店口河、五龙河等处石桥，皆其募建，人至今称之。

于一泰，东昌人，号守玄。顺治时居住于明霞洞，精通经义。后迁大妙，聚徒讲学，"远近宗之"。八十多岁时，尚"颜犹如童"②。

王生本，号得一子，清即墨人。入太清官为道士，周至元言其康熙间居于白云洞，蓝水则云其"于乾隆三十四年寻得白云洞筑屋其旁以居"。精医筮及堪舆，食五谷不去秕糠，服气御神，真阳内充。130岁时，头发胡须返黑，颇具传奇色彩。

刘精一，字知微，长洲人。"神凝洁而貌清癯。乾隆间住太平宫静修苦参，玄道悟解。年七十不火食。一日端坐化去，面目如生。"③

张然江，高密人。家业富裕，"而生性恬静，不喜浮靡"。清嘉庆间弃家来崂山，至明霞洞，欣喜道："山青海碧，是足以栖吾矣。"因而留在明霞洞为道士，其兄寻踪至，挽其返里，终不肯。其工诗善画，所画山水，"清淡中有深远致，见者知为逸品"④。

陈合清，胶西人，七岁出家于修真庵，后入京受戒。继复访道辽东千山，晚年回到崂山，其"鹤貌松姿，矫然绝尘，年八十八，犹强健如少壮"。一日谓其弟子曰："尔等好自修，莫蹉跎自误。道在至诚，无他嘱也。"⑤ 言毕而逝。临终劝告众弟子"道在至诚"之言，是出自肺腑的真诚之语。

萧道人，号了尘，陕西人。弱龄入道，遍历名山，嘉庆间东游至崂

---

① 周至元：《崂山志》卷四，第 151－152 页。
② 周至元：《崂山志》卷四，第 166 页。
③ 周至元：《崂山志》卷四，第 167 页。
④ 周至元：《崂山志》卷四，第 167 页。
⑤ 周至元：《崂山志》卷四，第 167 页。

山，最终止于白云洞。能为诗，曾作"鸟宿山洞暮"之句，传者叹为幽绝。

韩太初，字谦阳，寿光人，号了一子。居住于太清宫，"能诗善琴，仪度翛然"，游客非名士不相见。

郭蓉江，潍县人，光绪间隐居太清宫。性嗜酒，因自号啜醴叟。著有《啜醴集》。

与失名姓的华楼宫道人一样，此时崂山实际上居住着众多的道士都不知其名姓。明清时期，来崂山游玩的士人增多，他们留下众多的游览篇章。这些篇章中记下了他们在崂山中与道士相接的情况。如明人陈沂《岙山记》中提到："松多偃枝古干夹石而上，一道宫曰遇真庵。后有洞，洞旁巨石镌道人邱长春大书'鹤山洞'……由丛石历块转折成路，至狮子岩。下有台宇，乃宋太平宫也。岩侧有二石，结架如户出其上。时夕阳在峰顶，海涛撞激，直至峰下。是夜，宿道人居……又三十里入群岫间，有北峰峻极山半，隐隐台殿，至则巉削攀绝。僧垂木阶下，乃援而升。上有石洞，额大书'明霞洞，大定辛未题'……从墅后缘涧仄径而陟数里至巅，松千株，皆偃盖。从石隙间深入，有万寿宫、老君殿。少憩，寻翠屏岩。余梯而大书之时已晚，宿道人庵。明日晨起，与玉甫寻古遗迹，周山之石摩勒殆偏，多金元人作者。从王乔崮至凌烟崮下，题同游岁月。峰隙见海色远映，道人吹笙笛於高架崮上，飘然有物外之想。"① 明人曹臣《劳山周游记》中云："翌日，从东北壑中下，骑而南折，三十里过石佛寺，渡汉，五里许为烟游涧，南三里许为聚仙宫。黄冠炊黍饭客，携溢莲华矶上……自岭脊径而南二里许，为金壁洞，径东二里为夹岭河。两境俱有修真玄客。"② 清人纪润《劳山记》中说："予性癖山水，幼时，从王师肆业黄石宫，后迁于上下华楼。昼听松风吟，夜闻钟鼓韵。耳得之而为声，目遇之而成色，大足快心。一

---

① 转引自蓝水：《崂山志》，第88、89页。
② 转引自蓝水：《崂山志》，第90－94页。

朝师徒早起，挑灯共读，仰观天色，触景成诗曰：'林深入静夜森森，侵早犹寒夜拥衾。何处晓钟催老衲，满前古木叫幽禽。千山嶂曙天初动，百道泉飞月未沉。长啸一声空谷应，浮生多少隔云岑。'……嗣后，偕友重游，……劳一道童引至东北慧炬院……仰观梳洗楼，孤峰峻顶，上有一洞，洞中有一神像，曾无人能登其顶，六十年前，山灵泄机，有一刘道人，值云雾寂静时，闻山坡有笙管声，即信步徐行。路虽崎岖却分明，及至顶，云散雾收，风晴日朗，刘道人大叫大笑，跳跃于顶上。山下左近村落并赶华阴集人，互相讶疑，以为是神仙现化，齐奔之山根，望刘道人从容而下，手持琉璃绿杯，此洞中仙物也。"① 等等。这些都说明，实际在崂山山中修行、居住的道士是很多的。在明清人的记载中，还有一些专门为道士写作的小记。如康熙时人黄宗崇为明霞洞王姓道人所撰写的小记，言其1652年从海印寺遗址游至明霞洞，见"有一人绰约如处子，清癯淡漠，习静其中"，问其姓，曰"王"。与之谈，"即不测其浅深，疑有道者也"。黄宗崇又记十年之后，此道人成为一代之师："后十余年所闻，上清官修整，四方游者皆藉藉王师。又闻大庙有异人，戒律精勤，弟子甚盛，为崂山羽士称首，心窃慕之，而未尝一晤。及一觌止，始恍然曰：'君非十余年前，习静于明霞洞中者耶？'"黄宗崇感叹当初"清癯淡漠之人"，"一旦转大法轮"则竟然达到了如此之成就。黄宗崇因此发出感慨，说："信成道而度世耶？嗟夫，自壬辰至今，二十有一年矣！青山如故，白发欲生！为问上清银杏几围？牡丹花近几开谢？生死茫茫，固知朝菌大椿，同归于无何有之乡也！安得青鞋布袜，从吾逍遥而游之！"② 上述所言的这些种种不知名的道士，及如具有道教和佛教双重色彩的王姓道士这样有修行的道士，是崂山道教繁盛且一直延续下来的证明。

对于上述的崂山道士，蓝水评价说："若夫白日飞升者妄，果能啬

---

① 转引自蓝水：《崂山志》，第94－100页。
② 黄宗崇：《赠明霞洞王道人小记》，转引自黄肇颚：《崂山续志》卷七，第269页。

精固气，长生则有之，刘若拙、张三丰、王生本是其人，邱长春引君当道，固正人君子，求之方外不多见。刘志坚等恰守清规，亦铁中铮铮者。"这个评价还是非常中肯的。

除道士外，还有一些文人隐居在崂山之中探究道家及道教之义，虽非出家人，然所行与出家之道士无异。如隐居华阴的高宏图在华阴建堂自住，其作《吾堂序》，言其居于崂山之中读道家、道教之作，云："《齐记》称吾东海大小崂，虽以泰山高不如也。苏子瞻复称'其中多隐君子，可闻而不可见，可见而不可致'。盖公堂所为作也。崂以是故复甚名。黄石宫者，于全崂为西岳，从华楼山阴望之，居然北极，而以颜其周山。石色尚黄，天颜之也。又大类济北谷城山下状，因名宫，亦名公。公穴石为户，以容人仰趾，是称公门也。去其门咫有尺，为黄石坡，亦为华阴麓，盖公之邦人石闾子堂在焉。嘉靖癸巳秋，陈鲁南公沂，尝穷崂之胜，有记。记独不及黄石，必以为当日穷览缺典。何为其穷览而复缺典也？岂所谓黄石公者，初未肯逢人，辄自降履，彼下邳圯上之事，可再乎哉？而乃以开吾闾，听吾居，以成吾堂，是不可不一序。序所自，以答黄石之赐。按黄石在汉称公，疑即老子太极左仙。葛玄曰：'老子高而无民，贵而无位，间下为国师，代代不休。'《诗纬》曰：'风后黄帝师，后化为老子，又后化为黄石。'其在周，周守藏室之史也，周官之曰柱下史。居周久之，去宫归亳隐焉。其言曰：'君子得时则驾，不则蓬累而行。欲如良贾之深藏若虚也，盛德容貌若愚也。'以故孔子目之为犹龙。犹龙者能乘风云而上天，虽有矰缴，不可以相及矣。昭王十三年，骑青牛西迈，尹子喜瞻知之，愿从大道俱隐。结草二篇，五千文。上下玄授作文始，遂号文始先生。先生尝函谷令也。盖凡古之至人，得道而不死者，而皆得称公或称令。济北谷城山下黄石、与我胶西盖公，并称公，关尹子称令。余方为黄石官僚吏，典黄石事，号石闾子。今以堂吾居曰太古堂，而以令吾堂，亦称太古令，亦称黄石令，亦称太古黄石居士。自吾之居于斯堂于斯也，非以自舍，将以舍古之至人得道而不死者。使吾庶几旦暮遇其人，读其书，师其所学。子瞻以为不可见，不可致者，余独从之游。虽有矰缴，安所及吾堂乎。故以比于太古而作序序吾堂。吾堂者太古堂也。"① 文中通过追述黄石公、老子等事，表达自己在崂山要"读其书，师其所学"之意。高宏图并为黄石宫道士作《欲难说》，云：

> 黄石令遇青牛丈人，驾青牛，讲牧于黄石之陂。卒然顾而问曰："子岂所谓黄石令耶？令亦知天下事何事大难？我将语子。"令曰："不为也，为则皆折枝之类。不见有何者难事。"丈人曰："第思之，大难！大难！"令遽悟曰："有。吾少也贱，但闻养气询生之说。其说首先窒欲，慎勿近妇人。觉窒欲一事大难。"丈人曰："近之，然非吾所谓大难也。吾所谓大难，非窒之难，欲难也，子诚不知。难者，语广云乎'甘嗜毒药，戏猛兽之爪牙'。夫毒药以喻其饮酒无度，必至贼生，不可复施以浣毒之剂。乃以为甘而嗜之，讵不称难？犹未大难，且什人而蹈其难者才一二也。至于猛兽，谈之必为色变，而况与为戏爪牙乎？委四大于其利吻，是尚有噍类也耶？近妇人者似之，其事大难！大难！天下人顾无一人不欲为其大难者，且不啻折枝易也。少年甚焉，吾用哀之矣！"令曰："丈人几何年哉？以何年知欲难？"丈人曰："吾生而畏其难，故不为也。窒之难，何如欲难？吾为其易者，以至于斯。吾亦不能自数其年几何矣。"令曰："众人所易，丈人难之，众人所难，丈人易之。丈人殆非人情乎？"将复请于丈人，丈人与其青牛忽不见，知为太上降也。令颇为太上焚扫，给事黄石，得称令。不图一朝太上降，而其所言欲大难如此。令私窃贺曰："昔人遇太上于下邳圯上，使得进为王者师。令今遇之于黄石陂，退而学性命之学。仁者寿，岂其征与？"于是尊所闻，诚不敢不畏欲用以自窒，亦以公窒于人。会白皙少年五辈至，令辄以其言述之。少年艴然不悦曰：

---

① 黄肇颚：《崂山续志》卷四，第 132－133 页。

"长者岂其梦乎？何言之迂也？"令亦愆然作色曰："少年胡不振也？吾用太上言，教之养生窒欲，便不受。吾将教之读古人书，成古人不休名，亦将以长者为而不切乎？"少年雅严惮令，令言复峭猛有加，少年不能堪，稍揖令，谢过退。乃即家塾，用令之半，发愤读古人书。令闻之，曰："孺子可教矣。"居顷之，令复欲理其欲难说，以进少年。而少年遽向令为白色栩栩然也。而曰："读书颇有得，非奉教长者不及此。"令则大悦，问："方读何如书？"少年曰："读司马、班二史。"令曰："可得闻与？"少年曰："请以项籍、苏武为长者诵之。项王籍乌江之诗，自壮其为人。'拔山兮气盖世'。言有大，非夸也。当是时，楚歌四面，江东子弟，失亡略尽，项王固且决死。遂不惜以其千里骓赠亭长；而以报故人吕马童，并不复自爱其盖世头，引刀断之。何其了而烈也！独所谓虞美人者，尝从籍兵帐中，虽籍决死乌江之日，犹相视眷恋。项王歌，美人和之，泣与俱下。项王意，岂不以乌江！乌江！宁不与汉高争南面孤，何可一日无虞美人！虞美人顾不切于千里骓与其盖世头耶？苏子卿武，杖汉节，留匈奴单于所，虽以左伊秩訾言不见杀，必困挫之，乃过于杀。武报卫律辞曰：'屈节辱命，虽生何面目归汉？'至使蹈背出血，齿雪啖旃，不可得其一旦或二志。李陵复就子卿说降，则又辞曰：'武父子亡功德，皆受汉恩，曲成就，常愿肝脑涂地。今得杀身自效，虽蒙斧钺汤镬，诚甘乐之。'凡十九年，与其所杖节归还汉，而于匈奴单于，始终无一语小屈。武又可谓了生死之际，以全君臣之谊者矣！然不免为胡妇生子，且何独以是故少忠臣名。长者固教我读古人书，项籍、苏武，古人之豪与圣贤者，其书固已读之矣！"令喟然报曰："项籍与其季父梁杀人避仇，自恃勇气过人，起会稽，欲以侥幸非分，成霸王之图。微虞美人一节，学士家不宜引以相况？至于子卿为胡妇生子，史恐不无厚诬。即不谓诬，而亦何必取古人书少年之所便者，用以分谤解嘲，饰非蹈难，故逆长者意？盖令一天下之迂人也，其言不足以动少年听，宜其逆矣。请从今日，毕吾少长之欢！"少年于是惶汗蹄蹐，毛骨悚战，曰："吾侪小子，坠云雾中。且所欲。欲之固甚易，不足难，而又何窒焉？实未闻欲难之大道也？太上安在？少者怀之，盖孔子志，长者有焉。愿假以黄石咫尺地，得负吾笈，去其家从长者游。易者难之，难者易之，如长者指。窒之，请自今日始矣。"少年为谁？今黄石上下之间，设为董子下帷之功甚茂，其人皆是也。或以令游，或非以令游。要之皆太上之选，令以嘉其志也，作欲难以坚之。以令者，同令氏尚京冉、纪子镛、宋子可发、栾子国栋，令为之舍于步苫亭后。非以令游者，季思子浰，实笈倡之，舍上宫。浰并同令氏。①

高宏图在文中记述了黄石令在田野中遇到太上，传其"欲难"之说，对于出家者来说，平常人所谓的"大难"是很容易，但平常人所谓的容易，对他们来说又是"大难"。黄石令将其所领悟到的道理教授给众少年，众少年感悟而出家修道。高宏图这篇《欲难说》，无论是遇仙的写作方式，还是阐述的道理，都是非常符合道教的言说。由此可见，高宏图非常精通道教之说，其在崂山的隐居，可以说与出家修行的道士没有什么区别。

七

　　明、清时期崂山的道观，应该是崂山道教史上最为兴盛的一个时期。这个时期，新建了一批道观，后来的道士们对于前代建立的道观进行了修建和扩建。现在所见到的崂山的道观，要么是明、清时代遗留下来的，要么是在明、清时期道观的基础上复建、扩建的。这个时期的道

---

① 黄肇颚：《崂山续志》卷四，第 134－135 页。

观情况，简述如下。

明霞洞。前已有所述，又如上述，此洞有一段时间曾为佛教僧徒所占据，孙玄清又将其改为道居。大约在嘉靖、万历时期，在洞的西侧，修建了斗母宫。斗母宫本在洞上，隆庆间洞南歆宫倾，遂改建洞西。明霞洞洞石上刻有《孙紫阳疏》，叙述了孙玄清修行始末，疏文见前引。道院中藏有《五老图》长卷，卷上绘着孙玄清以下五人的画像。明霞洞之石刻，除上文所引《孙真人疏》之外，还有不少，黄肇颚录云：

> 赠孙真人诗："邂逅曾闻语太玄，欲求善地摄先天。策驱神鬼存功行，搏搦阴阳伏汞铅。世上名利非所愿，壶中日月自流年。于今不作归山计，大隐原来在市廛！武林戚晼邵辅。""明霞一峰千仞青，众山为墙前为屏。云雾挥开上绝顶，乾坤坐看□沧溟。于此去世已无迹，自古栖仙应有灵。岩扉夜掩洞中卧，石溜静滴露泠泠。嘉靖癸巳秋九月二十六日，与蓝侍御同来。参政陈沂书并题。""隐迹云林不记年，冲虚清淡妙中玄。留经世远开迷海，阐教功多度有缘。派接七真辉玉性，丹成九转涌金莲。俄惊解化乘风去，常使同心思惨然。持赠孙真人还元一首。隆庆三年孟秋，文渊阁太傅翟鸾题。""唐代真人思邈仙，同宗玄裔得家传。青蛇海上知无异，黄鹤楼妙不言。炼已精修无上道，清音忠进至玄篇。仁看不日丹成就，玉册旌书上九天。直阁书局中顺大夫掌真人府事太常寺少卿姑苏剑池龚中佩书。""牢山道士人不识，学透先天耀红日。厌薄神仙不肯为，咳唾一声天地裂。夜来传道怕高声，语落人间鬼神泣。牢山道士歌为于中玄先生赋。时崇祯辛巳五月二十三日寓意，致清居士乔已百。""崂山闲慕久，今见崂山人。道破长生惑，方传太乙津。丹光凌日影，玄缪渺天轮。阐教须经急，餐芝任体贫。与之一来对，忘此百年身。云岭胜相约，洞天安遽臻。昨岁春，予同年兄莱阳左萝石懋第为予言，东海名胜无如崂之深幽秀奇者，每真人辈出入。陟足其中，辄生羽翰想。盖雅非人世间云。予

心仪之久矣。今春杪，都中得中玄道人自崂山来，承拜访问，示予手卷一卷，写二道真，盖其祖师普化真人，师抱玄真人遗像，至中玄而三传之，果符萝石言。窃以崂山何能即至？至其真人何容易觌？兹中玄其偶然耶？奉教之余，占数言以志仰慕夙私。崇祯辛巳年夏四月，工科给事中瘿陶范士髦书。""道德五千玄又玄，青牛直上九重天，龟蛇相构时调息，龙火交争日炼铅。为问渊源曾几代。相传姓字已多年。知君久列仙班里，不向人间受一廛。康熙壬子季夏三日，庚戌进士郭华野次元韵题句。""北海寻仙侣，南山见异人，才知阆苑路，遂问武陵津。定性波千尺，澄怀月一轮。岩阿差足乐，瓢衲不为贫。已醒梦中梦，方知身外身。东临三岛近，上圣岂难臻。康熙壬子秋日，东海闲官陈元捷诗赠冲阳王炼师，次范给谏韵韵。"①

这些石刻中，"唐代真人思邈仙"、"牢山道士人不识"两首，在前述孙玄清中已有所录，不过前引中无后面的"直阁书局中顺大夫掌真人府事太常寺少卿姑苏剑池龚中佩书"、"牢山道士歌为于中玄先生赋。时崇祯辛巳五月二十三日寓意，致清居士乔已百"两个题语，故此处予以补齐。

太清宫。宋代所建的太清宫，在明万历间，圮毁将尽，羽流不能自保。僧人憨山来到崂山后，于十五年购得其地，因宫址建海印寺，并修葺其东北三官庙安置原属太清宫的道士。万历二十三年（1595），憨山受到耿义兰的控告，被谪往广东。耿义兰与太清宫道士毁掉海印寺，重建太清宫，道士贾性全重修三官庙，改名三官殿，后又于其西续建三清殿、三皇殿。三皇殿檐下东壁嵌元太祖赐丘长春癸未敕谕，西壁嵌金虎牌及金虎符文石刻。至天启中，赵复会始大新之。分东西两院，东院祀三官，西院祀三清。三清之西，更建三皇救苦殿、吕祖祠，殿宇宏阔严整，今尚因之。万历帝赐道经四百八十函五千零四十八卷，敕谕云：

---

① 黄肇颚：《崂山续志》卷七，第268页。

"敕谕崂山太清宫住持及道众人等：朕发诚心，印造道大藏经，颁施在京及天下名山宫观供奉。经首护敕，已谕其由。尔住持道众人等，务要虔洁供安，朝夕礼诵，保安眇躬康泰，宫壸肃清，忏已往愆尤，祈无量寿福，民安国泰，天下太平，俾四海八方，同归清净善教，朕成恭己无为之治道焉。今特差道经厂侍经惜薪司左司副何堂赍请前去，俾虔供安，各宜仰体知悉。钦哉！故谕。万历二十八年十月初三日。"太清宫现藏有明刊本道藏，已缺七十册。憨山与耿义兰之争后，朝廷曾下来勘察太清宫界，同时为避免今后再发生类似的事情，赵任为此专作《太清宫碑记》以纪之，文云："太清宫者，与上清、太平二宫，鼎足而为三者也，盖创自宋太祖云。距即墨城东南百里而遥。由上苑阴抵雕翎崖，斗折而南，经窑货底、乱石滩，循黄山穿背而入。其窑货底，西则峻岭摩天，东则洪涛浴日，中间路仅一线，行者累足，头目作旋。而乱石滩皆石也，大者如缸如斗，小者如卵，往来以石为梁，鸣潮喧雪，沾领及巾。入数里，则三宫当路之北，而中央则太清宫也。宫址三面环山，奇秀如屏风然。而南则大海横截，天水相连，一碧万顷，分水两河循三山左右而下，凌空飞瀑，如练如玉，前合而入于海。其西北则明霞诸洞，紫翠凌烟。而驱虎庵、猎兔泊、张仙塔、八仙墩濒海东南，多仙迹焉。《寰宇记》云：'泰山虽云高，不如东海崂。'此又崂盛二山之最秀，所谓灵奥之区，山海之奇观也。世传秦皇汉武巡游海上，望蓬莱，访安期，尝驻跸焉。而真人张三丰、徐复阳皆修道于此，岁久丘墟，草烟花露矣。而三官庙仅存其半。万历初，释德清羡其胜概，因宫址为海印寺，并葺三官庙，以妥黄冠。黄冠者为鸣鸠逐鹊计，□奏之，命下，不以寺为宫，辄毁之而存其址。无何敕中使何堂，颁道经四百八十函，令羽士贾性全等焚修以祈福国安民。性全等虑太清宫原羽士栖也，岁久无徵，乃为释子所据。赖郡伯龙公钦奉明旨，核复其旧。倘不及今立石以识其事，焉知今日之复，不转为后日之争也。且山有供奉藏经地土，屡为居民占者耕，以致道无赡，养无资，因而他徙。缘兹呈请于郡，郡公檄披丞潘映、墨令刘应旗躬诣踏看。得地三百八十三处，共计一顷二十七亩九分六厘。东至张仙塔，南至海，西至八水河，北至分水河。准令永不起科。脚庵一处名窑石庵，准令协力供养，檄县立石，识其形胜地至，俾羽士家世守焉。噫嘻，我郡公为尔羽士计，亦周且悉矣！尔羽士遵郡公德意，恪守清规，居其山，食其土，则因其址而复建其宫，务俾丹青炫目，竹树留云，钟磬出林，鱼龙听法。犹恐德清谓彼因其无，而尔乘其有，准而尔当其易。脱如不修本业，饱暖骄奢，剪伐既髡，荒芜特甚，乃弃而□散；不者挟制有司，株连构讼，夺人涓滴之末，以恣其朵颐。则朝廷复旧之鸿恩，明预经之特典，郡公立石之盛心，谓之何哉？三尺甚严，耿义兰等覆车犹未远也！是德清之罪人矣！余不敏，不徒为尔记事，愿尔众常目在之。龙公讳文明，号牛冲，己丑进士，江西永新人。万历癸卯进士大理寺右评事前中书舍人胶西赵任撰。"天启二年（1622），左之宜作《重修胜水顶太清殿碑记》，记贾性全之弟子道士赵子修复太清殿事，《记》云："匹夫而志行不移，片言而金石可贯，从古志之。然求其与此符合，如今日黄冠赵子者，实未见其人也。赵子师双修贾君，世住二崂之胜水顶。□□□三清殿前，有古柏四株，枝扶疏而挺秀可爱，今惜无存矣。忆昔山阳为憨僧所侵，改道宫为海印寺。一时人心愤懑，众口腾沸。诸道众抗疏申理，得御旨，复改为道宫。僧昔所筑者悉为瓦砾，成丘墟矣。噫！孰谓神不可信哉？然古迹虽复，而殿宇鞠为荒榛，使修举无人，犹不复也。彼时赵子奋臂矢志募修，首请吾莱募化。予难之曰：'修建自非细事，鸠工僝材，所费不赀。曷能以子身而克济？不敢为子信也！'赵子愈奋，不敢易心。亲航海，得大木，艰苦备尝。今殿已落成，而远来乞文于予，予不获辞。曰：'嗟乎！南山之南，北山之北，山不增而高也，而山之陵谷亦如旧也。水不潴而来也，而水之环潆如新也。殿成而神灵既妥也，工竣而神心不负也。此一役也，神悦而人心安，事成而言行副。贤哉！赵子可称不朽矣。'是为记。"万历三十八年（1610），碑在崂山太清宫，鳌山卫致仕指挥石国柱督建有《太清宫检藏题名碑记》，文云："惟太清宫者，自华盖真人刘若拙从蜀而来，遁迹此山。宋太祖闻其有道，召赴阙廷。留未几，坚求还山，从之。彼时敕建太平兴国院、上清、太清三宫，赐为修真之所。其次长春邱祖教阐山东，有元太祖皇帝钦差近侍刘仲禄敕请至京，君称师者。而西游化胡一十二国，玄风大振，宗派立焉。自我大明圣主于万历二十八年颁道经，令羽士贾性全护守，于三十三年四月十五日领众检阅，朝暮焚香，上祝当今皇帝圣寿无疆，下祈万民风调雨顺。三年圆满，福有所归，功德善人，题名万古。"①

上清宫。明隆庆间，孙玄清曾于此居住，有《孙真人海月修真记》石刻，刻文已见上文。后踵事增修，后殿祀玉皇，前殿祀三清。今三清殿已废，唯玉皇殿尚存。宫内曾有白牡丹，高过人顶，花时恒百余朵，即《聊斋志异》所称"香玉"者。门前左右各有围十五尺银杏一株，为山中银杏之冠，宫院内还有二株。蓝田诗："载酒东来海上山，松风危坐月如环。岚光湿逼吟怀透，幻出仙宫在世间。"陈心源诗："羊肠诘曲上夫梯，直到高峰万象低。入眼纵观沧海阔，此身欲与白云齐。山中岁月忘秦汉，世外烽烟痛鼓鼙。安得诛茅开净土，长随道侣证菩提。"王悟禅诗："艳说龙门访道来，三山隐迹洞云开。诗题妙句鳌蜂立，调寄青词玉案排，桥架朝真跨瀑涧，墓留遗壳显灵台。迎仙真接宫门外，到此游人莫浪猜。"

八仙墩。此命名自明始，憨山有咏八仙墩诗，云："混沌何年凿，神功此地开。势吞沧海尽，潮压万山回。洞宇今仍在，仙人去不来。蓬莱应浪迹，身世重堪哀。"②

塘子观。明万历八年（1580）重修，清光绪间道人吴介山又重新之。今又在二龙山内重建，北端高岗有玄都洞，道人王悟禅栖此多年。万历八年重修后，鳌山卫太学生王纳策撰有《重修塘子观玄帝庙记》，云："□□崂山之□甲于四岳，而其支裔之纷错，毓于□□□之肩者，有塘子观焉。金以为宋太祖试武于甲地，曾见云影于一□之闲者是已。

---

① 黄肇颚：《崂山续志》卷七，第272-274页。
② 黄肇颚：《崂山续志》卷七，第286页。

□其□层峦叠嶂，朝云暮霞，□岫插空，麓泉滚珠，西襟黄岭，东距溟波。池塘则浑然天砌，陵阿则宛若龙盘，真天仙驻节之□，缁羽潜修之介也。及谂其观宇肇建之由，甫自宋元，迄于今日，□来已久。后缘湮于岁月，颓于风雨，几乎墟古刹而溃往迹矣。抚今追昔，则当时之胜景依然罔殊，而殿址之倾圮，萧然顿异，亹可惜也。道人刘教云秉虔抱诚，慨然思欲一整饬之。于是缘乡邑，化四方，诹辰兴事，鸠工募材，新玄帝之庙暨灵官与龙虎之神者，甚彰彰焉。不逾岁，而复睹古昔之盛矣。夫玄帝之神，案之经篆图篆，垢发励钝，六魔□消，七气默遁，飞升琼壤，偕赴瑶筵而解世之倒悬，福世之惠迪。真万祀之明神，非淫祀比也。此庙一新，以续往迹，以贻来因，以祈鸿庥，以答帝眷，一举而众膴萃焉。是可弗纪也乎？噫嘻！羽照芦峰，聿丛杜子之跋；塑插修□，爰口太白之志。古犹今也，曩创□而今续之，讵知后之视今，不犹今之视昔耶？诚可□□其为不朽之绩矣。是观也不益彰其娀□也哉！遂为之录其事于石云尔。明万历八年庚辰冬十月初二日鳌山卫太学生凤冈子王纳策撰。”王松翰则作《塘子记》，叙吴介山修塘子观事，并言塘子乃崂山之根：“崂为岱之艮，塘子者崂之艮也。艮，根也。水无根则涸，山无根则不华，人无根则事不成。明季叶羽士开山，似得崂之艮矣。其后不能守，日以否塞，芟刈于樵子牧竖之手，为虫蛇虺蜴狐鼬趾蹓之所盘踞而腾窜，塘子荒矣！吴子介山乃独得而辟之，而日新之。择诸生之秀者，延林子砥生教之，以继我子郑子之风。议作崂志传之后世，易今日纷争之俗，化为善良，入于太古，而塘子于是大显。余观夫白龙之潭，奔腾澎湃湧雪溅玉，可以涤俗虑，西南诸峰，列戟攒矛，森森严严，如雉堞，如雄阵，可以远世氛。东上海门，波涛万里，千帆往来，扶桑日升，鸡林三韩，尽列目前，可以助壮怀。而于其中种竹树，治田园，养鱼羊，以乐生平，以供宾友之宴息游览，育人材以为世用，岂止以数十百世计哉？则信乎岱之艮在崂，崂之艮在塘子也。游崂者其自塘子始。"①

修真庵。在王哥庄前，明天启二年（1622）太监李真立来劳建此，著黄冠。明亡，太监边永清携四宫女来依之入道以终。李真立与边永清事，见上文所述。庵后来似乎遭到地震破坏，清康熙时又重修，康熙十年（1671），张若麒作《重建修真庵记》，云："余结庐崂桑，历多年所，非特于世也脱之，即于身也亦若遗之。甲戌春，修真庵玄默道人杨绍慎，遣弟子刘守玉暨善众王嘉宝等，因地震大变，庙宇倾圮，遍募绅士居民，重行修葺玉帝殿、三清殿以及东庑之文昌、迤西之王母殿并山门，黝之，垩之，丹之，青之，神像俨然，如见其形，如闻某声。又来问记于余，余何记？记崂桑乎？记修真庵乎？修真特崂桑东偏之一庵耳。崂桑周回数百里，大海环之，余进山时，曾读书赵氏白雪轩，背黄石，面华楼，参差拱揖，指点西莲台名胜，青碧万岩，杳不可攀，珊瑚堕之。其前人力不胜，每坐卧偃息其下且久，不忍遽去，若弗究终身事者。北上而南，距墨邑五十里，为修真庵，清初来时，偶憩处；以地近市廛嚣甚，避于崂之太清宫，前万顷波涛，茫无津涯。向海东不数十里，八仙墩得于海际，光彩陆离，五色并现，开圭影外之星辰，洪蒙前之天地，疑古女娲氏所炼以补天者，偶遗于此与？相隔修真庵数百□□，逆转而上，历上清宫，那罗延窟，太平宫，左右趾相错，□有棋盘石，□□□□□幽折奇险，四望蔚然，如骤陟阆苑。赤白水分背竞流，振衣乘云，瞬息靡涯，□寓尽在我□□？足力竭则目之，目力竭则耳之，力与耳目会则心思之。□□□□愈入愈曲，上十八滩，一上一叹已矣！今前后崂桑，阅五十载，崂之木之花之果之药材之虫鱼鹿豕，樵者樵，渔者渔，猎者猎，采者采，佃者佃，取不尽，用不竭。近则□有禁，□有禁，樵也无可樵，采亦无可采，佃亦无可佃，旦旦伐之，丁丁之声，日浑于耳，山竟为童山矣。余亦惟与烟云出没，鸥鸟往还□□已耳。记修真庵，因记崂桑，并复记崂桑之陵谷变迁，蓬莱清浅，不胜今

---

① 黄肇颚：《崂山续志》卷八，第312页。

昔之感也。修真庵肇于道人真玄建，□□马常寿助成之，后李亡，日以
□□。□清朝定鼎，□隐道人边永清，玄默道人杨绍慎，募武勇董大用
等，鸠工储偫，殿宇改观。□□兵哗叛，赡庙房地入官，边、杨二道人
复沿门持钵。□□□□亩，变价房九处，盖此时边道人又逝，而杨道
人衰矣，求诸李、边、杨其人者，戛戛乎其难之，但得一有道之士，长
子孙其中，幸也。不然，本□绅衿人□公□□□居之，诸道众勿视此庵
为长子孙之计，作永世不拔之业也，□记此以垂后云。赐进士通议大夫
通政使司通政使、前太仆寺卿、太常寺卿、大理寺少卿、顺天府府丞管
府尹事、光禄寺少卿、管兵部职方司郎中张若麒撰。大清康熙十年辛亥
□月十六日住持道人杨绍慎立石。"①

百福庵。原为尼居，名百佛庵，清初道人蒋清山改为道居名百福
庵。庵内祀玉皇，前三清，再南观音。康熙五十六年（1717），黄鸿中
为蒋青山作《重修百福庵记》，文云："二崂居墨水之阳，旧多仙迹，
如邱长春、徐复阳辈，皆得道此地。窃意当吾之世，必有其人，每以未
见为憾。曩者吾师赵世五先生，寻胜崂山，留馆吾家，常称百福庵蒋云
石志远大，年尚壮，寻日成就，庶能振道绪者。吾师登进士，喜与方外
人游，尤慎许可，固知其言不妄。越今三十余年，而云石居然古德耆
宿，东方士大夫雅重之，而吾师之言大验。一日叩吾门请曰：'百福庵
远自宋宣和为崂门户，远访仙迹习静业者往往于此问津，顾道人栖身
外，无他屋宇，于何托处？斋粮不具，于何糊口？余幼住此山，古迹仅
存，余荒地耳。因发愿力修整殿庑，外葺房若干，养赡地若干，俾修炼
者得一心玄微，异日上朝帝阙，云鹤逍遥，是吾屋破壁飞升者也。餐沆
瀣而饮琼液，是尝食此山粟者也，不为崂山留一佳话乎？吾老矣，恐后
人分人我见，不识此意，将勒之石，永垂久远，公其为我记之。'余闻
之不觉肃然起立，曰：'大哉愿乎！'自夫道之明，仙凡永隔，□美其
朽，私己而不知有人，此误三千年后人。吕祖一言，可当功行圆满，立

①　黄肇颚：《崂山续志》卷八，第 309－310 页。

证仙果也，云石而念及此乎！一人之力，公诸道众，一时之急，庇及后人。吾世五师所谓成就远大克振道绪者，今果然矣。斯为崂山之光，不亦大乎！故备记云石语与吾师所期许者，告其徒众，世世相守，百福庵不可朽也，则云石之愿不可磨也。大清康熙五十六年丁酉四月黄鸿中撰。"①

神清宫。明清两代皆曾加以重修，中祀三清，后为玉皇阁，东为长春洞，上有周鲁所题"洞天"二字。阁之西有东向小洞，额镌"乾隆七年，单义省脱尘处"。宫在万历年间重修，如幻道人撰有《重修神清宫记》，文云："自古道术称黄老，以清净无为教人，谷神内守，以养天年，而不中道夭阏，此其本也，后世诬以为长生。其德高慕遐思，必曰海外十洲三岛之间，有神人在焉，藉令一见而尘埃可脱，即有识之士，莫不愿往。是以仙踪遍满东海之隅，而崂山尤萃。惟二崂称墨巨丽，三面环海，群峰插天，朱宫丹室，递布其间。当万山之中，曰神清宫。宫创于元延祐间，为长春子栖真之所。真人已往，其迹丘墟。我明嘉靖间，住持姜全志募众重修，构殿三楹，貌三清、太上、帝释之像，安居堂室，颇为周备。凡历二十余年，至万历乙酉始告落成，征余为记。予因喟然而应之，曰：'噫！道之在宥天地，惟广漠，惟清惟净，前之而无始，后随之而无终，得是道者以长生。嗟夫！人者昧之，泪泪沉欲，邈然而不知返。其神不清，虽生何生。宜乎至人之观朝菌之晦朔，蟪蛄之春秋也。兹宫之建，窈渺幽深，冀夫居者，安以凝神，静以舒情，超然遗世，而入不死不生，即自而登广漠之庭。嗟夫！高慕者荡志，遐思者放情，又何弱水之可济，羽翼之可生哉。夫如是，使夫施者作者，推一尘而与山岳共永，一滴而与沧溟同波，功德何穷。遂书以纪其事，俾后之人，有以鉴焉。'"康熙三十一年（1692），对本宫"复增修之"，东莱泉石老人撰《重修神清宫碑记》云："二崂之胜，自华阴迤东，山势盘郁，蔚然深秀。至东南一峰，翠烟攒簇，有殿阁突兀其

---

① 黄肇颚：《崂山续志》卷八，第 304 – 305 页。

中，而层峦古木互相映带，望之若在曾城仇池间，眼界为之顿异。问其处，则所谓神清宫者在焉。考庙由来，盖自元延祐间，长春邱子创建之后，历元、明以迄今，重修者屡矣。且中经前代敕建，拟之金茎白鹤，道箓神清，其崇异实相当也。岁月变迁，东崂宫观半非畴昔，而神清宫连年缮制，独焕然维新，则人力之修持，而亦山灵之呵护也。其中殿宇森列，墙垣周密，无少缺陷。特前殿之西，兑宫未备，风伯嘘寒，岂非藩篱之脱漏乎！道人辈勇于精进，亟合同心，庀材而踵成之，为立救苦殿一区，则翼如鹏运，栋以龙骧，其雄峙之势，宏整非常，其终克完成，非道人募众之昔心，筑基之臣力不及此。余蜡屐过其地，览眺徘徊，瞻礼再四，不胜感慕焉。则屡建之后，又复增修之，使祥霓葱茜，佳气峥嵘，而刻铭勒碣以纪盛事，固其宜也。然而名山结构，必得李青莲、蔡少霞其人，为书丹握椠而后可，夫岂易致之耶？余不揣固陋，而志以质言，虽不必增重仙宫，聊陈其大略，亦庶几与浩劫相终始尔。康熙三十一年十月，东莱泉石老人撰。"① 该宫在民国期间，曾在此重修，即墨刘显初 1923 年撰有《重修神清宫碑》，云："昌黎有言曰：'莫为之前，虽美而不彰；莫为之后，虽盛而不传。'盖善作必有善继，始可垂永远焉。元长春邱真人初隐姑余，作《西游记》；继觅幽谷藏真所。卒栖东崂北麓，峰峦嵯峨，林壑邃幻间，脱其尘。凡斯亦名山之胜也。真人已往，遗迹邱墟，讵堪任其湮没也乎？明嘉靖时，全志道人感奋出而筑三清、玉皇、救若三殿于石洞右偏，为主持者炼心地。嗣是而起山门，起钟鼓楼、震兑两宫，库仓厩厨，环列完美，无少缺陷。万历己丑落成。神清宫所由来也。岁月变迁，创必有承。清康嘉间，屡为督修，继述绵绵。兹何幸有挺身坚任复旧观而焕然一新，如子善道人，如张宇宝其人者。吁！前前者肇造，后后者葺饰。前乃伊始，后愿其终，终复如何，与天地久，与日月长：黄老之术，彪炳天壤。神圣荫庇，山

---

① 黄肇颚：《崂山续志》卷八，第 297 页。

灵呵护。流寇扰乱庸何伤。惟是引而无替，斯垂千古休光也。"①

大劳观。明建，在大劳村东。万历二十年（1592），杨盐撰有《重修大劳观碑》，云："余邑之东南，去县治五舍许，高冈四围，清溪环曲，长林翁郁，麋鹿群游，地名大崂，亦势之雄概，而山之胜观也。分里在邑之聚仙社，古建玄帝庙以祀之，未纪其年。有道人业居相继，事司香火焉。岁久寝圮，虽屡修葺，但支其欹仄，补其敝漏而已。毕年以来，则岌乎将压矣。社主董君讳从礼者，聚谋于社众，欲重修之，以连年不登，未能兼顾。虽倾颓日甚，及及今图之，为材瓦尚有可用者二之一焉，一旦坠压，将榱折瓦破，而计费滋甚。乃鸠众聚材，首自捐资蓄，以率兴作。求木山中，陶瓦水次，欲彻而新。其故材旧瓦竖致可用者，亦所不弃。于是拓其旧址而筑之，重屋飞檐，顿易其旧。其中凡用木以株者，新旧若干；瓦以片计者，新旧若干；铁石黝垩之属，大率称是。始于万历庚寅春仲，告成于万历六卯冬初。崇檐翚飞，栋楹虚敞，自远视之，崒然若出云霄之上；登高临之，超然若在尘埃之表，盛宏壮丽，伟而改观，三门突起，规制严整。前所未有者今有之。道人主持者宋真言、弟真安也。时真言羽化矣。赵总之，以是宫落成，劳与费亦大矣，不可以无记乃具事之巅末，属余记之。余遂详书其事，以贻邦之人。百世之下，于董君善事及诸襄事之功，以勒诸石焉。是为记。万历二十年岁次壬辰三月望日，邑人炼庵杨盐撰。"据此可知，大劳观在万历时期几乎"寝圮"，有董从礼者主持复修。可能这次的修复质量不太高，在之后的万历三十九年，有道士赵友真者再次主持了大劳观的重修，杨兆鲲撰《重修大劳观碑》以记之，云："入山转黄石而东，率水涯过两夹口，山势回转，深林烟薄中，忽开平原，可二里许，有观曰大崂。背负龙溪，前列芙蓉峰，怪岩幽壑，不可名数。第观肇创多年，时圮时葺，规制湫窄，不称灵秀气。往余读书其中，有竹山道人赵友真者，鹤发深目，嶙峋如削，年八十余矣，强志坚持。一旦议重修，新其

---

① 周至元：《崂山志》卷六，第 231 页。

制度，崇其殿宇，辟其垣墉，造洪钟，发巨鼓，诸务改观焉。是役。斗米尺木，皆未尝仰给于四方，非鬼运神输，丹铅灶火，安得抚有此力，以成此大功乎！盖此地有百围窍穴之大木，灵气所钟，更三四百年，犹然结实。道人与其徒，岁收之以易粟。铢积毫增，垂六年，则货财物力，得以登于饶羡，用是勤施大举，而□观厥成焉。此可与寻常持钵乞募者同日语哉！事始于某年月日，终于某年月日，是宜铭。铭曰：'维此灵区，水绕山郛。有宋建后，观开虚无，老道友真，玄风大倡。崇教衍真，翕受无量。乃谋乃勋，工师孔急。乃尔湫隘，化为鸿阔。立斗悬角，碧瓦丹枅。美轮美奂，虎伏龙眠。具宫既成，帝像攸崇。金紫章烂，烨烨雄风。山月流华，海日映皓。瑶窗洞达，灵氤吞颢。革音匐铿，金声清越。松籁间发，空谷歇绝。玄都归依，众妙之门。缵祖成真，升朝玉尊。霭霭祥烟，永护玉阙。道源洪开，千秋弗歇。'大明万历三十九年九月望日。"① 此次重修，竟然全仗道士赵友真一人之力，真乃有功于大劳观焉。据记载，清道光二十三年（1843）又曾重整大劳观，有不知撰者所作有《重整大劳观庙碑》，惜碑文今已佚。

太和观。明建。在今北九水景区，又名九水庙、九水庵。庵居九水之北，祀玉帝，清乾隆时曾重修，殿壁间嵌崔抚军玉鳞口刻诗。蓝水言曾见此观中存有不少古书："清初即墨知县叶栖凤于此建劳山书院以课士。茅屋小数间在松竹交翳中，泉声云影鸟语花香，时时入人耳目，尤以四围峰峦远近高下无不入画。深山寺观，幽静旷逸以此为最。东南隔水崖上有九水亭。西厢多贮古书，问之，其主持与山民争山成讼容济不归，念此道人知藏书尚不俗，何以健讼？已思之所有书盖劳山书院所遗。"② 孙笃先有《九水庵》诗，云："茅屋倾欹柴户闭，绕篱蓬草间蔬麻。道人十日九不在，游客空来踏落花。"③

---

① 黄肇颚：《崂山续志》卷五，第 168–169 页。
② 蓝水：《崂山志》，第 38 页。
③ 黄肇颚：《崂山续志》卷五，第 180 页。

蔚竹庵。明建，又名苇儿铺、蔚儿铺、蔚儿泊，在今北九水景区，九水庙东五里凤凰崮下。庵中祀真武大帝。黄肇颚叙其经历云："盖自万历十七年宋道人购于马万，茅屋三间，祀三官。乾隆间松栗参天，江道人住持四十余年，松栗荡然。李道人嘉庆二十三年纪其巅末迁改之由，而刻石焉。四围松竹弥漫，池鱼游泳。有异树，春时繁花，香气袭人，无知其名者。庵居山中心，地甚高，四五里达太和观。东南望玉鳞口，东十里达棋盘石，则入东山路矣。"① 宋道人名宋冲儒，万历十七年于此结庐居之，至二十一年始增修之。祀真武及三清。李道人为李礼秀，于清嘉庆间重新修茸蔚竹庵。

太平宫。宫在明、清两代，多次进行了修茸。嘉靖丙寅进行了一次较大的修正，鳌山卫举人王九成撰有《重修太平宫碑》，碑云："环鳌皆崂也，狮其峃出之支乎，大崂半□西陆，半□东海，图经与四岳并书，讵无微欵。胜国长春邱翁，惠揄群甄，迄今就圮，无复在昔之□□□□（华盖真人）□□□□□感慨系之。持一疏走四方，诱募勤而感动速，于是古林陶邛氏，遂主若役，众共相厥成，鸠工诹日，撤旧换新，辟正殿以奉太清者三，即左右以奉□□□，内为庐者四，经始于嘉靖丙辰，落成于嘉靖丙寅，虽不能量力于初，赖以永观于继，其力固云尽，其志亦良佳矣。先是曾预以记属余，□□□□□□□□□坚索不一□，难峻阙之，乃僭为之表其山川之慨，述其兴复兴复之由，与提董协助之姓氏法所当书者，俾勒诸珉，用垂不朽。末乃揭其义以诏之，曰：汝知所苅称为□□□三清者乎，抑知尔居之何以得名为宫观也？夫清，道之本也，欲人之法而澄之也。夫观，教之的也，欲人之顾而观之也。道无形声，然凡有形声者，鲜不托出始于此。□天地则成象之至大者，人则成象之至全者，又道之宅也。是故天得此而清，斯日月风雨寒暑阴阳之化顺矣；地得此而清，斯流峙动植高低向背之位□矣。人得此而清，期法度伦纪礼乐玫教之事平矣。其为气也，布护而不可□。其为

---

① 黄肇颚：《崂山续志》卷八，第 299 页。

神也，圆融而不可穷。其为精也，纯粹而不可杂。其分之虽三，其合之惟一，皆乾始之元也。其在夫人，则皆统之于心，盖此点炯然不昧之体，要当□静□闲存，务使内虚外直，然后精守神应，驯至敬义配而辉光生，刚大全而运用宏，历亿劫去弥尊，肖两仪而同□，□□老所拟浩然之说也。吁！不可变者道也，不可常者时也。君子以身殉道，币盈虚消息，则酌乎时，此神仙之名，所以绝丹于尧舜隆盛之前，而多暴于秦汉衰微之后也。意者英雄豪杏，逾河蹈海，犹虞其不能免焉，始□□假托而神其立于为仙，不独谷城桃源而已，惜世莫之察，而误以为真，谬□白日飞升，不过狙其解脱埃垢之外，蜉游霄汉之表。而人间一切祸患屈辱，举不能加之喻耳。邱翁亦洁身而避世者也，恐谈空嗜妄之众各执所偏，驰陷后学，因卉一方便门径，□山水之□，藉绘素之饰，默佑□群，潜航觉岸，俾之以究竟三清之义，以类万物之情，庶几不沉盲于旁途也，厥旨微矣。若曰羽化而去，则便当视万物如敝屣，彼要事此宫为哉。我明扫胡孽、廓治道，作继圣神；瘝寐才良，而逢时至人，咸宜收回独善之心，尚可攀遗世之遐轨，载胥推挽汨没于黄石赤松之癣怪，而□走手青紫府之荒唐哉。高山大川，利济一方，此理之常，而锺其气之英灵，为宿儒端士，福泽天下者，亦间而有焉。吾崂雄甲海岳，而孕秀降神，独无功德炳焕者，出□□□□周召之躅，仰翊登三迈五之运，而偅曰神云仙云者，非所望于世也，他如经□吐纳，九转七还之杳忽，抽换洗伐，符祝焚修之幻妄，悉道之曰□舆论俳也，谅必有能辨之者。兹姑书诸。大明嘉靖丙寅正月上旬之吉，鳌山后学前乡萃进士判保定府事兼管紫荆等关七十六翁王九成撰。"此宫在崇祯时再次修复，直到顺治十年（1653）方完成，进士王章撰有《重修太平宫碑》，云："岱宗东趾两崂，千岩万壑，釜崎幻窅，蹲海之湄，直抵扶桑西垂，不复扬尘矣。太平，胜迹古院也，不知何年所建。中栖道士，登明明崖，极目蓬瀛，渚屿浮沉涛霞间，幸可羽衣而至，因丹井其下，遂宫焉。迄今山中多黄冠，谈白日飞升事，不啻子孙之传说高僧也。则今日宫中道人之役，其亦可称玄宗乎？勉旃。谨按上帝一座，崇祯戊辰创建也。三清三元，洎真武诸殿，崇祯丙子重修，顺治己丑告成，勒石永之，此不第有光象教，用当薪传云尔。顺治十年次癸巳孟冬朔旦赐进士第东海王士章攀，原任乾清宫管拿西协兼视总勇营提督太监修真庵住持道人靼静宁，原任乾清宫管事提督上林苑监四署太监修真庵道人杨静悟。"① 今宫之照壁上有"海上宫殿"四字，据传为当时敕建所题。杨舟有诗云："三月春将暮，重游览物华。云开山见骨，潮长海上花。嫩竹生寒玉，夭桃灿晚霞。尘间无此境，知是羽人家。"②

白云庵与玉清宫。玉清宫为明时所建，蓝水云其原为铁瓦殿下院，但实地考察来看，应非是铁瓦殿下院，铁瓦殿在巨峰景区中，而玉清宫在今汉河村，二者相距甚远。黄肇颚叙述玉清宫云："玉清宫即旱河庵。由巨峰上庵废，迁而移建于此者也。居旱河东偏，故称旱河庵，亦作瀚河。宫祀玉皇老君娘娘。庙貌修整，后倚崇山。碑记其迁建，盖自明正德始也。"又在"白云庵"条中说："白云庵今称上庵，相传明正德间创建。自上庵圮后，国朝康熙间移建于旱河东偏，曰玉清宫。则白云庵故玉清宫也，基址犹存。旱河玉清宫，今称下庵，亦称旱河庵。白云庵之名，似属之铁瓦殿矣。"据此，玉清宫原即为铁瓦殿，铁瓦殿废弃后迁移至此。迁移的时间是在清代，清康熙间，遭回禄之灾，庵被全毁，道众四散。在此之前，白云庵还曾不断修建，明嘉靖间，全真道士郭一句重起殿宇。至万历中，其徒高来德大新之。助成者，有即墨蓝田及莱中丞刘公拙斋。玉皇正殿三楹，尽覆以铁瓦。瓦作龙形。径长一尺二寸，上铸捐施者姓氏，制甚精巧，足见当日殿宇之宏丽。如，憨山和尚记万历十二年时重修玉皇殿事云："牢山据墨东南，根盘二百余里，跨平原而枕溟渤。冈峦起伏，龙蛇逶迤，众草连芳，长松蓊郁。幽潜密处，石室岩龛，故多真人高士，咸措迹焉。群山竞绕，中则一峰杰出曰巨峰，当二牢之户，上插云霄，下临无际，最为奇绝。顶有庵，曰白

① 周至元：《崂山志》卷六，第 223 – 224 页。
② 周至元：《崂山志》卷三，第 82 页。

云，故称古刹，就废。至我明嘉靖间，全真郭一句重起，其徒李阳兴继业，至孙高来德而大新之。依岩凿石，殿陛甃垣，丹青环宇，左右毕备。中建玉皇殿三楹，邑人周氏某率莱中丞拙斋刘公助成之。经营有年，至万历己卯甫就。余于癸未夏，探索形胜，策杖其巅，适卜居太清，乞余为记。尝闻之，海上有三山，曰阆苑、蓬莱、方丈，石阙咸金银，而神仙在焉。故居尘埃而处混浊者，聆之则神思蠢动，愿超脱高举，即离人世。及至，何无睹焉。以其汪洋渺漠，无津涯，非羽翼莫能之竟，恣为荒唐，岂是然哉！盖悉欣厌相夺，耳目贵贱者也。若兹峰之秀，洞宇可以息形，芝术可以充饵，幽深窅渺，尘氛悬绝，加之殿舍庄严，群灵托迹，慕之者可望而不即，能至而不能止。信目前之真境，人世之蓬壶，藉令顿解天叨，坐隳桎梏，何必驾长虹而挟白鹤，假安期而探秘术者哉！其建立功德，自与海山共之，又焉用记？乃为铭曰：'天地肇基，山川是府，群灵依归，众甫之祖。维山之高，维海之深，允兹上帝，实梁苦津。碧波巍峨，白云缭绕，为彼瞻依，斯民之保。莫非尔功，莫非尔德，志彼餐霞，尘机永息。仰矣穹苍，俯兮谷王，配言圣寿，亿兆无疆。'"[1] 憨山作为佛教僧徒而为道教宫观作记，可见其包容之胸怀，亦可见其当时在崂山颇有影响。玉清宫据称规模很大，据当地村人介绍，其曾经为崂山建筑规模最大的宫观群，周至元亦说此宫"中殿祀玉皇，东为三清殿，门前台阶三十余级，檐瓦丹碧，神像辉煌，宏敞之势为二崂道观不多见者"[2]。惜其在"文革"中被砸毁，今只有废墟遗址，当地村人介绍，政府曾有意要修复，可能是因为工程过大而作罢。时宫中多木质造像，"文革"中，这些造像被村民搬到家中，被当做柴火烧掉。古称旱河庵，现称汉河庵，遗址废墟前有"玉清宫"、"汉河庵"石碑各一，二者其实为一宫，立二石碑亦属不当。尤淑孝有《仲秋宿瀚河庵》诗："仲秋皓月愈光明，公务宵投古寺中。雨过风来

---

① 《憨山老人梦游集》卷二十二，第298页。
② 周至元：《崂山志》卷三，第94页。

惊气萧，云收山静映晴空。钟声不似柝声急，谶语偏过禅语丛。片刻安闲真乐境，明朝又复事匆匆。"① 可能是因为憨山的关系，尤淑孝将其当作佛寺了。

华楼宫。自从于元元泰定间建立后，一直是崂山的道教名胜之处，人云"二崂之奇在华楼"②，"谈者为仙人所居"。在华楼宫所住的道士，为"修真养性之士"，他们"往往不为人识，人亦不能识"。黄肇颚曾载华楼"道德隐士"之道士，云："道士失其名，形容丑怪，执樵苏之役。高密张生，假馆宫中，意甚轻之。一日，为其徒说《易》，道士窗外呼曰：'君所述，皆俗说也。'试扣之，名理出人意表。生受其学，遂以说《易》擅东方。"这个道士可谓是隐居之高人，这也知华楼宫乃藏龙卧虎之地。华楼景色宜人，万历年间，守察二道汝南赵体明、古卫蔡叔逵在此处立"海上名山第一"碑，成为崂山的象征。华楼虽为崂山"最著"之名胜，然长期以来也得不到维护，年久为风雨所摧败，华楼宫的道士于康熙年间对宫进行了修缮。即墨进士周毓真撰《重修华楼宫碑》记之，云："墨之名胜以百数，惟华楼最著。盖崂环大海，迥峦绝壑，蜿蜒二百里，非墨客骚人闲而无事者，不遐游。即暇矣，或乏济胜之具，猿牵蚁渡，亦往往心悸胆栗，自崖而返，贵游者惮之。而华楼为崂山外屏，去城仅五十里，又径稍平坦，可容篮舆。以是郡长吏有事于墨，及列邦缙绅先生假道于兹者，率载酒焉。谈崂者遂为首屈指，然登其上，则削壁穿云，孤松刺天，东南诸峰环侍如螺，而俯视西北长河如带，烟火万家，雉堞参差。罗列足下，神怛心骇，不复知有尘世。旧碑称'为海上名山第一'，亦不诬也。山巅有庙，自庙而后，出为翠屏岩。岩之下为金液泉。其最高者，曰五华崮，曰高架崮，又曰凌烟崮。崮之半，深而墨者为洞。洞内有仙人蜕，传为刘使君遗蜕也。稍东大石横列，望之若重檐，曰梳洗楼，山所由名也。折而南，为南天门，

---

① 黄肇颚：《崂山续志》卷八，第302页。
② 周璠：《独登华楼作》，载黄肇颚：《崂山续志》卷四，第145页。

有大石可坐，游者倦则卧而眺焉，旁树两石屏，文漫灭不可读。他若金液泉、玉女盆，皆昔人品题，以是八景者，视之平平耳。庙祀老子，夙号庄严。近以岁之不时，主守匪人，日就摧败。乙丑秋，余偕同人至其地，则丰草出人，不见垣端，外柱将倾，别以一木扶之。坐岩石小憩，凛乎其不可留也。旁有关帝祠，侍者衣敝席，立风日中，雨痕被面。盘桓移时，索茶不可得，因相顾叹息，谓：'兹地擅二崂之胜，为仙窟宅，邱真人诸咏，载在邑乘可考。一旦若此，山灵不有余恫耶！'今年夏，有羽士叩门曰：'华楼庙毁于风雨久矣，今易而新之，愿记以文。'余坐而询焉。则前所见者，皆焕然矣。且曰：'昨有京师衔命而过者，实捐资为助，且为后期。今之役，非徒记成事而已，将携之都门，更谋所以广之者。'余壮其志，因为之词，使勒于石，以纪兹山之由盛而衰，且幸其后之将未有艾也。俟其毕，请更约诸君子寻旧游，为山灵贺。"①

聚仙宫。自元泰定间初建时"规模宏阔"，然此后无所发展，明清时"萧条零落，颓制败垣，无复旧观。"② 这是崂山为数不多元建、明清时期衰败的宫观之一。高出有《聚仙宫》诗言其衰败之象，诗云："残碑尚可识，记自太平年。双树此其始，君看常拂天。平畴散碧溪，古殿枕奇石。苔斑久无人，一步一留迹。"③

仙人宫。旧称天仙观，创于宋末，明天顺年间重修。

东华宫。在太平宫东二里，祀东华帝君，创建失考，清乾隆中重修，即墨周日灿撰有《清康熙二十六年重建东华宫碑》，可知此宫在康熙二十六年（1687）曾重修，只是碑文字画纤细，苔皴苔蚀，不可辨识。宫有北斗石，相传昔有道士礼斗于此。

白云洞与白云观。白云为田道人所自号，道人不详所自始，始辟洞居之。白云洞道士王生本于乾隆三十五年（1770）立《白云洞历代

① 黄肇颚：《崂山续志》卷四，第 139、140、141 页。
② 黄肇颚：《崂山续志》卷八，第 301 页。
③ 引自黄肇颚：《崂山续志》卷八，第 302 页。

碑》，碑文中述其开山师田白云之功果及其祖师海岳真人，现碑文已佚。黄肇颚《崂山续志》"白云洞"条中引"碑载：道人参玄悟道，养气成真，白日飞升"，所说的"碑"，可能就是王生本所立的《白云洞历代碑》。黄肇颚考察继承田白云之道者，"代不乏人，足为名山生色"。其述云：

> 宋天成者，号水一，安邱人。幼习儒，中年入道，六旬余，云游天下，复归崂山。康熙四十七年，端坐化去。王生本，邑人，号得一子，康熙时居白云洞。工医术及堪舆，食五谷不去皮，百十八岁，须眉皆黑。一日聚其徒曰："今日立春，吾将去矣！"言毕，端坐而逝。时嘉庆廿四年也。徐坐全，号端阳，宁海人。幼失怙，事母孝。出家后，留心导引之术，面壁石室中不出。后忽游关外，栖大沽山之白云寺。门人踪迹得之，坚请归。自此绝粒无言，终日不出户。光绪改元四月，整衣冠，拜朝曦，遍拜诸道侣，人室端坐而化，年九十四。张坐源，胶西人，号窥妙子。少多疾，遇方士得愈，且授以符水书。叩其姓名不答，曰："学吾传，行吾术，济物而不立功，何以名为？"出家后，每以方术济人。暮年处青龙石室中，不与世事，侪辈或侮之，但逊谢弗校也。一日诏其徒曰："明晨当来视我。"既往，端坐逝矣。后有至洞酬医者，谓缘师路过，为瘵危疾得愈，是以来酬。盖化去半载矣。

这几人是当时崂山比较有影响的道士。黄肇颚又言白云洞"前有小洞日菩萨洞，供铁佛像，云乘潮至者。洞之上古松偃盖日华盖松。前后左右有青龙、白虎、朱雀、玄武石。西南日普照洞、圣水泉。洞即窥妙子坐蜕处"①，可知此洞亦曾为佛、道杂居之处。白云观在白云洞东下，即田白云所创，建神供洞中。分东西两院，外院南为贮云轩。

明道观。在蔚竹庵东，是崂山处境最高的庙宇，为孙昙采药山房遗

---

① 黄肇颚：《崂山续志》卷八，第315－316页。

址。清康熙五十三年（1714），道人宋天成就其地创建今观。道观自康熙以降，屡加修葺，至民国十九年，又增筑客舍三间，遂益臻完美。

龙泉观。又称南九水庙，观分两院，东院祀真武，西为菩萨殿。创建失考，清道光间重修。

凝真观。创建于元至大间，明弘治二年（1489）重修，碑文漫漶不可读。中祀真武、三清。观上二三里有熟阳洞、俶阳洞，清代时有刘道人信常于此，熟阳是其号。洞额上镌有"熟阳洞，康熙己巳道人刘题"。刘道人在洞左创玉虚殿，祀玉皇。陈维垏为之作《东崂山俶阳洞鼎建玉虚殿记》，文云："寓内名岳五，岱宗特峙东维，峻极非方所俪。盖其挺钟齐鲁之邦，负太行，临沧海，笃生至圣，万代师表。迆南为崂山，崇隆未足方驾，而亘延幽眢殆复过之。溯其著名，由汉逄公萌。仕哀平之季，见新莽与宇父子屠戕，喟兴于三纲之绝，惧祸及而遁迹是山。有宋丘长春真人栖兹宏教，九宫八观，次第建立，称綦盛云。余以乙未客颍川，张徐二子托世谊，共晨夕。一日偕步西郊，遘道者甚异。叩之，则以'同侣约崂山访道，明日当至，求之当胜我。'其人髯垂过膝，囊挂肘间可徵也。语毕，收具径去，追之莫及。比明晨，趋赴询逆旅，圭，果有其人，适去此。二子怅归以述，余时方有崂山在寤寐中。今年迨老，厌尘俗嚣，涉江渡黄，来究斯愿。届止于东山神清宫，搜讨岩阿，兼旬未遇。安丘刘友文若驱卫登徂，信宿晤语，则以群从，介轩同为阁学公诸孙，以失意文战，愤激舍家去，为黄冠于兹山之熟阳洞者业三年。今欲开导俾归，未数日，厥弟随至，其志确不可回。复悒切叩余以性命宗奥，且述其师信常构造玉皇宝殿垂成，致师旨求文勒石，以表章乎久远。余愧以江东樗散，韬光戢彩，安能重效人世文字应酬？更复深念其师若弟，约处荒陬，力耕作以就口食，乃能拓基累址，感助檀越，成宏钜于寒崖僻坞之中，与宫观并美而齐称，其心力洵伟卓矣！闻中州有道王君礼武当，遍历南天诸名胜，止于此峪，不语不蹑者已三稔。其师徒祇事，迄今无倦色。吾闻黄老之学，旨无为而怀无我。今日师明友悊，相与穷虚极静之蕴，而以观其复，将邱祖之教，会见嗣兴于斯时。老人廿载殷勤结想，颍川二子交臂而旋失者，惝恍长髯导师，手提而面命，其旨趣将无同！爰泚笔丽纪之，以副其请。时康熙三十七年岁在壬午仲秋，江左黄海学人陈维垓撰并书。"康熙四十五年（1706），刘道人自叙其生平，蒋清山为之书，云："混沌凿而有天地。阴阳交而有万物，物有生死，不有循环，惟仙不灭，浩劫长存。道人历来行脚自著，世居高密邑西武兰庄人也。父刘姓讳□，筑室南溪，乐水观书，号曰小渠公。母尹氏，素性好善，救济乡邻，人谓大慈母。母生子有五，曰显忠、显魁、显登、显宇、显常，后显常因入道，改信常，字调元，号熟阳，业学孔孟，志好庄老。幼时晨起赴学，母视之笑曰：'子生之时，梦道人投宿，观子性灵，成必入道。'彼时母说入肺，道渐留心。越南窗，隐东海，入崂山，访明人，拜师刘长眉，交友宋水一，松间求道，月下参玄，同居四月，师驾归天。师壳葬于登高，自身迁于洞所。洞原曰消息石室，因号改洞熟阳，同护法高君宠，登巅四顾，海山一览，山势回龙顾祖，洞水玉带缠天，峨眉抱岸，狮峰怀阳，石屏嶂汉，星宿罗堂。东岭松梢挂月，西山涧底流琴，面朝五老，背负一鹤。其间白云紫电，玉竹青林。结草庵而诵经，开石室而坐静。松荫罗月，梅影横窗，皇经祝国，施药救民，感神降庚子之年，凿山出壬寅之岁，是年殿基始创。福场新开，门人接踵阶下，善士丛集坛中。钱粮雾聚，匠作雷声。大殿起手辛巳，洪钟来于庚辰，始将玉帝显像，金色流辉。回想金阙瑶台，诚非一日之功。冒雪冲风，受尽十年之苦。十方捐滴滴之血汗，道人抱竞竞之良心。岂敢一朝辜负，惟愿千古常存。是故铬碑，以垂后世。时康熙四十七年孟夏谷旦道人刘信常自叙，烟霞散人蒋清山篆额并书。"① 此文叙述了其出生、出家及创建玉虚殿之事。

遇真庵。明永乐、正统、万历年间屡经修葺，但塑像仍存元左衽之制。元代道士徐复阳曾于此炼修，今墓犹在焉。万历四十二年（1614），国子监祭酒即墨周如砥撰《重修鹤山遇真庵碑》，载万历时修

---

① 《刘道人自叙碑》，转引自黄肇颚：《崂山续志》卷八，第307－308页。

复遇真庵正殿，云："'泰山虽言高，不如东海崂。'崂山最秀奇者，尤首推鹤山焉。西障县治，北届卫城，为东南重镇。有洞类鹤，因以名山。山下入聚仙门者，巉岩叠嶂，突兀峰巅，龟鹤显像，石楼龙窟，旋转卧游，非有泉石之尖者不能领此深趣。东跨大海，万里波涛，海天一色，直与扶桑相接。日升海转，波心蜃楼海市，天下奇观殆无逾此者。若夫□游客，邱真人尝栖于此。徐复阳则终身隐居，日则炼形于石楼，夜则炼气于道宫。故至今沐浴盆、升仙台，遗迹犹在。建有玉皇、老君、元帝三殿。一修于永乐，再修于正统。岁月既久，栋宇倾颓，游人与□□士，□□□□□以重修□□□衣食费，躬□□劳，远近嘉其志，多有襄助。县之善门，卫之义士，各请子恩□□□□□其德，□□述其事与作跋，万历三十年告成。四十二年庙貌更新。海山竞秀，松石献奇，游者莫不叹为海上之阆苑焉。其成工□与□□土地，则邑人□子恩□□□，乐施则□君张君等。伐树纪岁月，余因书其事云。万历四十二年赐进士出身国子监祭酒邑人周如砥撰。"① 遇真庵所处位置相对隐秘，常成为民众躲避战乱的地方，如左灿《遇真庵避乱诗》云："避地远人烟，山深太古天。潮回沙路出，树老石根穿。落日收渔网，寒风护稻田。故园隔烽火，客里欲经年。"又诗："暗数垂阳志去堤，微茫烟树望中齐。晨风未荡千山雾，斜日先开一道迷。钟尾韵残鸦语续，马头禁入暮鸡啼。萧条亦有渔竿叟，蓑笠寒云渡口西。"②

醒睡庵。在豹山前，祀玉皇，相传庵旧在山巅，明隆庆间，道人许阳仙移建于此，俗称净水汪。王九成于隆庆庚午作《醒睡庵碑记》，记许阳仙建庵事云："□固吾□西北稍折而突起者也，南达康成书院，□□□□卫城十里，西达一舍。境幽土瘠，居鲜即者。道人许子始率徒结庵而居之。删芜秽，莳桃李，躬勤数年，乃陶瓦筑殿，肖天帝像，前□□，左右为草舍，备钟鼓香火以事焉。虽未洪大，而整严可爱，是亦

---

① 黄肇颚：《崂山续志》卷六，第225页。
② 周至元：《崂山志》卷三，第100页。

道院也。案通□□□□，请敕中条兰若为太和□，惟宫赐额者得称宫，□□私造者止名招提。杜牧所谓山台野邑，不干上泽者最清，而放翁更斥避俗，而□□□□者为非宜。由斯言也，许子其得之矣。夫许子父母既亡，□□□辱，付家世□于兄弟，浩然就山采药，讽诵以永朝夕。而复作此者，盖人必有□□而能乐其身。许子弃世业，宗祀非事矣，脱离□□大夫非所□矣。茹芝吸露，衣草栖云，冲澹斋戒，独不可以事天乎？天人物之总父母也。物不□事，蔽于塞也。人不敢祭，统于尊也。然礼不敢祭，而情可得事。是故非皇王之贵弗能祭，非黄冠之素弗能事。肆□□之设，所以遍于殊方远土。虽然求天于心，事天即所以□心也，求心于天，事心即所以事天也。天者心之理，心者天之命，时敬以奉命，而不敢须臾少亵；须臾少亵，则自忽而贰尔心也。奚其事？积诚以顺理，而不敢几微暂辍；几微暂辍，即自欺而慢此天也。乌乎事？二者兼慎，苟非顾是有系于外，抑焉使存者无问于内？先民有作，义殆取尔也。如诬语祸福，眩幻聋聩，执迷报施，充诎仁义，是反戾厥虚灵，获罪上帝，岂事天事心之道与？败身灭性，将见弃于列仙之儒，何以出家修行为哉？不识□许子其或恍然感诸否乎？先因卫侯莘野冯氏及子季子□尝藉其清旷为读书所，向曾躬往视之。渠亟以记请，且贤其斋志□坚而虑其入见□也，遂为之述次开悟，俾勒石以永所告云。明隆庆庚午春三月之吉，鳌山八十岁翁前乙榜进士，阶奉政大夫，同知保定府事，兼理紫荆等关，带管易州兵备道，石泉王九成撰。"①

通真宫。即童公祠，又名童真宫，在王乔崮之阴。原为祀汉不其令童恢，元代皇庆间创修为道教宫观，延祐中重建，达鲁花赤普颜不花为之记。清康熙间又重修之，周毓真撰《重修通真宫碑》，云："墨故不其旧封也。自汉来以循良著者称童、吴，然吴为胶东相，墨半属之；童为不其令，其于墨为专，故民之思之也最深。城南十里有山岿然，世所传府君驯虎处也。复东南又十余里，府君墓在焉。庙立其侧，秋菊春

---

① 黄肇颚：《崂山续志》卷六，第 218 – 219 页。

兰，奉旨甚虔。邑有水旱螟螣之灾。悉往祷焉。余尝南行拜其墓于路左，父老为余言府君事，甚诞妄，然无不欷歔泣下，若目见其事，恨不以身遇之者。会其前楹倾圮，将理新之，因求文以记。考之史，府君名恢字汉宗，琅琊姑幕人。政成，迁丹阳太守卒，不言归葬不其。史阙文与？衣冠之所藏与？后人之封土以寄其思与？余于是有感焉。汉及今千六百年矣，向所谓不其者，易而墨亦千余年矣。公子孙之居于其乡者，其存亡不可知。幸而存，其转徙流离，又不知几何世，几何地矣。即使当日者衣锦而归，埋魂故里，异代之后，城市迹迁，有欲求断碣残垅之仿佛而不可得者。而墨水一邱累然千里，岂非郑司农所云："后世子孙之奉我，不若桐乡'者耶！盖古之人，其政入民之深，而古之民，久而不忘其上，类如此。又史称府君以礼化民，囹圄空虚，其美政当不可尽记。而世多传其驯虎事，谓有神术焉。不知古之吏，有虎渡河者，有蝗不入境者，有驯鳄鱼之暴者，积诚所格，蠢无不孚。是区区者，固物感之常，不足为府君异也。或曰："昔有封使君者，化虎食人。识者呼其名，则惭而去。虎之暴，盖酷吏所化也。闻府君之风，其惭而去也。'固宜是说也，余未敢信为然。然《记》有之，'苛政猛于虎'，今天下之为封使君者不少矣。安得如府君者数十辈，参错天下，而使耽耽者，无为吾民毒也，悲夫！"① 道光时，宫田荒废几尽，即墨知县秦锡九为之戡定田界，作《清道光二十年童公庙碑》，云："余曾读《后汉书》循吏传，窃神往童公驯虎一事，以为德政之感被，何若是之神也。嗣余承乏兹土，其父老犹能称轶事于弗哀。孟子曰'亲亲而仁民，仁民而爱物'，言施之有序也。夫虎猛兽耳，眈眈煮其性成，犹不敢肆咆哮之威，则夫民之身被德泽，从欲以治者，不知凡几；且桀骜雅驯之夫，其回心向化，薰德而善良者，尽不知凡几矣。邑人建祠而祀，田为赡，千戴如一甲也固宜。乃日久渐衰，住持是庙者，田径荡废几尽。庚子秋绅民等阖呈恳请，追回庙地，并请立碑出示，以垂诸久远。案庙在城南二十五

---

① 周至元：《崂山志》卷六，第 226 – 227 页。

里，庙宇大门为大殿三间，中为童公殿三间，后庑三间，则童公之寝室是也。东为道院三层，计十二间，又东为镇武殿三间，后为雉娘殿五间，西为空园一处，庙地若干亩，注册矸寨，勿使荡废，庶凡遗泽水留，香火不绝，邑人之望风怀想，感载无穷。即宰是邑者亦有所取法，使化民成俗之方，凛□乎勿敢陨越焉。因允萃渭用勒诸右，并以告后之住持是庙者。道光二十年岁次庚子和即墨县事桂林秦锡九撰。"田之失，可能亦与其他庙观与山民争讼事相同。

石障庵。在白云洞西南五里，处绝壁下，自下望之，庵为所掩不可见。庵建于清乾隆间。

先天庵。创于元正间，明道人齐本守在此成道。明万历间曾重修。

寿阳庵。又名云阳庵。创建无考，清乾隆四十年（1775）曾重修。中祀三官。殿东一室内贮铜像甚多，相传巨峰诸庵废后，移置于此者。殿之后，旧有玉皇阁，今圮。

常在庵。在张村，祀碧霞玄君，为明胶西张氏创建，清康熙间重修。

岔河庙。明初胶西王氏所建，祀三官。

普庆庵。清乾隆时建。

太华宫。明时建。旋圮。

三清殿。在仙古洞前，明时建。

清真庵。在三标山东，凝真观西北，明刘真常所建。

白榕庵。在三标山西北，明孙介庵所建。

黄石宫。元建，明崔道人成道于此。旧有上宫、下宫，清光绪间俱圮。

此外，还有一些现存的碑记，如《明天顺四年重修天仙观碑》、《明天顺元年重修灵峰庵碑》、《明天顺八年重修华楼宫碑》、《明弘治二年重修凝真观碑》、《明隆庆创建醒睡庵碑》、《明嘉靖重修关帝庙碑》、《清道光二十三年重整大崂观庙碑》等，虽然这些碑文已经不存，但仍能从中看出明、清两代崂山宫观的兴建和修复状况。

综上所述，尽管明、清两代对于宗教以限制为主，但崂山道教却总能抓住契机继续发展。尽管有些许宫观倾圮，但在此期间，崂山道徒及其信教民众兴建和修复了更多的宫观。从道士数量、信众数量、宫观的兴建和修复状况、文献记载等各方面来看，崂山道教在明、清两代仍然处于发展的状态。但崂山道教也没有摆脱中国道教发展的整体状态，即尽管此时继续得到发展，这种发展只是在道徒和信众数量、兴建和修复宫观数量等方面，在理论建树方面与整体道教发展的大趋势一样，缺少理论创新。因此，这种发展，只是量的发展，而不是质的发展。

第五章　明代之前的崂山佛教

佛教自两汉之际传入中国之后，迅速在中国传开，山东地区亦很快笼罩在佛风之下，一直以来被视为仙山的崂山，也在很早的时候就有佛教传入。佛教的传入，改变了这座人们眼中的仙山形象，使崂山成为一座佛教与道教并存发展的宗教名山。

一

青岛地区的佛教活动，相对于山东出现较早的一些地区来说，要稍晚一些。山东佛教活动最早的地方可能是在山东南部一带。在关于佛教初入中国的文献记载中，《后汉书·楚王英传》中记载楚王"更喜黄、老，学为浮屠，斋戒祭祀"，是非常重要的史料之一，说明此时佛教已经传入进来。《资治通鉴》根据袁宏《汉纪》所载，言楚王刘英是最先好佛教者："初帝闻西域有神，其名曰佛因，遣使之天竺求其道，得其书及沙门以来。其书大抵以虚无为宗，贵慈悲不杀，以为人死精神不灭，随复受形，生时所行善恶，皆有报应，故所贵修炼精神，以至为佛。善为宏阔胜大之言，以劝诱愚俗，精于其道者号曰沙门。于是中国始传其术，图其形像，而王公贵人，独楚王英最先好之。"[①]《后汉书》楚王英本传中又说明帝永平八年（65），汉明帝诏天下有死罪可用绢赎，楚王刘英亦奉黄绢、白纨各五十匹，明帝诏曰："楚王诵黄、老之

---

① 《资治通鉴》卷四十五，《四库全书》本。

微言，尚浮图之仁祠，洁斋三月，与神为誓。何嫌何疑，当有悔吝？其还赎以助伊蒲塞、桑门之盛馔。"这里把黄老与浮屠并列，显然是将佛教看作与黄老是一类的。楚王英的活动范围是在以彭城（今江苏徐州）为中心的苏北、鲁南一带，是我国佛教发展较早的地区之一。

据记载，佛教初入中国，首先是以佛像传入的形式。袁宏《汉纪》、《四十二章经序》和牟子《理惑论》中都记载了汉明帝求法的事。《牟子理惑论》中说："昔孝明皇帝梦见神人，身有日色，飞在殿前，欣然悦之。明日，博问群臣：'此为何神？'有通人傅毅曰：'臣闻天竺有得道者，号曰佛，飞行虚空，身有日光，殆将其神也。'于是上悟，遣使者张骞、羽林中郎将秦景、博士弟子王遵等十二人，于大月支写取佛经四十二章，藏在兰台石室第十四间。时于洛阳城西雍门外起佛寺，于其壁画千乘万骑，绕塔三匝，又于南宫清凉台，及开阳城门上作佛像。明帝存时，预修造寿陵，陵曰'显节'，亦于其上作佛图像。"[1] 这段话说明，有可能佛像最先传入中原，而且汉明帝根据梦中所见而造作佛像。这段文献表明，中国佛教从一开始就对造像非常重视，唐人张彦远在提到这个故事时说："汉明帝梦金人长大，顶有光明，以问群臣，或曰西方有神名曰佛，长丈六，黄金色。帝乃使蔡愔取天竺国优瑱王画释迦倚像，命工人图于南宫清凉台及显节陵上。以形制古朴，未足瞻敬，阿育王像至今亦有存者可见矣。后晋明帝、卫协皆善画像，未尽其妙。泊戴氏父子皆善丹青，又崇释氏，范金赋彩，动有楷模，至如安道潜思于帐内，仲若悬知其臂胛，何天机神巧也。其后，北齐曹仲达、梁朝张僧繇、唐朝吴道玄、周昉，各有损益，圣贤盻蠁，有足动人；璎珞天衣，创意各异。至今刻画之家，列其模范，曰曹、曰张、曰吴、曰周，斯万古不易矣。"[2] 由此可见，佛教及其图画的造作在中国极受重视，表明了佛像的出现，不仅极大地影响了中国人的信仰，也极大地影

---

① 《牟子理惑论》，载僧祐编：《弘明集》，中华书局 2011 年版，第 47 页。
② 张彦远：《历代名画记》卷五，《四库全书》本。

响到了中国艺术的发展。汉武帝元狩中，似乎已开始供奉佛像："汉武帝元狩中，遣嫖姚将军霍去病讨匈奴，至皋兰，过居延，昆耶主将其众五万来降，获其金人，帝以为天神，列于甘泉宫。金人率长丈余，不祭祀，但烧香礼拜而已。此则佛道流通之渐也。及开西域，遣张骞使大夏，还，传其旁有身毒国，一名天竺，始闻有浮屠之教。"① 这应该是中原有记载的供奉佛像的开始。随着佛教在中原地区的传播，供奉佛像的形式越来越受到信徒们的重视，故在中原的佛教造像也越来越多，尤其是南北朝，出现了一个佛教造像的高峰时期，山东尤其是古青州地区在这次造像之风中，造做了大量的泥制、石制、陶制、铜制的佛教造像。

山东境内的造像曾在全国发生过相当的影响，《魏书·释老志》中提到孝文帝延兴二年（472）下诏说："济州东平郡灵像发辉，变成金铜之色。殊常之事，绝于往古。熙隆妙法，理在当今。有司与沙门统昙曜，令州送像达都，使道俗咸觌实像之容，普告天下，咸使闻知。"尤其在古青州一代所出土的佛教造像，更是具有十分重要的价值，其艺术风格被称为"青州风格"，其地域主要"包括今天青州市及其周围的博兴、高青、无棣、临朐、诸城、青岛和淄博等县、市"②。

新中国成立以来，古青州地区出土了大量的六朝时期佛教造像，这些造像陆陆续续通过发掘报告、出版专书、研究论文、介绍文章等各种形式公布出来。原属古青州之地的青岛，在区域内的崂山、胶南、胶州、平度等地区发现不少摩崖和佛教造像。如 1952 年山东沂南县发现了东汉末年的画像石墓，墓室的中央立有一根八角擎天柱，这根柱子南北两面的上层各刻有一尊头后有圆光的佛立像。鲁西南的滕州出土的东汉末年画像石上刻有六牙白象的图案，这些图案明显是受到佛教的影

---

① 《册府元龟》卷五十一，凤凰出版社 2006 年版，第 537 页。
② 刘凤君：《论青州地区北朝晚期石佛像艺术风格》，《山东大学学报》1998 年第 3 期。

响①。温玉成先生在评价这些图案时提到青岛胶南所出土的同时期古迹时说："在鲁南的滕州、胶南、邹城等地出土的东汉晚期至三国时代的画像砖或石刻中，都有佛教图像。"② 随之公布了胶南市石屋子沟石窟外景、胶南市峡谷南山石窟外景、胶南市峡谷西山石窟洞口及所刻卧虎、胶南市峡谷西山石窟正壁主尊四幅图片。

胶南除了出土有佛教图案的东汉、三国时的画像砖或石刻之外，还发现了北朝时期的佛教的石窟和造像。石窟在原胶南市（今为黄岛区）的大珠山景区，共有三处，或在山上，或在水边，且小仅方丈，看上去似乎是由早期禅窟改造而成。第一处是石屋子沟石窟，在大珠山镇石门寺东南山沟呈里，是利用一滚落的巨石，状似草庐，凿出方丈大小的石窟。第二处是峡谷南山石窟，在大珠山镇西北约 1 公里山腰间，是利用山腰间一突出之巨石凿成，圆拱方形门，窟内平面呈横长方形，宽约 2.5 公尺，深约 1.5 公尺。窟顶正中有人字坡。三壁造像均毁于"文化大革命"中，残痕中唯存桃形头光。在窟门外上边，有一横向方形沟槽，应是木构建筑之遗迹。第三处是峡谷西山石窟，在峡谷南山石窟之西约 1 公里。这是在山顶一巨石之上部凿成的小石窟。洞口方形，其右侧崖面上浮雕一卧虎，虎头向着洞口。窟内平面呈方形，宽约 1.7 公尺，深约 1.5 公尺，窟顶中部有人字坡。正壁中心造一坐佛二侍立菩萨。其左侧上排雕二小坐佛。下排一小坐佛。右侧上排，二小坐佛，下排无雕刻。洞内左壁，在人字坡三角处刻一坐佛。其下有二排坐佛，上排 6 身，下排 5 身。作禅定印佛与作无畏印佛间隔布列。题记有："比丘门师法奉"，"息舍利"等字。右壁在人字坡三角处造一坐佛。起下为二排坐佛，上排 6 身，下排 3 身。题记有"息芬常"、"息恶佛"等等。两壁文字楷书，但仍有隶意。这个石窟由于风化严重，造像已不能辨别衣纹，但佛有低肉髻，面方，肩宽；小坐佛亦面方颈粗等等。从工

---

①　参见刘鹏：《北魏山东佛教造像考》，《广西民族大学学报》2012 年第 2 期。

②　温玉成：《青州佛教造像考察记》，转引于国学网，http://www.guoxue.com。

艺上来看，这些造像是由民间工匠所造。根据这些造像的形貌，可知是属于北齐时代所作。从题记分析，应是一个家族的造像，而聘请的"门师"，则是比丘法奉。窟门外刻一卧虎守护，恐亦民间做法，不见于其他石窟中①。胶南这三个小石窟的造像，与古青州的造像风格保持了一致，也有一些独特的地方，如第一处石屋子沟石窟的窟顶做人字坡状，在青州地区其他石窟的中尚没有见到。

　　崂山所出土六朝时期的佛教造像主要在法海寺。1980 年在位于青岛市崂山区源头村东的法海寺门前东侧修路时，出土北朝石造像 100 余件，其中有八件现在青岛博物馆中展陈。关于法海寺和这批佛像，陈振涛和杞园在《崂山佛教拾零》一文中提到。文中说："1980 年在夏庄镇法海寺附近出土的残破石雕佛像，多是高髻、隆准、大耳、袒胸、跣足；刀法粗犷，朴实无华。据专家考证系南北朝时期的作品。有一块佛座上就刻有'大齐武平二年岁次辛卯（571）五月丁未朔七日癸丑'……字样。"又说："法海寺，创建于魏武帝时期（据法海寺碑铭）。后来在南北朝动荡战乱年代，佛、道两家不可避免地卷入了政治斗争的漩涡。据道宣《广弘明集》载，'（北周）建德六年（577）周灭齐'，周武帝宇文邕认为'佛生西域，朕非五胡……可以废之。'又据《房录》载，一切寺庙、佛像、佛塔、经典都遭到破坏，三百多万僧尼被遣散还俗。这时崂山铁骑山西麓的'荆沟院'有和尚二百余名，平日就和村民有田亩地界争执，在这种政治气候下，遭到官府、士绅、村民的巨大压力，庙宇被毁，还有许多和尚丧生。法海寺此时也遭到破坏，前文提到的 1980 年 7 月在该寺附近出土的一百多件残缺石造佛像，就是历史的见证（这些佛像现保存于崂山文化馆内）。北周宣帝即位后，于大成元年（579）取消了废佛毁寺的禁令，至隋文帝时才又重修了被毁的寺

---

① 参见温玉成：《青州佛教造像考察记》。

院。佛教再兴，法海寺也得以重建。"① 这里透露出来的信息是，法海
寺建于魏武帝时期，造像是在北齐时期；在北周灭佛中，法海寺遭到焚
毁，至隋文帝时又重建起来。蓝水也说法海寺是崂山所建的最早的佛
寺："北魏时建，在石门山西垠，北倚少山，前临源头河，为山中僧寺
之最早者。黄志失载。地势空洞，殿宇华整。寺西僧墓上小石塔三座，
如春笋怒发。"②

　　法海寺建于北魏武帝的依据，是从现存的《元泰定三年重修法海寺
碑》中得知的，碑文由进吉祥撰，于元泰定三年（1326）立石，文云：
"详夫道体惟微，真机寂灭，非空非有，实万物之根源，不灭不生，乃
二仪之渊府。囊括四生九有，包罗三界十方，罄其蠢动含灵，同入无余
觉性，悟之则虚玄本际，迷之者旷劫沉沦。大哉调御之师，示现迦罗之
因，瑞符周代，迹寄王宫，位乘全轮。身栖雪岭，六年积行，一旦明
真，三祇修清净之法身，六度证圆融之纱觉，演教四十九载，谈经五千
余卷，遂感天龙卫护，犹万水之朝宗，释梵遵依，若众星之拱北。由是
佛日普照于十方，精舍遍周于沙界。即墨法海寺，乃寰中之一数焉，东
枕鳌山，南临双塔，西邻沧海，北据虎峰。山水幽奇，宜檀那之集福，
林峦秀茂，助衲子之栖神。眷此道场，实为古迹。自魏武皇帝创建，北
宋嘉祐年间寺僧重修。年深碑古，岁久磨名。金大安二年，师公苾清
澄，起建法海堂。岁月既久，殿宇堕摧。延祐二年，本寺住持信公、玉
公，请淮涉寺寿公住持法海。于是重修。师本县人也，出家淮涉海，剃
发受具，训名宝寿，不茹荤膻，坚持戒行，课诵《药师》、《金刚》之
经，严持上生普贤之品。三业虔诚，究鸡园之奥义，存心恭谨，穷鹫岭
之真机。加以游历五峰圣境，遍阅大藏金文。大德二年，于慧公座传法
赐衣。至大三年，赐佛日圆通之号。师住法海前后十余年，胁不至席，

　　① 《崂山餐霞录》第二辑，崂山县政协文史资料研究委员会编，1987 年印刷，第 219、
222－223 页。
　　② 蓝水：《崂山志》，第 33 页。

每念修持。监寺广能等青社录事司典史修顯协力兴功，施材施力，首创法堂五间，前后六楹七标。既塑释迦五士，兼饰观音一堂，金碧灿然，功勋备矣。然后创建云堂、厨舍、耳屋、僧寮、阶砌、门窗，三门房舍，一一具备。四十间同办同修，不日成就，昔所未备，今忽完成。广能等念住持修建之功，思善众布施之德，久经岁月，虑废前功，丐文砻石，谒恳无门，勉以发挥，纪一期之实事，敬而秉笔，为百代之宏观。铭曰：至哉圣道，恍惚杳冥，包罗万有，指导群生。无生无灭，非晦非明，人人具足，个个圆成。因差一念，现万种形，三途沦没，六趣泠塀。是故调御，示迦罗城，王宫不恋，雪岭修行。道周沙界，福荫寰瀛，教演一藏，万古典型。因兹梵宇，若布棋星，法海寺者，古迹堕零。信公数载，守业何更，一旦礼请，寿师峥嵘。遵守戒德，诵念虔诚，五峰亲礼，遍阅藏经。每宏讲席，钟鼓腾声，总统赐号，佛日嘉名。创建殿宇，圣像棱层，一一具备，灿烂丹青。爰有作者，监寺广能，普化四众，事事主盟。一期盛事，日久何凭，丐文砻石，千古德馨，哀斯功德，端祝圣龄，河清海晏，万邦载宁。佛塔营邱兴国禅寺住持嗣祖无门野老进吉祥撰。岁次丙寅泰定三年十月上旬一日立石。"①

碑文记载法海寺建于北魏武帝时期，后来重修、扩建，使其规模不断扩大。北魏时，青州地区建寺成风，造像成风，崂山的佛教信徒在此时建立了寺院，说明了崂山佛教借助了此次佛教发展的顺风车。但疑问是，这里的"魏武帝"到底指谁？2008 年出版的《崂山区志》说该寺建于北魏武帝时期，是崂山最早的僧寺。高欢于 534 年立元善见为帝（即孝静帝）并迁都于邺（今河北临漳），史称东魏，古青州地区即在东魏的统治区域内。尽管后来北魏政权继续存在，但已经是残余力量了，青州更不在其区域内了。所以说，这里的"魏武帝"肯定不是指北魏武帝。那么是不是指三国曹魏的魏武帝呢？三国曹魏的魏武帝是曹操的儿子曹丕称帝后，对其追加的谥号。法海寺是曹操时代创建的吗？即如下所

---

① 黄肇颚：《崂山续志》卷九，第 325－326 页。

述，此时的佛教寺院主要集中在京师洛阳，其他地方很少，故可能性很小。因此，只能说法海寺建于魏武帝时期，可能是进吉祥的笔误，有可能是北魏太武帝（即拓跋焘，424—452年在位），或者是北魏孝武帝（532－534年在位），抑或当时的传言之误。

虽然法海寺的创建时间难以确定（若"北魏武帝"乃"北魏太武帝"之误，则法海寺的创建当在439－452年之间，因为拓跋焘是在439年才统一了北方，青州开始隶属于北魏；若"北魏武帝"乃"北魏孝武帝"之误，则法海寺的创建时间当在532－534年之间），但不妨碍后来受到信众、游人和文人士子的喜爱。周如砥有《游法海寺》二首，其一云："云尽寒山石窦开，西风古寺一徘徊。树当十月犹青色，碑载前朝总绿苔。护法似闻天犬吠，听经曾有夜龙来。须知胜地宜樽酒，未许夕阳促客回。"诗中说的"碑载前朝"之碑，应该就是进吉祥所撰的《重修法海寺碑》。其二云："幽岩欲尽见浮屠，峭级穿云百尺孤。四面山风团翠霭，千年花雨暗平芜。人寻鸟道迷南北，篆杂蜗文半有无。欲问慈航何处是？斜阳满树一啼乌。"王大来亦有《法海寺夜听僧然超吹笛》诗，云："远过招提寺，松门日已曛。试听一声笛，吹落半山云。茗约花间啜，香邀月下焚。夜深同卧处，还向梦中闻。"[1] 据此可知，法海寺自重修后，一直有僧人驻寺，香火一直得到了延续。

上文提到的荆沟院，又称崇佛寺，《崂山佛教拾零》提到："早在魏末西晋初，崂山就已建成了一座规模较大的寺院'崇佛寺'（即荆沟院），当时寺内驮碑的大石龟（正式名称应为'赑屃'），至今犹存。1967年在该寺原址所在地院后村（惜福镇东），村民李永业在挖菜窖时，挖出了一块残碑，上面刻有'魏甲申'的字迹，是该寺建于魏元帝曹奂景元五年（甲申，公元264年）的佐证。"[2] 说崇佛寺建于三国魏时期，颇令人起疑。周至元在《崂山志》卷三中说："崇福寺，一名

---

① 黄肇颚：《崂山续志》卷九，第326页。
② 《崂山餐霞录》第二辑，第220页。

金钩院，在金钩村。"没有提到其创建年代和沿革。据《出三藏记集·竺法护传》云："是时，晋武帝之世，寺庙图像，虽崇京邑，而方等深经，蕴在西域。"① 由此大体可知在晋武帝时期及其之前的三国时代，寺院主要建在京师洛阳，其他地方是很少见的。据考证，古青州地区所建立的第一座寺院，是宁福寺。《益都县图志》云："宁福寺，在城东南四十二里郑墓店。明洪武间建，弘治十八年重修。""有碑，见《金石碑略》云，郑母店有宁福寺，旧矣。考诸府乘，实造于晋太安元年。旧址在店东，地名塔儿坡者。与状元王公曾之墓相迹，恐亦当时孝先子孙假之以奉香火也。"② 据此可知，宁福寺创立于西晋太安元年（302）。《益都县图志》是由益都知县张承燮、李祖年先后主纂，法伟堂（1843－1907，字容叔，号小山）校补。法伟堂是青岛胶州市人，是清末著名的金石学家、音韵学家、方志学家和教育家，因此《益都县图志》中关于宁福寺的记载应该是比较准确的。由此，说崂山的崇佛寺创建年代可能不会早于宁福寺。因此"魏甲申"的残碑，所指可能不是魏元帝曹奂景元五年（264）。北朝的甲申年还有324年、364年、444年、504年、564年，及其唐代的624年，其中444年是北魏太武帝太平真君五年，504年是北魏宣武帝景明元年，564年是北齐武帝河清三年。北魏献文帝皇兴三年（469），北魏攻占了东阳城，将青州设为刺史治，青州始纳为北魏辖制。因此，"魏甲申"的残碑的时间应该是北魏宣武帝景明元年的504年，而不是魏元帝曹奂景元五年的264年。据此可知崇佛寺的建立时间是在504年之前的某个时间，故2008年出版的《崂山区志》说该寺为隋代开皇年间所建，亦不正确。

二

崂山佛教起于何时，现在确实难以知晓。不过，根据温玉成先生所

---

① 《出三藏记集》卷十三，中华书局1995年版，第518页。
② 《益都县图志》卷十三，光绪三十三年刻本。

说的，东汉胶南出土的画像砖和石刻中已经有了佛教图案，说明此时的胶南已经有了佛教在传播。而且，佛教图案刻入画像砖中，说明此时的崇佛风气比较浓厚了。此时的佛教信徒会不会游历到崂山一带？佛教学说和信仰有没有可能带到崂山来？只能说，是有这种可能的。当然，也可以说是没有这种可能的。

根据文献来看，关于崂山佛教最为可信的事情，是东晋僧人法显去印度取经返程时，随洋流漂到了崂山。

法显（约342－423年），俗姓龚，平阳郡平阳县人（今山西省临汾县西南人）[1]。3岁从宝丰寺出家做沙弥，后居家数年，"疾笃欲死"，父母惊惧，将其送回寺中，其病"信宿便差"，遂"不复肯归"。10岁时，其父去世，叔叔因其母寡独不立，逼迫法显还俗，法显说："本不以有父而出家也。正欲远尘离俗，故入道耳。"20岁受比丘戒，"志行明敏，仪轨整肃"。法显出家后，勤读佛教经典，在阅读过程中，"常慨经律舛阙"，于是"誓志寻求"。在晋隆安三年（399），与同学者慧景、道整、慧应、慧嵬等，从长安出发，"西渡流沙"，开始去印度的取经历程。一路上，经历无数的艰难险阻，如言其路上的艰险云："上无飞鸟，下无走兽，四顾茫茫，莫测所之。唯视日以准东西，人骨以标行路耳。屡有热风恶鬼，遇之必死，显任缘委命，直过险难。有顷，至葱岭。岭冬夏积雪。有恶龙吐毒，风雨沙砾，山路艰危，壁立千仞。昔有人凿石通路，傍施梯道，凡度七百余梯。又蹑悬絙过河数十余处。仍度小雪山，遇寒风暴起，慧景噤战不能前，语显曰：'吾其死矣！卿可前去，勿得俱殒。'言绝而卒。显抚之号泣曰：'本图不果，命也奈何！'复自力孤行。遂过山险。"

法显一路"凡所经历三十余国"，终于到达中天竺，"于摩羯提邑波连弗阿育王塔南天王寺得《摩诃僧祇律》，又得《萨婆多律抄》、《杂阿毗昙心》、《綖经》、《方等泥洹》等经"，实现其取经之所愿。法显留

---

[1]　此据章巽：《法显传校注序》，中华书局2008年版。

在印度三年，"学梵语梵书，方躬自书写"。和法显一同去印度取经的同伴，有的死于去印度的路上，有的不愿意再经历风险回国而留在印度，也有的在印度去世，最后只剩下法显独自一人了。一日，"忽于玉像前。见商人以晋地一白团扇供养"，不觉"凄然下泪"，二年后，在得到《弥沙塞律》、《长》、《杂》二函，及《杂藏》本等中国所无的经本之后，法显搭乘商人的船只，经海路踏上回国的路程。商船在海上遭遇暴风，法显可谓是九死一生，记云："舶有二百许人，值大暴风，舶坏水入。众皆惶怖，即取杂物弃之。显恐商人弃其经像，唯一心念观世音。及归命汉土众僧。大风昼夜三十日，吹舶至岛下，治舶竟前。时阴雨晦冥，不知何之，唯任风而已。若值伏石及贼，万无一全。行九、十日，达耶婆提国。停五月，复随他商侣东趣广州。举帆月二十余日，中夜忽遇大风，举舶震惧。众咸议曰：'坐载此沙门，使我等狼狈，不可以一人故，令一众俱亡。'共欲弃之。法显檀越厉声呵商人曰：'汝若下此沙门，亦应下我，不尔便当见杀。汉地帝王奉佛敬僧，我至彼告王，必当罪汝！'商人相视失色，偬俯而止。既水尽粮竭，唯任风随流，忽至岸，见藜藿菜依然，知是汉地，但未测何方。即乘船入浦寻村，遇猎者二人，显问：'此是何地耶？'猎人曰：'此是青州长广郡牢山南岸。'"法显至此在崂山登陆，成为崂山佛教史上有记载的最早来到崂山的高僧。

遇到法显的两个猎人，还以告太守李嶷。李嶷是一个虔诚的佛教信徒，听到有高僧来到崂山，"躬自迎劳"，法显"持经像随还"。法显留在青州大概有一年多的时间，"欲南归"，李嶷请留过冬，法显说："贫道投身于不反之地，志在弘通，所期未果，不得久停。"[1] 遂南行至南京，在南京翻译出《大涅槃经》等经典。

按照文献来看，法显在崂山登陆后，很快被青州太守李嶷接走，所

---

[1] 释僧祐：《出三藏记集》卷十五《法显法师传》，第573－576页。又可参见《法显传校注》、释慧皎：《高僧传》卷三《宋江陵辛寺释法显》，中华书局1992年版。

居住的时间不长，其之于崂山的佛教会有多大程度的影响呢？法显自撰的《法显传》中记载自己在崂山登陆的事情说："……即便西北行求岸，昼夜十二日，到长广郡界牢山南岸，便得好水、菜。但经涉险难，忧惧积日，忽得至此岸，见藜藿依然，知是汉地。然不见人民及行迹，未知是何许。或言未至广州，或言已过，莫知所定。即乘小船，入浦觅人，欲问其处。得两猎人，即将归，令法显译语问之。法显先安慰之，徐问：'汝是何人。'答言：'我是佛弟子。'又问：'汝入山何所求？'其便诡言：'明当七月十五日，欲取桃腊佛。'又问：'此是何国？'答言：'此青州长广郡界，统属晋家。'闻已，商人欢喜，即乞其财物，遣人往长广郡。"[①] 这段与两个猎人的对话，可能是法显的加工，这两个猎人未必就是佛教信徒。不过，或许从另一个方面来推测，崂山此地可能已有佛教，也已有了佛教信仰者。青州太守李嶷一听到有佛教高僧到达，即刻来将法显接走，而且留其在青州有一年的时间，说明此时青州的佛教信仰已经很普遍了。是故，崂山此时已经有佛教在传播且范围很广泛的可能。

若这两个猎人真的是佛教徒，那么在他们报告李嶷，李嶷来崂山将法显接走的这段时间内，以两个猎人为代表的佛教信徒必然会向法显请教佛教问题，增加他们对于佛教的了解。按照当时的交通状况考虑，从崂山到青州一去一回的时间应该不会短，因此法显会向信徒们讲解不少的佛教知识和内容。

对于民间的佛教信徒来说，法显会向他们讲什么内容？根据后来佛教在民众中流行与信仰内容来看，极有可能是关于观音信仰和弥勒信仰的问题。

关于观音信仰，上文中提到了，法显在海上遇难时，"唯一心念观世音"。六朝时期，全国上下观音信仰盛行，普遍流传观音应验的故事。佛教由于更能满足民众对"救济"的渴望，尤其是大乘佛教建立在万

---

① 《法显传校注》，第 146－147 页。

法平等、众生悉有佛性基础之上的救济思想的传入，使其在六朝时期赢得了民众的信仰。菩萨思想作为佛教救济意识的集中体现，更是受到中土社会各阶层的热烈欢迎，特别是在困苦无告的下层民众之中更是如此。这种情况，在古青州各地所发掘出来的佛教造像中有清晰的说明。如1980年以来在博兴出土的佛教造像中，数量最多的就是观音造像①。从这些佛像的铭文来看，这些造像的制造者大多是普通的百姓，说明在六朝民众信仰中，菩萨思想深受社会下层民众重视。

现在所说的观音是"观世音"的简称，梵文为Avalokiteśvara，早期有"阿缚卢枳低湿伐罗"、"阿那波娄去低输"等译法，或简化为"卢楼桓"。现在意义上的"观音"称呼的出现，可能不会早于《法华经》译出之前。西晋竺法护于太康七年（286）译出《正法华经》，称之为"光世音"；元康元年（291），无罗叉译出《放光般若》，译为"现音声"，这两个名称是目前所知的最早的译法。与竺法护同时的聂道真在太康、永嘉间，译有缺本的《观世音受记经》以及在《文殊般若涅槃经》、《无垢施菩萨应辩经》中，使用了"观世音"的名称。后魏菩提流支于正始五年（508）译出《法华经论》，使用的是"观世自在"的名称，至鸠摩罗什翻译《妙法莲华经》，使用"观世音"之后，"观世音"及其略称"观音"开始在全国流行起来②。

菩萨思想在早期的流行主要是依据《法华经》，该经主要思想是调和大、小佛教，赞扬大乘佛教而主张"三乘归一"。宣扬观音信仰的是该经中的《观世音普门品》，这是宣扬为实现佛道而修菩萨道。有研究者认为，该品无论从思想内容，还是从组织结构看，都不和全经中心思想相吻合，《观世音普门品》本来是一部单独的经典，是《法华经》造成以后附入其中的。

---

① 参见张淑敏、田茂亭：《浅探山东博兴出土的北朝铜佛像》（《中原文物》2005年第2期），在47件带铭文的造像中，可辨别出造像名称的有16件，其中11件为观音造像。

② 可参考孙昌武：《中国文学中的维摩与观音》第三章"观音信仰的弘传"中的相关内容，高等教育出版社1996年版。

《法华经》的翻译，在竺法护之后，最为重要的就是后秦的鸠摩罗什于弘始八年（406）译出了《妙法莲华经》，其中的《观世音普门品》被认为是宣扬菩萨思想的主要篇章。《普门品》体现的观音信仰的普门救济，即普遍的救济，普门之意为颜面向着一切的方位。本品开头即云："善男子，若有百千万亿众生，受诸苦恼，闻是观世音菩萨，一心称名，观世音菩萨即时观其音声，皆得解脱。"闻声往救的能力，使得观音菩萨如同世人的救世主一样，有着全能的救济功能。

六朝时期，所译出的关于观世音的经典，还有很多，如《出三藏记集》卷二《新集经论录第一》中还录有竺法护译《光世音大势至受记经》、祇多密译《普门品经》、沮渠京声译《观世音观经》、法意等译《观世音忏悔除罪咒经》等多种。只是这些译本已失，内容无可考察。同时，还出现了一些有关观世音的"伪经"，如《观音三昧》、《观音忏悔》、《大悲雄猛观世音》，以及敦煌写卷中的《佛说观音普贤经》、《佛顶观世音菩萨救难神愿经》等。相关经典的大量译出和众多伪经的出现，所表明的是观世音信仰在中国民众中受欢迎的程度之高和在中国社会中的流行之广泛。

民众信仰观世音最主要的原因，是它的救苦功能。观音信仰是大乘佛教的独特内容，与小乘佛教注重自我解脱不同的是，大乘佛教注重"他力救济"。观音所行是菩萨行，所求是菩萨道。菩萨全称是"菩提萨埵"，意思是"觉有情"、"道心众生"。菩萨不以自我解脱轮回之苦为目标，而是要度脱一切众生，自作舟桥让众生达到彼岸。《华严经·入法界品》也是赞扬观音的，其中说："善哉善哉，善男子，乃能发阿耨多罗三藐三菩提心。善男我已成就大悲法门光明之行，教化成就一切众生，常于一切诸佛所住，随所应化，普现其前。或以慧施摄取众生，乃至同摄取众生，显现妙身不思议色摄取众生，放火光网除灭众生诸烦恼热，出微妙音而化度之。威仪说法，神力自在，方便觉悟，显变化身，现同类身，乃至同止摄取众生。善男子，我行大悲法门光明行时，发弘誓愿，名曰摄取一切众生，欲令一切离险道恐怖，热恼恐怖，愚痴恐怖，系缚恐怖，杀害恐怖，贫穷恐怖，不活恐怖，诤讼恐怖，大众恐怖，死恐怖，恶道恐怖，诸趣恐怖，不同意恐怖，爱不爱恐怖，一切恶恐怖，逼迫身恐怖，逼迫心恐怖，愁爱恐怖。复次，善男子，我出生现在正念法门，名字轮法门。故出观一切众生等身，种种方便，随其所应，除灭恐怖而为说法，令发阿耨多罗三藐三菩提心，得不退转，未曾失时。"经中提到的除去一切"恐怖"等苦难，无疑对民众具有强烈的吸引力。观音因此也被民众称为"救苦"观音。

六朝时期，流传着大量的观音应验故事，这也是观音受到民众信仰和欢迎的原因之一。鲁迅在《中国小说史略》中指出，佛教的传入加剧了中国本有鬼道之说的传播，使得六朝时期出现了大量的鬼神志怪之事。鲁迅说："中国本信巫，秦汉以来，神仙之说盛行，汉末又大畅巫风，而鬼道愈炽；会小乘佛教亦入中土，渐见流传。凡此，皆张皇鬼神，称道灵异，故自晋讫隋，特多鬼神志怪之书。其书有出于文人者，有出于教徒者。"[①] 这些宣扬佛教故事的书，鲁迅称之为"释氏辅教之书"，这类书中，观音信仰应验故事是辅教之书的重要门类之一，"释氏辅教之书，《隋志》著录九家，在子部及史部，今惟颜之推《冤魂志》存，引经史以证报应，已开混合儒释之端矣，而余则俱佚。遗文之可考见者，有宋刘义庆《宣验记》，齐王琰《冥祥记》，隋颜之推《集灵记》，侯白《旌异记》四种，大抵记经像之显效，明应验之实有，以震耸世俗，使生敬信之心"[②]。鲁迅提到的这几种书，内容中包含有各种应验故事，如舍利应验、《金刚经》应验等，而观音应验是其中最为重要的内容之一。关于更集中反映观世音应验故事的，现在还能看到的有刘宋傅亮的《光世音应验记》、刘宋张演《续光世音应验记》、齐陆杲《系观世音应验记》三种。其中，《光世音应验记》有七个故事，

---

① 鲁迅：《中国小说史略》第五篇"六朝之鬼神志怪书"，上海古籍出版社1998年版，第24页。

② 鲁迅：《中国小说史略》第五篇"六朝之鬼神志怪书"，第32页。

《续光世音应验记》有十个故事，《系观世音应验记》则有六十九个故事，说明了关于信仰越来越流传的趋向。

当时民众对此类灵验事件持确信不疑的态度，如傅亮《光世音应验记》中的三个胡僧归心观世音而免于被杀的故事，云："石虎死后。冉闵杀胡。无少长，悉坑灭之。晋人之类胡者，往往滥死。时邺西寺中，有三胡道人，共计议曰：'冉家法严，政复逃匿，同无免理，光世音菩萨救人厄，今唯当至心自归。'乃共诵经请乞，昼夜不懈。数日后，收人来至，围寺一匝。三人拔刀入户，欲各杀之。一道士所住讲堂壁下，先有积材。一人先来，举刀拟之，而诛中积材，刀屈如钩，不可得拔。次一人又前斫之，刀应手而中，即一段飞在空中，一段返还自向。后余一人，见变如此，不敢复前，投刀谢之：'不审上人有何神术，乃今白刃不伤？'道士答曰：'我实无术。闻官杀胡，恐自不免，唯归心观世音。当是威神怜佑耳。'此人驰还白闵，具说事状，闵即敕特原三道士。"本段末说这个事是"道一在邺亲所闻见"[1]，显示了作者非常确信这个事情是真实的。

《光世音应验记》中第一个应验故事说的是竺长舒。文云："竺长舒者，其先西域人也。世有资货为富人。居晋元康中，内徙洛阳。长舒奉佛精进，尤好诵《光世音经》。其后邻比有火，长舒家是草屋，又正在下风，自计火已逼近，政复出物，所全无几。《光世音经》云：'若遭火，当一心诵念。'乃敕家人不复輂物，亦无灌救者，唯至心诵经。有顷，火烧其邻屋，与长舒隔篱，而风忽自回，火亦际屋而止。于时咸以为灵应。里中有凶险少年四五，共毁笑之云：'风偶自转，此复何神？伺时燥夕，当爇其屋，能令不然者，可也'。其后天甚旱燥，风起亦驶。少年辈密共束炬，掷其屋上，三掷三灭，乃大惊惧，各走还家。明晨相率诣长舒，自说昨事，稽颡辞谢。长舒答曰：'我了无神，政诵念观世

---

① 董志翘：《〈观世音应验记三种〉译注》，江苏古籍出版 2002 年版，第 12 页。

音，当是威灵所祐，诸君但当洗心信向耳。'邻里乡党，咸敬异焉。"①
竺长舒因诵念光世音名号，而使自家免于火灾，表明了诵念观世音名号
的灵验。更值得注意的是，文中提到此故事发生的时间是"晋元康
中"，元康是晋惠帝司马衷的年号，从291年到299年共9年，竺法护
是286年译出的《正法华经》，说明了《法华经》刚被译出，就迅速为
大众所接受。这个观音应验故事，与民众供奉法显所译出的《大涅槃
经》非常相似："显既出《大泥洹经》，流布教化，咸使见闻。有一家
失其姓名，居近扬都朱雀门，世奉正化，自写一部，读诵供养。无别经
室，与杂书共屋。后风火忽起，延及其家，资物皆尽，唯《泥洹经》
俨然具存，煨烬不侵，卷色无异。扬州共传，咸称神妙。"② 如此相似
的情节、应验，不能不怀疑二者之间是有相互的参考。

其次是关于弥勒信仰。所谓弥勒信仰，是指以弥勒菩萨为信奉对象
的佛教信仰。据说，当末法时代来临时，会有弥勒菩萨从兜率天降临世
间，拯救处于水深火热中的民众。印度弥勒信仰出现很早，如《增一阿
含经》卷四十五、《贤劫经》卷七等经典中，皆以弥勒为未来出现之第
一佛。日本学者松本文三郎说弥勒信仰"以其区域从西北印度最北部经
中印而达南印度最南端，并进而延伸至锡仑岛。因此，到公元三、四百
年之时，弥勒信仰已传播至印度全境，这一点是不容置疑的"③。

法显在《法显传》中记录印度当时的弥勒信仰，在书中总共提到
弥勒8次，观世音3次，文殊2次。这些记述中，包括了法显在北印度
陀历国所见的弥勒巨像，在狮子国听天竺道人口颂弥勒经典以及佛钵移
动与弥勒信仰的传说等，勾勒了5世纪印度社会的弥勒信仰概貌④。
《法显传》云："度岭已，到北天竺。始入其境，有一小国名陀历，亦
有众僧，皆小乘学。其国昔有罗汉，以神足力，将一巧匠上兜率天，观

① 董志翘：《〈观世音应验记三种〉译注》，第3-4页。
② 释僧祐：《出三藏记集》卷十五，第576页。
③ ［日］松本文三郎著、张元林译：《弥勒净土论》，宗教文化出版社2001年版。
④ 本部分参考了王雪梅：《法显与弥勒信仰》，《兰州学刊》2011年第7期。

弥勒菩萨长短、色貌，还下，刻木作像。前后三上观，然后乃成。像长八丈，足趺八尺，斋日常有光明。诸国王竞兴供养，今故现在于此。"这是说印度弥勒菩萨像的来源。又说："众僧问法显：'佛法东过，其始可知耶？'显云：'访问彼土人，皆云古老相传，自立弥勒菩萨像后，便有天竺沙门赍经、律过此河者。像立在佛泥洹后三百许年，计于周氏平王时。由兹而言，大教宣流，始自此像。非夫弥勒大士，继轨释迦，孰能令三宝宣通，边人识法。固知冥运之开，本非人事，则汉明帝之梦，有由而然矣。"① 这是说弥勒早在周代就已经传入中国，汉明帝所梦见之神人就是弥勒菩萨，这显然是夸张和附会之说了。法显说自有此弥勒菩萨像后，佛教开始传入中国，无独有偶的是，唐初去印度取经的玄奘也这样认为，他说："自有此像，法流东派。"② 这尊弥勒的造像，据说是罗汉以神通力让工匠上至兜率天，通过观看弥勒菩萨容貌仿制而成，像长八丈，足趺八尺。这个长度，不禁使人联想到青州在六朝时期出现的丈八佛。丈八佛就是高八尺，这样的佛像在青州、临淄、博兴等地发现很多座。在青岛博物馆中展出的有两座丈八佛，是从临淄运过来的。据此来看，青州地区六朝的丈八佛造像，有可能是模仿了这尊弥勒菩萨的造像。如果真是如此，可知法显从印度介绍来的弥勒菩萨信仰在青州发生了很大的影响。

综上所述，法显在崂山暂住的这段时间，是极有可能宣扬观音菩萨信仰和弥勒菩萨信仰的，虽然没有文献可以说明，但从其在青州宣扬弥勒菩萨信仰来看，他在崂山宣扬他的信仰一样是可能的。郦道元《水经注·泗水》记载云："又东南过彭城东北，泗水西有龙华寺，是沙门释法显远出西域，浮海东还，持龙华图，首创此制，法流中夏，自法显始也。其所持天竺二石仍在南陆东巷堪中，其石尚光洁可爱。"③ 饶宗颐

---

① 《法显传校注》，第 22—23 页。
② 玄奘述，辩机编，季羡林等校注：《大唐西域记》，中华书局 2000 年版，第 296 页。
③ 郦道元：《水经注》，巴蜀书社 1985 年影印本。

先生据此说："彭城的龙华寺，原由法显创建，郦氏目睹从印度携回的二石，言之凿凿……他还带来《龙华图》，因此创建龙华寺……'龙华'之名更为风行。宋明帝有《龙华法愿文》，南齐萧子良有《龙华会记》，应追溯到法显携来之《龙华图》。"① 由此可以确定，法显不仅带回了《龙华图》，更在青州建立了龙华寺，传播弥勒菩萨信仰。由此推测，法显在崂山的这一段时间，应该是会宣扬他的信仰的，他的宣扬应该也会对崂山的佛教产生一定的影响。不过，现在没有文献能够说明这一点；在法海寺出土的造像，几乎全是佛陀的造像（就在博物馆中展出的部分来看是如此），没有观音造像和弥勒菩萨造像。所以，这一段的崂山佛教历史可以据此来推测，但毕竟还是模糊的。

三

与法显基本同时，还有可能影响到崂山地区佛教的，是北天竺僧人佛驮跋陀罗（359—429）。佛驮跋陀罗，《高僧传》和《出三藏记集》皆有传。《高僧传》云："佛驮跋陀罗，此云觉贤，本姓释氏，迦维罗卫人，甘露饭王之苗裔也……少以禅律驰名，常与同学僧伽达多共游罽宾，同处积载，达多虽伏其才明，而未测其人也。后于密室闭户坐禅，忽见贤来，惊问：'何来？'答云：'暂至兜率，致敬弥勒。'言讫便隐，达多知是圣人，未测深浅。后屡见贤神变，乃敬心祈问，方知得不还果。常欲游方弘化，备观风俗，会有秦沙门智严，西至罽宾，睹法众清胜，乃慨然东顾曰：'我诸同辈，斯有道志，而不遇真匠，发悟莫由。'即谘讯国众，孰能流化东土，佥云：'有佛驮跋陀者，出生天竺那呵利城，族姓相承，世遵道学，其童龀出家，已通解经论，少受业于大禅师佛大先。'先时亦在罽宾，乃谓严曰：'可以振维僧徒，宣授禅法者，佛驮跋陀其人也。'严既要请苦至，贤遂愍而许焉，于是舍众辞师，裹

---

① 饶宗颐：《早期青州与佛教的因缘》，《中国史研究》2001 年第 3 期。

粮东逝。步骤三载，绵历寒暑，既度葱岭，路经六国……顷之至青州东莱郡，闻鸠摩罗什在长安，即往从之。"① 东莱郡即今莱州市，距离青岛及崂山已经不远。传中也记到，佛驮跋陀罗不仅擅长禅观，同样与弥勒菩萨信仰有着极为密切的关系。

传中提到的智严法师，亦是西行取法者之一，《出三藏记集》叙其传云："其未出家时，尝受五戒，有所亏犯。后入道受具足，常疑不得戒，每以为惧，积年禅观，而不能自了。遂更泛海，重到天竺，谘诸明道。值罗汉比丘，具以事问罗汉。罗汉不敢判决，乃为严入定，往兜率宫谘弥勒。弥勒答称得戒。严大喜，于是步归。"② 这里清楚地说明了，智严也是弥勒菩萨信仰的宣扬者。这段话的写法，与《法显传》中对于见弥勒的写法几乎一致，这极有可能是法显回来宣扬弥勒菩萨信仰之后，中国信徒对于弥勒菩萨留下了这样的印象。

二人在莱州登陆，及由莱州去往长安的路上，会不会在莱州、即墨一带也留下了弥勒菩萨的说教和故事？是有可能的。然后再通过信徒，慢慢传播到崂山一带。

四

法显之后，另一个可能对崂山佛教发展有助益的是明僧绍。

明僧绍（？—483）字休烈，平原人，出生于一个有信佛传统的世族家庭里。《南齐书》有传，云："明僧绍，字承烈……明经有儒术。隐长广郡崂山，聚徒立学。淮北没虏，乃南渡江。"③ 明僧绍为平原人，却不知何故来到崂山隐居。他在崂山隐居，聚徒讲学，蓝水言其事迹道："僧绍明经有儒行，隐长广郡之劳山，聚徒立学。晋元嘉中，徵不

---

①　《高僧传》卷二，第70页。
②　《出三藏记集》卷十五，第577页。
③　《南齐书》卷五十四，中华书局1972年版，第927页。

就，及魏克淮北，乃南渡江居摄山，后舍宅为栖霞寺。齐高帝尝欲见之，遁去。仍赐竹根如意笋箨冠，隐者以为荣焉。"① 严格来说，明僧绍的身份首先是一个儒士，尽管出生于一个佛教徒家庭中，却不知他在早期是否是佛教徒。可以确信的是，明僧绍对佛教有着好感，这是他后来舍宅为寺的原因。

明僧绍的弟弟明庆符在青州任时，由于缺乏粮食，跟随庆符来到青州，"住弇榆山，栖云精舍，欣玩水石，竟不一入州城"，成为一个几乎与佛教徒无异的隐逸之士。庆符罢青州任后，僧绍随归住江乘摄山。他听闻沙门释僧远"风德"，遂往定林寺拜访。此时，齐太祖欲出寺见之，僧远问僧绍曰："天子若来，居士若为相对？"僧绍曰："山薮之人，政当凿坏以遁，若辞不获命，便当依戴公故事。"② 既而遁还摄山，于山上建栖霞精舍而居之，齐太祖以没有见到他为恨。永明二年（484）明僧绍去世后，他的儿子明仲璋舍宅为寺，永明七年（489）法度禅师以栖霞精舍为基础，正式创立了栖霞寺；并开凿了三圣像以纪念明僧绍。据称，梁大同六年（540）三圣像佛龛上出现了佛光，引得梁之贵族纷纷前来凿石造像，形成规模庞大的石窟，后经唐的扩建，宋、元、明的不断开凿，累计造像达 700 余尊。

唐时，为了纪念明僧绍，唐高宗亲撰《摄山栖霞寺明徵君碑铭》，云：

朕闻钟山玉阙，羽驾之所巡游；昆岳金台，霓衣之所翔集。虽复真宗窅眇，神理希微，犹居三界之中，未出九天之外。唯有乘如广运，妙觉圆明，因无生以济有生，就无象而成大象。道隔去来之际，筌系靡得其端，理忘动寂之机，随迎罕窥其奥。得其门者，如髻宝之希逢；臻其极者，似昙花之难遇。

南齐徵君明僧绍者，平原人也。仲雍诞其绵允，井伯播其

---

① 蓝水：《崂山志》，第 47 页。
② 《南齐书》卷五十四，第 928 页。

灵苗，芳源肇于孟明，因即以明为姓。曾祖忱，晋著作郎。祖玩，晋建威将军。凤经流誉，雅韵隆于八儒；豹略申威，香名高于七校。父略，宋平原太守中书侍郎。朱明出抚，扬惠化而傍霈；紫诰攸司，罄忠规而奉上。徵君早植净因，宿苞种智。悟真空于绮岁，体法性于青襟。照与神通，心将道合。遗荣轩冕，少无尘杂之情；玖盅遥自叶幽贞之趣。亭亭秀气，掩璧月而架丹霄；皎皎清衿，漱琼湍而凌碧濑。即相非相，指万象为虚空；无我无人，等四流于寂灭。加以学穷儒肆，该综典坟，论极元津，精通《老》、《易》。至若鹿野龙宫之秘，猿江鹤树之文，莫不递贯清衷，总持丹府。班荆坐樾，独神王于亭皋；朗啸长吟，乃情超于宇宙。蒲轮每至，攀桂之节逾高；玉帛屡陈，枕石之诚弥固。遂乃缅怀飞遁，抗迹崂山；托岫疏阶，凭林结栋。纫兰制芰，方轻藻火之衣；爽籁风松，自代管弦之响。横经者四集，请益者千馀，高凤愧以韬光，张超谢其成市。于时南风不竞，东土构屯，人厌豺狼之毒，家充蛣蝉怪锌。盗仍有道，望境归仁，共结盟誓之言。不犯徵君之界，岂非至诚攸感，木石开心者乎。及元历告终，青光启祚，齐高祖希风仁德，侧席傍求，屡下徵书，确乎不拔。其後又移居郁洲掩榆山栖云精舍，情亲鱼鸟，志狎烟霞，蜕影樊笼，萧然独往。齐建元元年，又下诏徵为散骑侍郎，又不就。既而济岱沦胥，公私荡覆，稽天之浸，将湮蹈海之居；燎原之火，欲烬藏山之璞。乃鸿骞凤举，腾万仞以高翔，择木选君，相九土而遥集。凌江迥憩，遂届南京。负杖泉邱，游眺林壑，历观胜境，行次摄山，神谷仙岩，特符心赏。于是披榛薙草，定迹深栖，树槿疏池，有终焉之志。此山其状如缯，故亦号曰缯山。丹穴红泉，共星河而竞泻，珠林镜巘，与月桂而交辉。鸟咪严虚，猨吟涧静。松门杳霭。去来千里之云，花栈丰茸，含吐十枝之日。实息心之胜地，乃宴坐之名区。爰集法流，于焉讲肆。音容秀澈，宇量端

197

凝，投论会奇，兴言入妙。若洪钟之虚受，有击必扬；似明镜之忘疲，无来不应。于时元儒兼阐，道俗同归，俱号净名，以旌至德。先是山多猛噬，人罕登临。昇岩有仙谷之危，越涧等凭河之险。徵君心不忤物，总万类以敷仁，故使物乃革心，屏三毒而归惠。兴风敛暴，遽承探鲠之恩；游雾含辛，自坏报珠之感。于时齐道方修，寤寐求贤。永明元年，又徵为国子博士。徵君隐居求志，义越乎由光；不降凝心，迹高于园绮。凿坯贞遁，漱石忘归，鹤版载临，豹姿逾远。俄有法师僧辩，承风景慕，翼徒振锡，翻然戾止。法师业隆三藏，道迈四依，戒行坚明，律轨严净。欣然一遇，叶契千龄。子琴为莫逆之交，温雪岂容声之友。因即邻岩构宇，别起梵居。峯峤飞柯，含风吐雾，栖霞之寺，由此创名。

福地裁基，肇发初心之誓；法门构遘，遘钟后说之辰。安居顷之，辩师迁化。六年顶拜，虽开青石之坛；千日威光，未建紫金之岳。徵君积缘登妙，至感入微。尝梦法身，冠于曾巘，后因垂眺，屣步林亭。乃有浮磬吟空，写圆音于帷树；飞香散迥，腾宝气于炉峰。又睹真颜于岩之首，神光骇瞩，若登灵鹫之山；妙力难思，如游瞽龙之邑。岂止无垢佛国，独荫珠云；净德王家，方承珂雪。是知不行而至，冥通应感之符；为法而来，实昭光启之福。非夫慧因宿植，其孰与于此哉！于是拜受嘉徵，愿言经始，将于岩壁，造大尊仪。乃眷为山，未遑初篑。遽而西州智士，与晓岳而俱倾；东国高人，随夜星而共没。琼瑶落彩，峰岫沈晖。永明二年，奄迁舟壑。第二子临沂公仲璋，顾慕曾峦，既崩心于岵望；徘徊囊构，更泣血于楗书。遂琢彼翠屏，爰开叶座，舍兹碧题，式建花宫。上宪优填之区，仰镂能仁之像；校美何充之宅，遽兴崇德之闱。逮彼萧宗，大宏释典，文惠太子及竟陵王，或澄少海之源派，朝宗于法海；或茂本枝之颖发，萌柢于禅枝。咸舍净财，光隆慧业。时有沙门法度，为智殿之栋梁，即此旧基，更兴新制。又造尊像十有馀龛，及梁运载兴，锐心回向，大林精舍，并事庄严。临川王载剖竹符，宣化惟扬之境；言寻奈苑，兴想拔茅之义。以天监一十五载造无量寿像一区，带地连光，合高五丈。满月之瑞，湛珠镜以出云崖；聚日之辉，昇壁轮而皎烟路。参差四注，周以鸟翅之房；迢递千寻饰以鱼鳞之瓦。击鸣乾于爽籁，则步影齐归；丽停午于高曦，则息心攸革。逾锦城而特建，掩银界而孤标。良由积慧所符，大士著甚深之业，用能遥诚克果，永代增希有之缘。以旷劫之隆因，开舍生之至福。伟哉壮观，无得而称。

朕肃纂祯图，丕承宝历，澄九溟而有截，宴八表而无为。紫塞丹岑，接封畿于上苑；白门青野，款睬赟于仙闸。将使率土苍生，镇昇仁寿之域，普天黔首，永蹈淳古之源。崇庆越于两仪，景运逾于万劫。属以冕旒多暇，物色傍求，瞻江海而载怀，咏林泉而兴想。钦风味道，恨不同时。古往今来，抚运化而虽寂，德崇业著，眷神理而犹存。寤寐遗尘，有兼前烈，瞻言胜轨，叹伫唯深。今故于彼度人，常满七七，各兼衣钵，钱二百贯，绢二百匹，苏参拾斛，绣像织成像新旧翻译一切经一藏，并幡华等物。凭幽寻之曩迹，光显德门；托嘉遁之名区，追崇仁里。就福宇而延福，即祥基以缔祥。冀缘金围之庭，近叶珠囊之耀，所愿通因法岸，契果禅林，九鼎与元极同安，七庙与紫微齐固。总三千之净土，并沐薰歌；蟹百亿之恒沙，长为寿算；铁围之所苞括，玉烛之所照临，常餐六气之和，俱藻一音之听。夫象以尽意，意非象而不申；言以会情，情非言而不畅。是以发挥二谛，宏演四依，迥讬莲花之峰，遥刻芝英之字，庶海桑频变，孤超弇岳之碑，城芥屡空，独跨稽岑之篆。式陈茂实，乃作铭云：

悠悠法界，总总含生。轮回欲海，起灭身城。俱安大夜，共习无明。爱尘岳聚，毒树云平。（其一）

邈矣遍知，超然独悟。遽乘五演，高被六度。大空善说，中天巧谕。引彼迷途，归之觉路。（其二）

猗欤净行，育彩昆田。家承珪组，代著忠贤。戒支宿习，种智斯圆。栋梁三宝，薰修四禅。（其三）

爰始筮宾，薜萝攸整。蹈海沈迹，栖岩灭影。天地构屯，干戈互警。北林罔庇，南辕载骋。（其四）

翻飞泽国，历考山图。言瞻碧磴，自韫元珠。凭峰架室，枕壑通衢。鳣庭广跨，马帐宏敷。（其五）

同气相求，善邻遥讬。道符久敬，心均常乐。对辟金园，并疏银阁。谷停帝马，峦归梵鹤。（其六）

空分瑞塔，地积香台。珂月霄暧，珠云旦来。千光雾起，七净霞闿。谷边飞锡，涧下乘杯。（其七）

桂巘参差，松亭隐霭。石坛照锦，瑶泉泻籁。岫接香炉，峰承宝盖。翔凫演法，毒龙销害。（其八）

梵宫既启，福海长深。噬肬忘穴，飞鹓革音，群生普戴，奕祀同钦。不有高节，宁符宿心。（其九）

御宸多闲，闻风遐想。茂轨遐劭，清晖遐往。伫契业于圆明，冀崇缘于方广。镂飞篆于曾岳，齐胜基于穹壤。（其十）①

唐高宗亲为之撰写碑铭，说明他在唐代受到极高的重视。在碑铭中赞其"业隆三藏，道迈四依，戒行坚明，律轨严净"，其所舍寺为"无垢佛国"，显然明僧绍在唐代时被视为佛教僧徒了。

明僧绍在崂山隐居时，尽管不能确定他是否信仰佛教，但从其家庭信仰佛教的背景，以及后来与佛教僧人的接触、舍宅为佛寺等来看，明僧绍应该在早期就是一个佛教色彩浓厚的人。他在崂山聚徒讲学，所讲之学，必定会有佛教内容。由此，他对于崂山的佛教应该是有所推

---

① 《全唐文》卷十五《摄山栖霞寺明徵君碑铭》，上海古籍出版社1990年版，第74－75页。

动的。

五

法显、明僧绍之后，关于崂山佛教的记载，就是隋代开皇年间重修的慧炬院了。慧炬院，在华阴集北，凤凰山下，祀如来。创建年代不可考，惟寺中有碑，字迹模糊，模糊可见有"开皇二年重修"等字样，可知此寺在582年时有重修之事。元大德再次重修。明人曹臣《劳山周游记》中称："院建隋开皇中，孤僧小结存系而已。"可能是误听误信。慧炬院前，有石柱涧，高出有诗云："渐老林青杏子肥，杖边石齿挂僧衣。萧然古寺依双树，竹外朝晴白鸟飞。"视其为修行之佳地。

唐代崂山佛教的记载，据传来自峨眉山的僧人普丰，在峡口南岸建大悲阁，祀如来，称为峡口庙。明代寂云和尚重修，至嘉庆间，又复建，规制较前卫狭。前祀关帝，移佛像于后殿。庙已毁，今仅存明清一再重修之前后殿。黄守绅《峡门庙道中诗》："清游不用有人从，闲访樵渔云外踪。路出村前皆碑确，山来深处渐葱茏。陂陀秀麦迹连高下，花竹围篱间淡浓。到此红尘洗欲净，烟岚万叠一声钟。"[1] 周至元记普丰事云："普丰，唐初自峨眉来崂，创建大悲阁。禅行孤洁，为禅林宗。"[2]

元代有僧号安定，俗姓赵，胶西人。至正间来崂，栖居那罗窟，于此面壁10年，忽悟法乘，乃作偈题壁上曰："口说无挂碍，今朝挂碍无。风光随处好，净土不模糊。"书毕而化。此出于周至元《崂山志》卷四所载，不知确否。

总之，如上所述，崂山佛教在明之前，由于严重缺乏文献记载，对于僧徒、信众和寺院创建等状况几乎是一无所知，只能从仅有的只言片

---

① 黄肇颚：《崂山续志》卷六，第218页。
② 周至元：《崂山志》卷四，第168页。

语的文献中，加以考证和推测其佛教发展的某种状况。经过推测，似乎能够确定，在法显登陆崂山之前，崂山已经有了佛教；法显对崂山的佛教的发展，应该起到了推动作用。再通过法海寺出土的造像来看，崂山这个时期的佛教的发展，与古青州佛教的发展保持了同步。

第六章　憨山与崂山佛教

时间的脚步很快迈进了明代，一个著名僧人的到来，改变了崂山佛教的发展状况，使得崂山佛教瞬间成为瞩目的焦点之一。这个僧人，就是明后期的四大高僧之一的憨山德清。

明初至憨山之前的这段时间，根据前述的孙玄清在明霞洞弃佛入道的情况来看，崂山的佛教显然是存在的。在孙玄清入道之前，佛教僧人占据了有悠久道教传统的明霞洞，说明此时的佛教还是有一定力量，孙玄清弃佛入道之后才使得明霞洞再次归属于道教。只是如同此前的状况一样，没有文献对这段佛教发展的情况予以记载，故难以得知其详情。憨山的到来，则改变了崂山佛教的发展面貌。

一

憨山，根据其自叙的《年谱》，俗姓蔡，父彦高，母洪氏。母生平爱奉观音大士，一日"初梦大士，携童子入门，母接而抱之"，遂有娠。于嘉靖二十五年（1546）生，逝于天启三年（1623）。

憨山自小就展现出与佛教的因缘，周岁时得风疾几死，其母祈祷观音而病愈，"遂许舍出家，寄名于邑之长寿寺"，以"德清"为法号。3岁时，不喜欢与其他小儿嬉戏，而只喜欢安静待着，其祖父尝说他"如木桩"。七岁时，特别爱护他的叔父去世，又见到婶母生子，产生了"死向甚么处去"、"此儿从何得入婶母腹中耶"等关于生死问题的最初疑惑，从此之后，"死去生来之疑，不能解于怀矣"。9岁时，读书于寺中，闻僧人言念观音经能救世间苦，生欢喜之心。11 岁时，偶见行脚僧数人，"遂发出家之志，苦无方便路耳"。12 岁时，其父要为其定婚姻，憨山不肯，执意要出家，遂往依报恩寺西林大和尚。19 岁时，终由栖霞寺云谷法师剃度，"尽焚弃所习，专意参究一事，未得其要，乃专心念佛，日夜不断"。同年，栖霞寺请无极法师"讲《华严玄谈》"，憨山"即从受具戒，随听讲至十玄门"，"恍然了悟法界圆融无尽之旨"①。这是憨山接触《华严经》的开始。

自此之后，憨山与《华严经》伴随始终，对《华严经》非常重视。嘉靖四十四年，憨山二十岁时，憨山因参究念佛公案"用心太急"而"忽发背疽，红肿甚巨"，一时难以痊愈，遂"哀切恳祷于韦驮前"云："此必冤业索命债耳，愿诵《华严经》十部，告假三月以完禅期，后当偿之。"② 第二日早晨醒后，发现疾病已痊愈。憨山可能由此在心底对《华严经》留下了深刻的印象。

万历五年（1577），21 岁时，"因思父母罔极之恩"，见到"南岳思大师发愿文"，遂"发心刺血泥金，写《大方广佛华严经》一部，上结般若胜缘，下酬罔极之恩"。憨山刺血写《华严经》之事，受到了万历帝的支持，"先是慈圣圣母以保国选僧诵经，予僭列名。至是上闻书经，即赐金纸以助。明年四月，书经起"。憨山用了一年的时间，完成了血书《华严经》。万历九年时，憨山在山西五台山，本年万历帝"有旨祈皇嗣，遣官于武当"，皇太后则遣官于五台山做法事。对此，憨山全力支持，"以为沙门所作一切佛事，无非为国祝厘，阴翊皇度。今祈皇储，乃为国之本也，莫大于此者。愿将所营道场事宜一切，尽归并于求储一事，不可为区区一己之名也"。此件事起因于嘉靖七年（1528），"初圣母为荐先帝保圣躬，欲于五台修塔院寺舍利宝塔。谕执政，以为

---

① 《憨山老人自序年谱实录》上，《憨山老人梦游集》卷五十三，莆田广化寺佛经流通处影印本，第 720－722 页。
② 《憨山老人自序年谱实录》上，《憨山老人梦游集》卷五十三，第 723 页。

台山去京驾远，遂卜附京吉地，建大慈寿寺。是年工完，覆奏，圣母以为未满台山之愿，谕皇上仍遣内官带夫匠三千人来山修造。是时朝廷初作佛事，内官初遣于外，恐不能卒业，有伤法门，予力调护，始终无恙"。九年是塔修建完成，憨山"即以金书《华严经》，安置塔藏"，又"自募造华藏世界转轮藏成，为建道场于内，应用供具器物斋粮果品一切所需"。嘉靖十年，憨山开始在五台山讲《华严玄谈》，"百日之内，常住上牌一千众，十方云集僧俗每日不下万众"，可见当时盛况之大。

正是因为《华严经》，而使憨山与崂山结缘，世间之事或许真的很奇妙，憨山与崂山本来是两不相干的，却因为《华严经》使二者有联系，这或许就是所谓的因缘吧。五台山的华严讲会，使憨山声名大震。万历十一年，憨山感到在五台山的声誉使自己有了很大的压力，想找一个安静之所躲避，遂来到了崂山，"然以台山虚声，谓大名之下，难以久居，遂蹈东海之上。始易号憨山，时则不复知有澄印矣。""澄印"是憨山出家至此前的法号，至此易号憨山，不再以澄印相称。其实，憨山的压力应该主要是来自万历皇帝，此时万历亲政，掌握了大权，他要展示自己的意志，下有详述。

憨山记述自己为何来到崂山，说："予初因阅《华严疏·菩萨住处品》云：'东海有处名那罗延窟，从昔以来，诸菩萨众于中止住。'清凉《疏》云：'梵语那罗延，此云坚牢，即东海之牢山也，禹贡青州登莱之境，今有窟存焉。予因慕之，遂特访至牢山，果得其处。"《大方广佛华严经》卷第四十六"诸菩萨住处品第三十二"："震旦国有一住处，名那罗延窟，从昔已来，诸菩萨众于中止住。"《华严经探玄记》卷第十五"菩萨住处品第二十七"云："八，真旦者或云震旦，或曰支那，是此汉国名也。那罗延山此云坚牢山，则青州界有东牢山，应是也。彼现有古佛圣迹。"他自己提到的清凉《疏》，是唐清凉山大华严寺沙门澄观撰《大方广佛华严经疏》，其中卷第四十七"诸菩萨住处品第三十二"说："七，震旦国，即此大唐，亦云真丹，或云支那，皆梵音，此云多思惟，以情虑多端故……那罗延者，此云坚牢，昔云即青州界有东牢山，现有古佛圣迹，此应是也。然牢山乃是登州，亦青州分野，其山灵迹亦多。然今之到此，山在蔚州东，灵迹显著不减清凉，时称普贤所居，往往有睹。彼亦有五台，南台有窟难究其底，时称那罗延窟，或即是此。"憨山应该就是看到这些记述，所以来到了崂山。舒广瀹、吴应宾撰《大明庐山五乳峰法云禅寺前中兴曹溪嗣法憨山大师塔铭序》中说："师之升闻于慈圣也，为圣躬祷也，其作无遮道场也，为皇储祷也。居一年，贞皇应河清之瑞而诞。唱导之侣，妙峰大方，咸被宠锡，而独师逃之海滨，求华严菩萨住处，所谓那罗延窟而谷隐焉。"①憨山确实是为了躲避功绩而来崂山的。

　　除此之外，憨山来到崂山，可能还有另外一个因缘。万历三年，憨山在去往五台山的路中，经过平阳，"居平阳东郭，盖春秋续鞠居之后也。太守胡公号顺庵，东莱人，闻予至寓城外，欲一见，不可得。及予行，公送邮符，予曰：'道人行脚有草屦耳，焉用此。'公益重。及予行，公后追之，至灵石，乃见。同至会城，留语数日，差役送至台山。"万历四年，胡顺庵再次到五台山访憨山："秋七月，平阳太守胡公转雁平兵备，入山相访。静室中，唯餐燕麦馈镉②野菜斋耳。时下方正酷热，骖从到涧中敲冰嚼之。公见曰：'别是一世界也，吾到此，世念如此冰耳。'"憨山此后与胡顺庵交往颇多，云："是年冬十月，塔院主人大方被诬讼，本道拟配递还俗，丛林几废。庐山彻空禅师来，与予同居，适见其事，大苦之。予曰：'无伤也。'遂躬谒胡公，冒大雪往。及见，胡公欣然曰：'正思山中大雪难禁，已作书遣迎，师适来，诚所感也。'然竟解释主人，道场以全。固留过冬，朝夕问道，为说绪言。开府高公，移镇代郡，闻予在署中，乃谓胡公云：'家有园亭，多题咏，欲求高人一诗。'胡公诺之，对予言。予曰：'我胸中无一字，焉能为诗乎？'力拒之。胡公乃取古今诗集，置几上发予诗思，予偶揭之，方构

---

① 《憨山老人梦游集》卷五十五，第751页。
② "馈镉"疑为"糈糧"。

思，忽机一动，则诗句迅速不可遏捺。胡公出堂回，则已落笔二三十首矣。予忽觉之曰：'此文字习气魔也。'即止之，取一首以塞白。然机不可止，不觉从前所习诗书辞赋，凡曾入目者，一时现前，逼塞虚空，即通身是口，亦不能尽吐，更不知何为我之身心也。默之自视，将欲飞举之状，无奈之何。明日，胡公送高公去，予独坐思之曰：'此正法光禅师所谓禅病也，今在此中，谁能为我治之者？无已，独有熟睡可消。'遂闭门强卧，初甚不能，久之坐忘如睡，童子敲门不开，椎之不应。胡公归，亟问之，乃令破窗入，见予拥衲端坐，呼之不应，撼之不动。先是书室中，设佛供案，有击子，胡公拈之问曰：'此物何用？'予曰：'西域僧入定，不能觉，以此鸣之，即觉矣。'公忽忆之，曰：'师入定耶。'疾取击子耳边鸣数十声，予始微微醒觉，开眼视之，则不知身在何处也。公曰：'我行，师即闭门坐，今五日矣。'予曰：'不知也，第一息耳。'言毕，默坐谛观，竟不知此是何所，亦不知从何入来。及回观山中，及一往行脚，一一皆梦中事耳，求之而不得，则向之遍空扰扰者，如雨散云收，长空若洗，皆寂然了无影像矣。心空境寂，其乐无喻。乃曰：'静极光通达，寂照含虚空，却来观世间，犹如梦中事。佛语真不吾欺也。'岁暮拟新正还山，乃为胡公言台山林木苦被奸商砍伐，菩萨道场将童童不毛矣。公为具疏题请大禁之，自后国家修建诸刹，皆仗所禁之林木，否则无所取材矣。"[1] 胡顺庵是东莱（莱州）人，在与憨山的交往中，他对憨山讲起崂山之历史、景色等状况的可能性是非常大的。

　　憨山与胡顺庵的交往，一直持续数十年。在《憨山老人梦游集》中存有憨山写给胡顺庵的四封书信，其中提到："山野坐蛮烟瘴雾中，且喜生缘日薄，道缘日厚。形骸愈苦，心地愈乐。是则何地而非君恩？何莫而非佛力耶？此可与知己者道，难与俗人言也。"显示了二人关系匪浅。又说："念与居士忘形半生，谅能入此法门久矣。""山野二十年

---

[1] 《憨山老人自序年谱实录》上，《憨山老人梦游集》卷五十三，第 728—729 页。

前，即证居士言此一着，故不惜身命，愿与之游。然虽半积阴功半养身，混到今日，就中一点赤心，大似张良始终为韩之意。与居士相与谈笑十余年，只是虚华境界，人情佛事而已，其实未曾打破肝胆。然与居士一寸心肠，炯然相照，亦未尝不知山野此段衷曲。将期白首同归，共了此事。"① 胡顺庵于万历十五年告归至崂山，"胡中丞公，请告归田，携其亲之子，送出家为侍者，命名福善"②。胡顺庵将亲生儿子剃度出家，给憨山所侍者，显示了他对憨山的信任和推崇。

胡顺庵去世后，憨山作《祭大中丞顺庵胡公文》，从文中可以看到，致仕以后亦来到崂山，与憨山在海印寺里共处，祭文云："呜呼痛哉！公其生耶，死耶！反复求之，而不得其故也。忽闻公讣，适言公死，及读公《易箦诗》，则公明以不死告人，而人不知，唯我明明知公不死，言之而恐人之莫我信也。呜呼悲哉！顾我与公偶尔值于大化之中，三十余年如一日，盖亦奇矣。始而遇公于首阳之野，一见而心莫逆，骤尔语公以一祸福、齐生死，时则公已怡然有当于心。既而再索我於清凉之山，踞趺于千尺寒岩之下，谈笑于万年积雪之中，嚼坚冰而餐糗糒，浩劫一息。时公已有登天挠雾之思，超然遐举之想矣，第未知其秘也。未几，余因访公于雁门，坐辕门如处空谷，连床共被，三月不违，日夜发以绪言，时则公已了然默契于心。由是而知，视轩冕如尘垢，身世如蜩翼也。遂相期我于东海之上，餐朝霞而结楼居。已而公果以我脱尘鞿，我则以公忘去就。当是时也，与公游戏于海印光中，万里长波，皎然一碧，俨若临宝镜而履琉璃，坐莲华而居净土，不知此身之在天地，外物之在此身，其乐殊未央也。俄尔天帝怒我以轻凿混沌，散朴浇淳，乃罚我于九死，放我于瘴乡。时与公永诀矣，公以我为必死，将托处些以招之。忽尔十年如一息，时时知公思我结想于寒云，哭我积泪如长河，而殊不知我之与公遨游如宿昔，居然眉睫寤寐无间于毫发

---

① 《憨山老人梦游集》卷十六，第 213 – 214 页。
② 《憨山老人自序年谱实录》上，《憨山老人梦游集》卷五十三，第 733 页。

也。呜呼悲哉！是岁五月，公走尺素，慰我于万里，我遣侍者，讯公于七月。我乐怀公诗则曰'酷似维摩病里身'，书至而公已示疾矣。公把我书，诵我诗，时公在口，期月而逝。是我慰公以生平，公永诀我如对面，斯亦奇矣。我昔诀公，不若公今诀我也，使我思公哭公，岂不若公之思我哭我耶？公之生也不偶，然负高明之见，抱不世之才，忠在社稷，心在苍生。公之世有尽，而才未尽，形化而心不化也，如公之临终诗曰'灵根常傍月华明'。以此观之，视死生如夜旦，千古如一日也。惟公神游太漠，听钧天而居广府，侣飞仙而寿无极，其视昔也如粪壤。孰知公今之乐，殊绝胜于畴昔耶？公既乐矣，余复何悲！呜呼哀哉！"①本篇祭文写得情深意长，感人泣下。文中"相期我于东海之上"之语，好似胡顺庵先至崂山，憨山而后至。二人在崂山再次会面，共"游戏于海印光中"。由此来看，与胡顺庵的交往，或许是憨山来崂山的一个很重要的机缘。

　　来到崂山之后，憨山作《东海乘槎诗》云："吾道穷何适，乘槎旧所论。众说归大海，一叶渡迷津。心月悬空镜，人烟隔市尘。坐忘机自息，鸥鹭越相亲。"感叹自己不得已来到崂山，却发现崂山几乎与俗世隔绝，是亲近自然、摆脱烦恼之佳境。憨山找到了那罗延窟，发现此窟并不可居，"乃探山南之最深处，背负众山，面吞大海，极为奇绝，信非人间世也。地名观音庵，盖古刹也，唯废基存焉。考之，乃元初七真出于东方，假世祖威福，多占佛寺，改为道院，及世祖西征回，僧奏闻，多命恢复，唯牢山僻居海上，故未及之耳。予喜其地幽僻，真逃人绝世之所，志愿居之，初掩片席于树下，七阅月，后得土人张大心居士，为诛茅结庐以居"。这就是憨山修复太清宫废居，创建海印寺之事。与以往所获得的"虚声"而受到过大的压力相比，这里"入山期年，人无往来"。景色绝佳，又极为安静，故憨山"心甚乐也"。

　　憨山建海印寺，蓝水记其事云："来劳后，寻得那罗延窟，不可居。

_____

①　《憨山老人梦游集》卷四十，第 546－547 页。

至太清宫止焉，初于树下掩片席为居，士人张大心结庐安之。会太后赐金三千为建庵资，曰：'吾于三橡下容身有余矣。'时大饥，出济之以广上仁。时太清宫就圮，羽流窘甚，憨山念可建大法幢，乃尽购其地，十五年就宫址建海印寺，多度生徒，敬礼贤士，于是佛宇僧察之盛，几埒五台、普陀。"① 憨山建海印寺时，并非是抢夺太清宫而建，确实当时太清宫道事零落，道士四散，宫观几近颓圮，故购其地而建佛寺。所说的太后赐三千金，按照憨山的说法，是万历帝赐金："（万历十二年）秋七月，圣母以五台祈嗣之劳，访求主事三人，乃大方、妙峰与予也。二师已至受赐，独访予不得，因力求之，乃命旧主人龙华寺住持瑞庵亲访之。公知予在海上，乃杖策而至，具宣慈旨。某恳谢曰：'倘蒙圣恩容老山海，受赐多矣，又何求其他？'公覆报，圣意不已。寻卜地建寺于西山，遂遣内使至，期以必往，予竟谢不就。中使回报以居山坚卧之志，圣意怜之，问无房舍，即发三千金，仍遣前使送至，以修庵居。及至，予力止之曰：'我茅屋数橡，有余乐矣，何用多为？'使者强之，不敢覆命。"② 在憨山的努力下，海印寺盛况空前，几乎可与五台山、普陀山等地的寺院相比。然其开辟崂山之过程，实艰辛无比，其自言道："余即东蹈海上，藏修于牢山深处，人迹所不能至，神鬼之乡也。余因入那罗窟而居之，披荆榛，卧草莽，犯风涛，涉险阻，艰难辛苦，不可殚述。人不堪其忧，而宗实甘心焉，余亦将谓老死丘壑，无复人世矣。"③ 又在写给胡顺庵的信中提到修建海印寺，说："一别数载，此心匆匆，无日不在左右。良由形势相悬，而音问日阔，其恋恋之私，谅同之耳。鄙人夙昔台山之愿，以病累故交，直至去年八月方卒业。时奋然理莱海上之盟，且又负病走太行，壁暑岩下。秋九月，又为友人累，留京师，几旬日，即隐西山石室中。然而高兴之杯，虽食顷，未尝暂去十

---

① 蓝水：《崂山志》，第 63 页。
② 《憨山老人自序年谱实录》上，《憨山老人梦游集》卷五十三，第 732 页。
③ 《憨山老人梦游集》卷二《促小师大义归家山侍养》，第 25 页。

洲三岛间也。今春始得判然东行，意欲先过云中，一见颜色，定约而后往。然窃恐此实虚声为高明累，欲走去通问恨无一力可遣，故迟回者再三，是以临行刚留片言。遣之故人龙华老师丈下，计此字定未达之耳。鄙人延于三月上旬，方持钵缘行，茧足千里，至四月望日抵崂山。一见形胜，诚为大观，但真人已去，山色如灰，中之贫民樵采，云山殆尽，藏修之士，百无一人，处处琳宫，皆为荆棘。鄙人怆然太息者久之，可谓负此名山者，多矣。鄙人即欲长揖山灵而去。嗟乎！叹此一往，形影东西，即未死之年，是与明公长别矣。昔者金石之盟，何忍置之。意图卜居以待，且境相荒凉至极，不易安处，近则惧其攫攘，远则虑无资具，不得已，不若远者为佳。今择山之东西极尽处，有一美地，名下宫。观其形势，背负鳌山，面吞沧海，中藏一庵，屋庐虽毁，基址犹存。且前平地数亩，足瞻数人。至若东南二路，缘海边而入，最险绝，约数十里，车马不能通，人迹不能至，诚为幽栖之地也。鄙人颇惬意于此，乃就邑而谋诸父老，幸得东海高人桂峰法师为之先容，江、黄二隐君、泰岩、荫潭诸先生，为之助成。又崔公子大哥亲过即墨，以实鄙人之志，因而暂得驻足，但不知后期何如耳？墨地风俗淳笃，俨然太古民。但山野之民，不知僧为何物，易轻蔑而虐之。即今在在皆然，非大外护弹压其心，定不使安然坐进此道也。鄙人窃慕鲁连之风，而仲尼之志久矣。顷惟明公，功业赫赫，正当振荡之秋，鄙人何物，敢以隐语以挠高明。但此名山，得尺寸安居，不为外魔所侵，即尽此生平。"①

若未有后来之波折，憨山一直安心地在崂山居住下去，"不为外魔所侵"而能在崂山"尽此生平"的话，确实可以说是"心甚乐也"。但随后发生的与道士之间的太清宫之争，不仅不能使他"心甚乐"，而且被贬谪至广东。

---

① 转引周至元：《崂山志》所收《海印寺上顺翁胡太宰书》，第291页。

二

憨山在海印寺传播佛教，授徒讲经，与当地的僧人交往，如自言与即墨的桂清法师相来往云："时即墨灵山寺，有桂峰法师，一方眼目也，喜得相与。"① 憨山又为悟山观音庵作记云："牢山之西南滨海，群峰众岫，奔腾齐峙，而临巨浸者，一峰杰出，曰悟山。父老相传，昔有高僧藏修悟道之所，因以名之。明嘉靖中，有僧名近悟，就址结茅以居，重修观音大士殿三楹，左右夹以耳室，窗吞云雾，门引长波，俨然坐莲花而观水月也。庵构成，乞余为记。因欢喜赞叹，而铭之曰：'圆通大士，随处现身。一微尘里，转大法轮。苦海无涯，奔吞识浪。大士观之，如镜中像。我依大士，如幻三昧。亦来于此，证三摩地。一草一木，尽属法身。是名常住，传无尽灯。照破暗冥，水中火发。火里莲生，是真实法。永劫归依，如是赞叹。见闻之者，齐登彼岸。"② 在《重修灵山大觉禅寺记》文中，憨山记自己去灵山访性香法师，云："即墨当三齐之东，披山带海，是称雄邑。左天柱而右马岭，俯华楼而负灵山，殊大观焉。灵山去治北三十里，巅有大觉寺，盖唐宋古刹，其来湮没不可考。至我明成化间，始迁山之北麓。当社之乾肘。故里俗休祥。以之岁久，殿堂日就倾圮，法身颓然荒草中，里人张某辈聚族而谋之，曰：'大觉，吾之望刹也，忆昔盛时，晨钟夕梵，惺吾之昏，督吾之勤，吾生是赖。今阒然矣，谁为吾津梁之？'非大善知识，又无以自树立，乃金议礼请桂峰禅师尸之。禅师讳性香，先出平度巨族，少负奇气，为人魁梧倜傥。始从学周孔家言，自视生如浮切，有志方外，少焉弃所习，扣黄老逃形之术，乃曰：'犹在炉锤闲耳。'遂矢心释氏，礼邑之某寺某师。已而，蹑屩担簦西游上国。初从曙堂晓法师，受天台贤首宗旨，再参少

---

① 《憨山老人自序年谱实录》上，《憨山老人梦游集》卷五十三，第732页。
② 《憨山老人梦游集》卷二十二《重修悟山观音庵记并铭》，第298页。

室小山书禅师，传达摩心印。学究华梵，宗通性相。一时义学之士，莫不虚左敛衽。遂东归旧业，隐约数年，闻有兹山之请，忻然起曰：'昔吾大觉氏降迹灵山，法幢竖而邪风坠，吾志在是矣。'即杖锡至院，披草莱，蓻荆棘，日与诸弟子讲明所业。未期年，道风大振，邪宗异端，及门挥斥而规正者，不可胜计。师自居是，孜孜建立，捐衣钵，节饮食，焦唇沥胃，储积数年，计资若干，乃出与张子辈构材鸠役，开林拓土。以某年某月首，某年某月落成。殿堂廊庑，方丈厨库，山门钟鼓，百凡具备，飞甍夺目，焕然一新，为墨之巨丽焉。余癸未夏，避名海上，访师于灵山之下，因属余为记。尝试论之曰：'齐俗尚功利，喜夸诈，自古概称之矣。然其民性，淳朴可教，故曰一变而至鲁，再变而至道也。吾佛氏远自西竺，来至东夏，以及九州之外，教法流布寰区，千有余年。历观方策所载，于齐之东则蔑无一人。其俗之功利夸诈，岂天性然哉？盖未善导之耳。禅师承百世之弊，起偏僻之隅，苦心励志，以吾道任，孑然而立。不数年间，顿令改观，东海洋洋，是称佛国之风。可谓一变而至道，极其速化者也。后之居是刹者，安禅宴寂，朝参莫礼，将以祝吾君、福吾民，衍慈风于亿世，辉佛日于重昏。使后之睹是刹者，即事明心，望风易虑，阐玄音于绝响，辟枳棘于康衢。则是师之法身，常住于溪声山色中也。'余方抱幽忧之病，且与师先后步武寂场，故详为之记。"① 憨山的这些《记》，既反映了即墨等地的佛教发展情况，也记录自己与这些法师的交往。当时境内的许多法师，与憨山的关系很好，如性香禅师与憨山见面后，关系一直很好，蓝水说："又有卓锡即墨城北灵山惮士，名性香字桂峰者，亦与憨山善，闻憨山建海印寺，谓人曰：'吾将投足于无畏之途，浴身于不波之沼，彼憨师筑室路旁，其能久乎？'"② 性香禅师的话中，充满了对憨山的关心和担忧。这些《记》中，也看得出崂山此前佛教所存有的情况，只是缺乏记载

---

① 《憨山老人梦游集》卷二十二，第 299 页。
② 蓝水：《崂山志》，第 64 页。

而已。

憨山交往的不仅有僧人，还有文人。黄嘉善有《谢憨山上人过访》诗云："羡尔长干隐，来过五柳家。谈空时拂尘，烧竹旋烹茶。片语成玄赏，千秋感岁华。不逢休惠早，那得见天花？"①表明憨山到崂山之后，拜访了当地及即墨的许多文人。这些交往，对于佛教在崂山、即墨的传播必定会产生巨大的作用。

同时，万历皇帝及慈圣太后多次派内官、使者来到崂山寻找憨山，宣谕圣旨，必定会使憨山在最初几年备受重视，其在崂山的传教亦定无阻碍而极为顺利，可以想见崂山佛教在这段时期内定是极为兴盛的。

此时崂山佛教兴盛的另一个表现，就是外来的高僧拜访崂山及憨山。来拜访憨山的，最著名的是同为明末四大高僧之一的达观法师。真可（1543－1603），字达观，晚号紫柏大师，门人尊他为紫柏尊者。憨山称其为"末法一大雄猛丈夫"："有达观禅师出，当禅宗已坠之时，蹶起而力振之，得无师智，秉金刚心。其荷负法门之志，如李陵之血战，纵张空拳，犹挥驻日。虽未犁庭扫穴，而一念孤忠，与啮雪吞毡者，未可以死生优劣议也。真末法一大雄猛丈夫哉！"②憨山与达观的情感深厚，达观去世后，憨山作《祭达观大师文》，文云："维万历四十四年岁次丙辰十一月庚子朔，越十有九日丙戌，前海印沙门辱教德清，谨陈香积之供，致祭于紫柏尊者达观大师之灵。曰：'呜呼！惟师之生也不生，乘愿力而来，师之死也不死，顺解脱而去。去来不落常情，生死岂同世谛？以师之住世也，秉金刚心，踞坚固地，三十余年家常茶饭；脊骨纯钢，千七百则陈烂葛藤；鼻孔残涕，推倒弥勒释迦。不让德山临济，为人极尽慈悲，临机绝无忌讳，誓护法若惜眼睛，求大事如丧考妣，不与世情和合，便是真实行履。晏坐水月光中，独步空华影里。初访予于东海也，顿脱形骸，既再晤于西山也，搜穷骨髓。当予祸

---

① 黄肇颚：《崂山续志》卷七，第284页。
② 《憨山老人梦游集》卷十九，第259页。

之未形也，备告以隐微，及予难之既发也，将为我以雪洗。且酬宿约於曹溪，将扣阍于帝里，冒炎蒸于道路兮，望影响而进止，乃设法以多方，冀出予于九死。呜呼！师之为法门也，实抱程婴杵臼之心，师之为知己也，殆非管鲍陈雷之比！予荷皇仁之薄罚兮，在师心犹未已。予被放于岭表兮，师伫候于江浒，一见悲欢而交集兮，如九原之复起。予与师作永诀兮，甘为炎方之厉鬼师嘱予以宁志兮，冀幽扃之再启。予挥涕以临长路兮，师执手含悲而不语。维时关山一别兮，日月若矢。心知师之不我忘兮，每丁宁其无以。师以愿力所持兮，誓不负其本始。乃敛太阿之光焰兮，不愿放于尘滓。冀和璧之必信兮，不惜隋珠之轻抵。将扣君门兮九重，倏飙风兮四起。陆海波腾，龙蛇披靡，玉石俱焚，法幢倾圮，师登八道之康衢兮，忽遇长蛇与封豕。皇天实鉴其衷肠兮，唯见逞于庸鄙。幸此心之一白兮，聊以发其蕴底。师实旷然，何忧何喜，逆顺随宜，死生游戏。何夙负之相寻兮，信前缘之固尔。悲五浊之不堪，直一行之可恃，乃盥漱以趺坐兮，遂寂然而长往矣。呜呼痛哉！师既不以祸患撄宁，又何以去来为事？撒手便行，全无议拟。惟师以金刚为心，故留不坏之体，有予弟子奉师以旋兮，就双径以归止。予闻讣以摧心兮，望长安而殒涕。欲亲礼于龛室兮，奈业系之羁縻。拟生还以慰师灵兮，忽星霜之踰纪。匪此心之暂安兮，第因缘之不我与。顷幸遂其本怀兮，始得陈辞而致诔。呜呼痛哉！师何死兮我何生，我不来兮师不宁，形骸异兮共此心，幽冥隔兮终合并。誓同归兮践深盟，寂光朗兮师安住。我顶礼兮展哀慕，阵香积兮洒甘露。师临机兮愿来赴。光明兮照曜，翘勤兮延伫。'"[1] 祭文写得非常感人。由此展现二人情谊之深，故在其去世后，有峨眉海默禅师拿着达观生病时所作偈语示憨山，憨山又不禁"不觉潸然泣数行"："紫柏老人居常以无性义示人，如弄丸之手，观者莫不心骇目眩。此指自雪岩中峰诸大老后，知者鲜矣。惜乎！道与时违，未遂振起之愿，此老人生平之所苦心者。嗟乎！哲人往矣，后生

---

① 《憨山老人梦游集》卷四十，第547－548页。

晚辈，安能复睹宗门之标格乎！峨嵋海默禅人，持观病偈，予见之，不觉潸然泣数行下。手泽依然，宝之当作光明种子也。"①

正由于二者之间的深厚情谊，憨山在五台山时，达观与万历四年（1576）追到五台山探望憨山。在憨山到了崂山之后，达观随着到崂山来看望憨山。得悉憨山受诬而被贬广东后，达观大声为之鸣冤，并于南京等候憨山。达观于万历十四年（1586）来崂山寻访，时正值憨山在京师，闻达观去崂山，憨山遂急忙回赶，自叙其事云："予在京闻达观禅师访于于海上，即趋归，兼程追之。值师出山，寻即同回，盘桓两旬，赠予诗，有'闲来居海上，名误落山东'之句。"② 达观在《长松馆记》中也提到到崂山之事，说："予性不耐服药，复恣情所爽口者，故疟鬼得肆焉。既而予疟稍瘳，遂有曹溪之役，曹溪还，复偿牢山之盟。"③ 憨山所说的达观所赠诗，即达观所作之《牢山访憨清公》诗，云："吾道沉冥久，谁唱齐鲁风。闲来居海上，名误落山东。水接田横岛，云连慧炬峰。相寻不相见，踏遍法身中。"④

如达观这样的高僧来到崂山，对崂山佛教的推动应当是不小的，一方面给崂山带来了佛教各宗派的理论、观念，另一方增加了崂山佛教与外界的交流。憨山来崂山时并非只是一人，还从五台山带来法属、德宗两个僧人："初，妙师别时，以予不能独行，乃命法属、德宗为侍者。"⑤ 这些都是崂山佛教发展的有利契机。憨山自叙其来到崂山后，崂山佛教发生的转变说："予年四十，东人从来不知僧。予居山中，则黄氏族最大，诸子渐渐亲近。方今所云外道罗清者，乃山下之城阳人，外道生长地，故其教遍行东方，绝不知有三宝。予居此，渐渐摄化，久

---

① 《憨山老人梦游集》卷三十二《紫柏老人观病偈跋》，第429页。
② 《憨山老人自序年谱实录》上，《憨山老人梦游集》卷五十三，第732页。
③ 《紫柏尊者全集》卷之十四《长松馆记》，《续藏经》本。
④ 《紫柏尊者别集》卷之二。
⑤ 《憨山老人自序年谱实录》上，《憨山老人梦游集》卷五十三，第731页。

之凡为彼师长者，率众来归。自此始知有佛法，乃予开创之始也。"①又说道："是年（万历十五年）修造殿宇，始开堂为众说戒，自是四方衲子日益至，为居士作《心经直说》。"又记即墨黄纳善坚从之出家事云："即墨有黄生纳善字子光者，乃今大司公之弟也。初予至海上时，年十九岁，即归依请益，授以《楞严》，二月成诵。从此斋素，虽父母责之，不异其心。切志参究，胁不至席。时予南归，光私念曰：'吾生边地，长劫不闻三宝名，今幸遇大善知识，为不请友，倘不回，吾辈失依怙矣。'乃对观音大士破臂然灯供养，求大士保予早归。自后火疮发痛，日夜危坐，持观音大士名号，三月乃愈，愈时见疮痕结一大士像，眉目身衣宛然如画，即其母妻亦未知也。恒求出家，予绝不听。乃曰：'弟子打个筋斗来，师又何能止我乎！'是知簇戾车地，未尝断佛种也。"②说在他来之前，崂山没有佛教，有些绝对。"所云外道罗清者"即罗清，字梦鸿，号思孚、无为。即墨人。结合禅宗和道教的一些教义，创立了罗教，后世门徒因称之为罗祖，又称无为老祖。罗教又称罗道教、罗祖教、长生教、无为教等。罗教影响到了几乎所有的民间宗教，如斋教、白莲教、一贯道等，后期民间结党会社如青帮等，也奉之为祖师。其主要观念是吸纳了佛教罗教采纳了"心造一切"的概念，认为人的苦难是由于心理的欲望造成的，因此罗教追求无为，放弃任何欲望，以达到最高的内心状态。因此，罗教在一开始的时候被看作是禅宗的一支。在罗教笼罩下的即墨及崂山，经过憨山的努力，信仰佛教的士人、信徒越来越多，这即是憨山对于崂山佛教所作的贡献。

三

　　若憨山一直这样在崂山住下去，对于崂山佛教来说，其价值将是不

---

① 《憨山老人自序年谱实录》上，《憨山老人梦游集》卷五十三，第 732 页。
② 《憨山老人自序年谱实录》上，《憨山老人梦游集》卷五十三，第 733、734 页。

可估量的。然天不遂人愿，在与太清宫道士争讼失败后，憨山不得已于万历二十三年（1595）离开崂山，前往被谪地广东。

事情起因于道士耿义兰控诉憨山强占太清宫事。周至元在说到憨山时，提到这次事件，说："初寻那罗延窟，不可居，至下宫止焉。时宫已倾毁，道士愿以地属之。憨山乃走京师，请大部藏经回山，于十三年兴建佛宇，僧寮之盛几与五台、普陀相埒。至十七年，道士有耿义兰者，有龃于憨山，不遂，乃控告于抚院，又被逐。益怒。于是赴京变告于内廷。上震怒，乃敕令毁寺复宫。憨山以私造禅寺戍雷州。寺遂荡废。时为万历二十三年。十年之间，旋兴旋废，昙花一现，洵堪惋惜。"① 耿义兰因不满憨山占太清宫建海印寺，遂一直上诉到万历帝，控告其强占太清宫。万历皇帝震怒，下令毁掉海印寺，恢复太清宫，将憨山贬谪到雷州。

耿义兰的身份，自称是"莱州府胶州即墨县崂山道童"，其向万历皇帝上《控憨山疏》，控诉憨山所犯之罪，云："为漏网妖僧隐匿入室，聚财结党白莲教等，假称敕旨，占山杀道，惑众殃民，造海船运粮草，违法大逆，恳祈圣明，急赐究剿，以救民生涂炭，以安国家事。钦承太祖高皇帝，受天明命，偃武修文，崇儒重道，以安天下。窃惟东海崂山，周围五百余里，自汉唐晋宋，屡朝敕建，圣迹仙踪，随处皆是。宋太祖敕建太平、太清、上清等宫，至我圣祖文皇帝上诏云岩子'其在东莱'，至今尚存即墨县志书、碑石。亘古亘今，玄教修真，成道之仙山延祀，圣寿无疆，实为国家万年之香火也，与释门并无相干。祸出妖僧蔡澄申，先年探拜冯保为义父，递运银两，上五台山，构称无遮僧大会，后保犯事抄没，妖僧将银隐匿。万历十一年间，逃入山东，冒称皇亲出家，改名德清，一号憨山，一号明朝，一号玄高，一号洪润，结党白莲等教头目张鸣桂举、僧人自然、大义、大伦等，钻贿汉经厂内相张本，于万历十三年二月内假称敕旨赍奉，前来占山，势逐住宫道士刘真

---

① 周至元：《崂山志》卷三，第115页。

湖等，拆毁太清宫圣像三百余尊，打死道士张德容，碑像、人尸抛入海内，改宫为敕建海印禅寺，改山为那罗延山，控开红缨土棍，乘四人轿，势占民产三千余亩，王邦瑞、隋延柏等证彼。臣被逐，不知真假，密访三载，方知前情。于万历十七年，具告山东巡抚衙门，准批本府，岂知恶等财势逐压，诬臣徒罪四年。道童贾性全，痛臣之冤，于万历十八年八月内复告。巡府旋批府州，其问理衙门见僧屡有敕旨，势大难辨，又拟臣、性全不应罪名，道童臣连演书、刘真湖又告于巡抚衙门，批海防道转行本府，被恶势压，仄诬演书、真湖陷假一载。刘真湖被诬，连演书方得释放逃生。痛思臣等皆系无后道人，原非为产，乃为千万年之香火废于一旦，数百座神像灭于妖僧。恶等又于万历十九年二月内，诈称皇上钱粮赏奉佛像经典，假持兵部明文牌行，骚摇驲递，百计害民，马维凡等证。窃思妖僧，占山毁宫，敕建僧宇，系何年月日，某衙门题请奉皇上敕旨，察某衙门官员所费某项钱粮，某衙门稽察恶等违法诈冒多端，罪愆重重。且恶现今造海船，盖营房，骆驼运粮草。况崂山居东海之内，与外国倭夷相邻，以逆党隐冯保家财，积草屯粮，出没异常，祸机将来莫测。惟臣草莽道士，命不足惜，但思事干国家重防，故臣舍身图报，冒死哀鸣于圣君之前也，伏望皇上洞鉴万里，乞敕法司行捉一干人卷，从公研审。如果臣言不谬，乞将逆恶，如律征剿，以救山东民于涂炭，若臣半字虚诳，自甘枭首。"从疏中来看，憨山在崂山强占民田、拆毁太清宫、驱逐道士、勾结官员以势压人等，所犯之罪确属深重。然而，这些恐怕是耿义兰为了获得诉讼的胜利而编造的。此疏载于周至元的《崂山志》，文末还附有万历皇帝的朱批，云："既屡控，巡抚理宜亲审具奏，何叠批有司，党援妖僧，害道殃民，是何情弊？仰刑部将经书官员，并一干人犯提审。"憨山最终之得罪，就是出于万历皇帝的干预。耿义兰疏中所控诉之事，明眼人一看便知是虚假，故周至元评论文说："窃考此疏所云情事，大都虚妄，惟私交张本，颁布藏经属实，遭诬被戍，亦不为无因也。"① 《神宗实录》亦简要地记载了此事，云："有僧德清与其徒大林、大义游行至即墨劳山，得旧观音庵址，建寺居之，名曰海印。清初与内监张本善，本奉太后懿旨，赍藏经分散名山，而寺无主名，本遽填海印字与清。劳山道士耿义兰争其地，具奏上闻。法司拟本以诈旨论死，德清谪戍，大林等杖惩。报可。"② 万历皇帝明确给出了处理意见，是"法司拟本以诈旨论死，德清谪戍，大林等杖惩"，此次事件方为终止。

《实录》中所记，明确记录了"劳山道士耿义兰争其地"，丝毫没有提憨山所犯之罪，看来对于万历皇帝和朝廷来说，是知道耿义兰是为了争夺太清宫之地而发起的诉讼。既然知道是耿义兰所挑事，朝廷为什么要判定张本、憨山之罪呢？这次事件，憨山自己也记录其始末，在《自序年谱实录》中说："二十三年乙未。予年五十，春正月予从京师回海上，即罹难。初为钦颁藏经，遣内使四送之，其人先至东海，先是上惜财，素恶内使，以佛事请用太烦。时内庭偶以他故触圣怒，将及圣母，左右大臣危之。适内权责有忌送经使者，欲死之，因乘之以发难，遂假前方士流言，令东厂番役扮道士，击登闻鼓以进，上览之大怒下逮，以有送经因缘，故并及之。予闻报乃谓众曰：'佛为一众生，不舍三途，今东海蔑戾车地，素不闻三宝名。今予教化十二年，三岁赤子，皆知念佛，至若舍邪归正者比乡比户也。予愿足矣，死复何憾，第以重修本寺志未酬，可痛心耳。'乃离即墨，城中士民老小，倾城而出，涕泣追送，足见人心之感化也。及至京。奉旨下镇抚司打问，执事者先受风旨，欲尽招追，向圣母所出诸名山施资，不下数十万计。苦刑拷讯，予曰：'某愧为僧，无以报国恩，今安惜一死，以伤皇上之大孝乎？即曲意妄招网利，奉上意以损纲常，殊非臣子所以爱君之心也，其如青史何？'以死力抵之，止招前众布施七百余金，上查内支簿及前山东代赈

① 转引自周至元：《崂山志》卷七，第 291-293 页。
② 《明神宗实录》卷二百八十五。

之册籍，上意遂解。由是母子如初。乃拟上蒙圣恩矜察，坐以私创寺院，遣戍雷州。予以是年三月下狱，京城诸刹，皆为诵经礼忏保护，衲子中有然香炼臂，水斋持咒，以加护之者。"①

由此来看，张本、憨山等的获罪，原因并不在于太清宫的归属，最主要的原因在于万历皇帝与皇太后之间的矛盾和斗争所导致，耿义兰的上疏只是成为事件的导火索和万历皇帝争夺权力的借口而已。

这次事件，实际早在二十年前就已经埋下了伏笔。在憨山《自序年谱实录》中，可清楚地看到此次事件的来龙去脉。兹列举如下：

"五年丁丑"条：予三十二岁。春，自雁门归，因思父母罔极之恩，且念于法多障，因见南岳思大师发愿文，遂发心刺血泥金，写《大方广佛华严经》一部，上结般若胜缘，下酬罔极之恩。以是年春创意。先是慈圣圣母，以保国选僧诵经，予僭列名，至是上闻书经，即赐金纸以助。明年四月。书经起。

"七年己卯"条：予年三十四。是年秋，京都建大慈寿寺完，初圣母为荐先帝保圣躬，欲于五台修塔院寺舍利宝塔，谕执政，以为台山去京銮远，遂卜附京吉地，建大慈寿寺，是年工完，覆奏。圣母以为未满台山之愿，谕皇上仍遣内官带夫匠三千人来山修造。是时朝廷初作佛事，内官初遣于外，恐不能卒业，有伤法门，予力调护，始终无恙。

"九年辛巳"条：予年三十六。是年建无遮会，初妙师亦刺血书《华严经》，与予同愿，欲建一圆满道场，名无遮会。妙师募化，钱粮毕集，京中请大德僧五百众，其道场事宜俱备。适皇上有旨祈皇嗣，遣官于武当。圣母遣官于五台，即于本寺。予以为沙门所作一切佛事，无非为国祝厘，阴翊皇度。今祈皇储，乃为国之本也，莫大于此者，愿将所营道场事宜一切，尽归并于求储一事，不可为区区一己之名也……顷之，江南妖人作难，忌者即欲借此中伤，以破道场。然以为国求储之题目，竟保全，始终无虞。是年修塔成，予即以金书《华严经》安置塔

---

① 《憨山老人梦游集》卷五十四，第736页。

藏，有愿文一卷。予自募造华藏世界转轮藏成，为建道场于内，应用供具器物斋粮果品一切所需。

"十一年癸未"条：予年三十八。春正月，水斋毕，然以台山虚声，谓大名之下，难以久居，遂蹈东海之上，始易号憨山，时则不复知有澄印矣。始予为本寺回禄，志在兴复，故修行以约缘。然居台山八年，颇有机会，恐远失时，故隐居东海，此本心也。夏四月八日，至牢山……予初因阅《华严疏·菩萨住处品》云："东海有处名那罗延窟，从昔以来，诸菩萨众于中止住。"清凉《疏》云："梵语那罗延，此云坚牢，即东海之牢山也，禹贡青州登莱之境。今有窟存焉。"予因慕之，遂特访至牢山。果得其处，盖不可居，乃探山南之最深处，背负众山，面吞大海，极为奇绝，信非人间世也。地名观音庵，盖古刹也，唯废基存焉。考之，乃元初七真，出于东方，假世祖威福，多占佛寺，改为道院，及世祖西征回，僧奏闻，多命恢复，唯牢山僻居海上，故未及之耳。予喜其地幽僻，真逃人绝世之所，志愿居之。初掩片席于树下，七阅月后得土人张大心居士，为诛茅结庐以居。

"十二年甲申"条：予年三十九。秋七月，圣母以五台祈嗣之劳，访求主事三人，乃大方、妙峰与予也，二师已至受赐。独访予不得，因力求之，乃命旧主人龙华寺住持瑞庵亲访之。公知予在海上，乃杖策而至，具宣慈旨。某恳谢曰："倘蒙圣恩容老山海，受赐多矣，又何求其他？"公覆报，圣意不已。寻卜地建寺于西山，随遣内使至，期以必往，予竟谢不就。中使回报以居山坚卧之志，圣意怜之，问无房舍，即发三千金，仍遣前使送至，以修庵居。及至，予力止之曰："我茅屋数椽，有余乐矣，何用多为？"使者强之"不敢覆命"，予曰："古人有矫诏济饥之事，今山东岁凶，何不广圣慈于饥民乎？"乃令僧领来使遍散各府之僧道孤老狱因，各取所司印册缴报，圣情大悦，感叹不已。及后予罹难下镇抚，鞫予数用内帑金，予对以请查内库支籍上查止此济饥一事，余无一毫，上意竟解。

"十四年丙戌"条：予年四十一。是年颁藏经，先国初刻藏，有此方撰述诸经未入藏者，今上圣母命补入之。刻完，皇上敕颁十五藏，散施天下名山，首以四部施四边境——东海牢山、南海普陀、西蜀峨嵋、北边芦芽。时圣母以台山因缘，且数召，予不知，赐亦不受，乃以藏经一部，首送东海。初未知也，及至牢山，无可安顿，抚按行所在有司供奉。予见有敕命，乃诣京谢恩。比蒙圣慈，命合眷各出布施修寺安供，请命名曰海印寺。

"十七年己丑"条：予年四十四。是年阅藏，为众讲《法华经》、《起信论》……先是为报恩寺乞请大藏经一部，冬十月至京请藏上即命送赍行，十一月至龙江本寺……初予以重修本寺志居台山，事已有机，但以动至数十万计未易言，故待时于海上。至是机将熟，乃借送大藏因缘回南都，具得本寺始末，回覆命具奏圣母，且云："工大费巨难轻举，愿乞圣母日减膳羞百两，积之三年事可举，十年工可成。"圣情大悦，即命于是年十二月储积始。

"十九年辛卯"条：予年四十六岁。是年圣母造檀香毗卢佛像，建大殿。

"二十二年甲午"条：予年四十九。是年春三月，山东开府郑昆崖公入山见访问法，为说方便语。冬十月，入贺圣节，至京留过岁，请说戒于慈寿寺。时予以修本寺因缘，知圣母储已厚，乃请举事。时上以倭犯朝鲜，方议往讨，姑徐徐，乃寝。

从这些材料来看，从万历五年慈圣太后"以保国选僧诵经"之名选中憨山开始，憨山实际上已经为此次事件埋下了祸端。此后，慈圣太后非常器重憨山，凡有重大的祈请仪式，基本上都要请憨山参加或主持，对于憨山所请，基本上都予以支持和满足。而万历皇帝在一些活动中，往往"遣官于武当"，请道士来参与。二者的矛盾是显然可见的。

从憨山的自序中，看得出万历皇帝和慈圣太后之间的矛盾越积累越大，最终到了不可调和的地步。表面上看，万历皇帝与太后之间是关于佛、道之争，隐藏于更深处的则是权力之争。

隆庆二年（1568）二月，张居正任礼部左侍郎兼东阁大学士，四月任礼部尚书兼武英殿大学士，正式进入内阁。明穆宗去世前夕，时任司礼监秉笔太监的冯保，秘嘱张居正起草预诏，由隆庆皇帝的第三子朱翊钧即帝位，即为万历皇帝。万历皇帝当时只有十岁，朝廷政务由穆宗陈皇后和万历皇帝的生母李贵妃主持。张居正与冯保相结合，通过一系列手段，夺取了首辅之位。张居正任首辅之后，对陈皇后和李贵妃极力巴结，在他与冯保的主持下，陈皇后和李贵妃并称为皇太后，"皇后与天子生母并称皇太后，而徽后有别。（冯）保欲媚帝生母李贵妃，风居正以并尊。居正不敢违，议尊皇后曰仁圣皇太后，皇贵妃曰慈圣皇太后，两宫遂无别"。因此，上述屡屡提到的慈圣皇太后，实际上就是万历皇帝的生母李贵妃。慈圣皇太后对万历皇帝约束非常严厉，"小捍格，（冯保）即以闻慈圣。慈圣训帝严，每切责之，且曰：'使张先生闻，奈何！'于是帝甚惮居正。"① 所以，从实际上看，在万历皇帝刚即位时，权力都把持在慈圣皇太后、张居正和冯保手中，皇帝根本没有什么权力，每日只有对三人唯唯诺诺而已。张居正对年幼的万历帝十分严厉，经常训斥皇帝。据载："初，上在讲筵，读《论语》'色勃如也'，误读为'背'。居正遂厉声曰：'当读作勃'。上悚然惊起，同列皆失色，由此上益心惮居正。"② 冯保对待万历帝也是如此。《明史·宦官传》云："慈圣太后遇帝严。（冯）保倚太后势，数挟持帝，帝甚畏之。时与小内竖戏，见保入，辄正襟危坐曰：'大伴来矣。'所昵孙海、客用为乾清宫管事牌子，屡诱帝夜游别宫，小衣窄袖，走马持刀，又数进奇巧之物，帝深宠幸。保白太后，召帝切责。帝长跪受教，惶惧甚。保属居正草帝罪己手诏，令颁示阁臣。词过挹损，帝年已十八，览之内惭，然迫于太后，不得下。居正乃上疏切谏。"但万历毕竟是皇帝，虽然一时反抗不了，但随着年龄的增长，对三人的怨恨也与日俱增，面

---

① 《明史》卷二百一十三《张居正传》，第 5649 页。
② 夏燮：《明通鉴》卷六十七，岳麓书社 1999 年版，第 1902 页。

对张居正等人的专权，"及帝渐长，心厌之"①，这是导致后来一系列政治事件的开始，没有想到的是，僻处东部海滨的崂山竟然也卷入这次政治斗争。

仁圣和慈圣两位皇太后都极其信奉佛教，据载："神庙在宥，孝待两宫圣母。琳宫梵刹，遍峙郊圻，丹箓梵文，无远不届。"② 尤其是慈圣太后，对佛教的信奉更是到了无以复加的地步，"（慈圣皇太后）顾好佛，京师内外多置梵刹，动费巨万，帝亦助施无算"③。又清人朱彝尊说："成化中，京城内外敕赐寺观已至六百三十九所，见周尚书洪谟奏疏中。王宫保廷相诗云'西山三百七十寺，正德年中内臣作'，则所建可类推矣。万历初，孝定皇太后营愈众。"④ 憨山也提到慈圣大建佛寺事，云："圣天子临御之初，年正冲，太上母忧勤鞠育。惟祖宗社稷天下重器所寄，思无以上酬厚德，下福苍生，乃薄供养，损膳羞，出其资，建大慈寿寺，将赖三宝弘护，阴庇穷壤……当世尊将涅槃时，有六万亿菩萨，愿于末法影响流通，且又将佛法付嘱国王大臣，故历代相承。惟我国家，崇其教，重其人，上下一体，至我圣母，弘通三宝，超越前代，琳宫绀宇，棋布星分。"⑤ 慈圣在全国各地建设了大量的佛寺，仅在京师周围就建有佛寺、佛教机构 37 处，详见陈玉女《明万历时期慈圣皇太后的崇佛》⑥。

如同在上引憨山自序中提到的，在万历九年（1581）慈圣皇太后遣宦官前往五台山建祈嗣无遮会之前，万历皇帝先前宦官前往武当山设祈皇嗣道场。这表明了万历帝更倾向道教，由释福善记录、释福征述疏的另一版本《憨山老人年谱自叙实录》中，提到本次皇帝和皇太后各

---

① 《明史》卷二百一十三《张居正传》，第 5649 页。
② 刘若愚：《酌中志》卷一六，上海古籍出版社 1994 年版，第 16 页。
③ 《明史》卷一一四，第 3536 页。
④ 于敏中等纂：《日下旧闻考》卷六十，北京古籍出版社 1981 年版，第 986－987 页。
⑤ 《憨山老人梦游集》卷二十一《贺僧录左善世超如应公住持大慈寿寺序》，第 287 页。
⑥ 本文载陈玉女著：《明代的佛教与社会》，北京大学出版社 2011 年版。

遣官祈嗣事说："皇上遣内官于武当山为郑贵妃祈嗣，祈之道士也。生母遣内官于五台，阴为王才人祈嗣，祈之和尚。各有崇信，各有祷求，内使窥意，惧有不测，故以阿附为心，遂二心于圣母之命，不欲归并。"① 而且憨山弟子释福征提到，说万历皇帝为了摆脱慈圣皇太后，有"皇后有云举朝为和尚，我偏为道士遥结武当"之语，明确表达了与慈圣皇太后相对的态度。武当是明初永乐皇帝朱棣所建造的皇家道场，万历皇帝在此祈嗣无可厚非，而且更符合长期以来的惯例。

万历皇帝在权力上，在慢慢地摆脱张居正、冯保和慈圣皇太后的控制，在宗教上不断地向道教倾斜。据记载，万历七年时，对道教的态度还不甚好，曾以龙虎山张国祥服饰不雅而取消其朝觐："孝宗末年，道士崔志端掌太常，带衔为礼部尚书，会上御经筵，旧例六卿得陪列，志端独不预，乃上疏自请，云忝列春卿之长，而经筵见摈非宜，上下其事大臣议之。辅臣等谓孔孟之言，非黄冠所习，不宜厕从，上是之，寝其奏不行。今上己卯冬，龙虎山真人张国祥，以觐期入朝，缀班二品，上御门望见道冠羽衣，以为服饰不雅，不足以肃观瞻，即下圣谕：'他是方外之人，焉用朝参？又无民社之寄，何须入觐？自今非奉召命不必来京。'二圣于异端处置恰当，真不恶而严矣。"沈德潜认为万历皇帝此时对道教的处置非常得当，但"己卯后数年"，万历帝改变了态度，"仍命张国祥三年一觐，言官争之不听，又至京师，辄久留不去"②。这种态度的转变，显然是有与慈圣皇太后相抗的意思。万历帝随后给予张国祥的优待远不止如此，沈德潜在列举明代"羽流恩恤之滥"时的三段话中，皆涉及张国祥，云："故事，文臣一品，始得祭九坛。至于杂流，则不在此例。本朝惟嘉靖间，邵元节、陶仲文，以方士得一品之恩，此最为滥典，未几而削夺及之矣。近日癸卯甲辰间，龙虎山真人张

---

① 转引自陈玉女：《明万历时期慈圣皇太后的崇佛》，载《明代的佛教与社会》，第123－124 页。

② 沈德潜：《万历野获编》卷二十七，第 696 页。

国祥，以斋醮久留京师，其母亦随在邸中，病死请恤，上特赐祭九坛，
盖视文臣之品，然妇人贵至一品夫人止得一祭，公侯母妻则二祭，即各
藩亲王正妃仅得祭四坛耳。且真人母妻俱称元君，又非可夫人比，而滥
恩至此，真堪扼腕。""按元节绯衔宗伯，而仲文则又以礼卿并兼三孤，
陶妻又先封一品夫人，其僭拟文臣犹为有说。国祥列秩黄冠衔名，不登
仕版。且今上初年，以其异服不雅，不许入班朝参。今乃得此，而礼官
亦不闻坚执，何耶？先是辛巳年，上命修张真人府，言官俱谓非宜，疏
谏不听，有质之江陵公者，江陵云：'此圣母慈圣太后之意，即主上亦
不能遏止。'时咸谓信然。无何内传收前所下旨，并遣去内臣取回，竟
不果修。即政府亦不知其故也。""国祥即隆庆间革爵，降为上清宫提
点其人是也，今上初年，复其真人，近又叨恩至此。"[1] 沈德潜颇不能
明晓万历帝之意，万历帝对张国祥等道士的优待，恐怕只有他自己、慈
圣皇太后最为清楚。值得注意的是，此事发生在万历九年，这时张居正
还当政。这种情形的出现，说明万历皇帝已经显示出了不甘于被摆布的
决心，开始慢慢夺回政治主导权。

　　万历帝和慈圣皇太后各自举行道场的借口都是祈嗣，这也是贯穿于
万历朝的一件大事，此即所谓的"争国本"。万历帝最为宠幸的是郑贵
妃，但郑贵妃一直没有生育。一次万历皇帝见到一宫女，一时高兴"私
幸之"，宫女怀孕，宫女即为上面提到的王才人。万历帝迫于慈圣皇太
后的压力，封王才人为恭妃。万历十年（1582），王恭妃生下万历帝的
第一个孩子。但万历帝并不喜欢王恭妃，对于其所产下的皇子并不喜
悦。万历十四年，万历帝钟爱的郑贵妃生子，成为皇次子。万历帝一心
想立郑贵妃所生皇子为太子，遭到慈圣皇太后和几乎所有大臣们的反
对，认为应该立皇长子为太子，由此开启了万历朝漫长的"国本"之
争。慈圣皇太后坚定地站在王恭妃一面。据野史记载："神庙入侍，慈
圣故问曰：'外廷诸臣多说该早定长哥，如何打发他？'神庙对曰：'道

---

[1] 《万历野获编》卷十三，第344－345页。

他是都人的儿子。'慈圣正色曰:'母以子贵,宁分差等?你也是都人的儿子!'盖慈圣亦由宫人进御也。神庙惶恐伏地,无以自容。自是立长之议始定,实禀慈圣谕耳。"① 长哥即言皇长子,都人是指宫女。万历皇帝再次屈服于慈圣皇太后的压力,立皇长子为太子,即后来的明光宗朱常洛。

在夺回权力和立皇太子的两件事上,万历帝与其生母慈圣皇太后产生了极深的矛盾和怨恨。但慈圣皇太后毕竟是他的亲生母亲,万历帝对其又无可奈何,只能拿以前与他相对的张居正、冯保及其在"争国本"事件中与他相对立的大臣们出气,张居正死后的下场极其悲惨,冯保的晚景亦极其凄凉,众多的大臣受到了严惩。憨山的被降罪,在一定意义上说是替慈圣皇太后受罪,这一点在上文所引他的自叙中说得很清楚,他宁肯自己获罪,也不肯说出慈圣皇太后来。因此,受到慈圣皇太后器重并支持的憨山,其得罪成为了必然的事情。

四

应该说,憨山在崂山做了很多的事情,在除了建立寺院、传播佛教等事情之外,还如上文所说,将慈圣皇太后所赐予的三千两黄金,用来赈济山东的灾民。按理说,憨山在崂山做的这些善举,是不应该遭到崂山当地人反对的。但耿义兰的上疏,不仅结束了憨山在崂山的岁月,更反映出道教力量的反拨。

憨山在购置太清宫旧址修建海印寺时,另建别屋以安置原属于太清宫的道士,说明憨山对于道士做了妥当的安置。应该说,憨山在崂山没有对道教进行压制或驱逐,相反还是很友善的。安置太清宫道士是一方面,憨山毫不吝啬地赞扬道士,如居芝罘山神庙的全真教道士高常清来

---

① 《先拨志始》卷上,转引自南炳文、汤纲:《明史》,上海人民出版社2003年版,第571页。

海印寺拜访，憨山欣然为之作《重修之罘山神庙记》，云：

> 登郡城东南十里许，有之罘山，山有神，曰浮佑侯，是无
> 所考。尝周览方舆，大概自昆仑东折，而渤海注焉，扶桑日出，
> 光影上下，蓬莱三山，隐隐云雾闲，宫阙恍惚金银，而神仙率
> 都居之，称不死之乡。秦皇以是东游黄睡而穷成山，登之罘以
> 临朝阳，刻石记焉，则兹山始封，其来尚矣。迄今千五百年，
> 虽往来代谢，观其故事如指掌，维是黔首归依，岁时伏腊，而
> 山亦产英效灵，风雨时若，使物不疠而年谷熟，故庙祀不绝。
> 全真高常清者居之几三十年，跻九十而色若孺子。郡人多雅士，
> 若戚将军者，尤善事之。将军视其神宇颓然，出资若干，鸠众
> 命工，而一新之。经始于万历丁亥秋，殿四楹，左右廊庑毕备，
> 不期年落成。尝清杖策过海印，请予为记。乃为之铭曰："造化
> 胚胎，大块以成。山川郁秀，育灵产英。惟兹大礜，百川以归。
> 昆仑东指，之罘巍巍。秦始来登，蓬莱仿佛。汉武神人，大言
> 恍惚。惟山之灵，千秋万祀。奠我邦家，百祥无射。惟民是福，
> 惟谷是登。珠宫贝阙，载缉载新。鲸钟鼍鼓，朝吼莫吟。祝我
> 帝釐，山高海深。"①

这篇记中，憨山提到了蓬莱三山、全真道士高常清、出资修庙的郡人
等，其中表现出的是对道教的善意。又为崂山巨峰上的白云庵作
记，云：

> 牢山居即墨东南，根盘二百余里，跨平原而枕溟渤，冈峦
> 起伏，龙蛇逶迤，众草连芳，长林蓊郁，幽潜秘处，石室岩龛。
> 故往多真人高士，咸构迹焉。群山竞绕，中则一峰杰出，曰巨
> 峰，当二牢之居，上插重霄，下临无际，最为奇绝。顶有庵曰
> 白云，故称古刹，就废，至我明嘉靖间，全真郭一句重起，其
> 徒李阳兴继业，至孙高来德而大新之。依岩凿石，嵌壁甃垣，

---

① 《憨山老人梦游集》卷二十二，第296页。

丹室圜宇，左右毕备，中建玉皇殿三楹。邑人周氏某，率莱中丞，拙斋刘公助成之。经营有年，至万历己卯甫就。余癸未夏，游目海上，探索形胜，策杖其颠，适卜居太清，乞余为记。尝闻之海山有三山，曰阆苑、蓬莱、方丈，宫阙咸金银，而神仙在焉。故居尘埃而处混浊者，聆之则神思蚩动，愿超脱高举，即离人世，及至何无睹焉，以其望洋淼漠无津涯，非羽翼莫能之竟。恣为荒唐，岂是然哉？盖欣厌相效，耳目贵贱者也。若慈峰之秀，洞宇可以息形，芝术可以充饵，幽深杳渺，尘氛悬绝。加之殿舍庄严，群灵托迹，慕之者可望而不可即，能至而不能止，信目前之真境，人世之蓬壶。藉能顿解天叨，坐隳桎梏，何必驾长虹而挟羽翰，假安期而探秘术者哉？无建立功德，自与山海共之，又焉用记。乃为之铭曰："天地肇育，山川是府。群灵以归，众甫之祖。唯山之高，唯海之深。允兹上帝，实梁苦津。绀殿峥嵘，白云缭绕。为彼瞻依，斯民之保。莫匪尔功，莫匪尔德。志彼餐霞，尘机永息。仰矣穹苍，俯今谷王。配言圣寿，亿兆无疆。"①

本篇记说明了白云庵重修的过程，提到郭一句、李阳兴、高来德等全真教道士，并赞扬崂山近于仙境。其中对于崂山道教与道士，亦甚尊敬。

上面两篇记中，有一个可注意的细节，即憨山作《重修之罘山神庙记》是应庙观之道士高常清之请，而作《重修巨峰顶白云庵玉皇殿记并铭》则好像是应出资修建者"邑人周氏某，率莱中丞，拙斋刘公"等之情。由此可见，崂山的道士们对憨山还是心存芥蒂的。

沈德潜在提到憨山获罪时，叙述其事件的始末，云："憨山大师名德清，其行辈稍后紫柏，而相厚善，后以争名利稍疏。紫柏名振东南，缙绅趋之如鹜，憨自度不能胜，乃北游至山东莱州即墨县之大劳山，有一废兰若，因葺而居之。道俗皈依，名其地曰海印，渐成大丛林。大槐

---

① 《憨山老人梦游集》卷二十二《重修巨峰顶白云庵玉皇殿记并铭》，第298-299页。

辈慕之，争往顶礼。时，慈圣太后宫近幸张本者尤尊信，言之太后，内出全藏经赐之。时分赐者不止劳山一处，张本遽填海印寺给与，一时缁素俱艳妒之。适即墨有无赖羽人耿义兰者，诡云其地曾为道院故址，今宜复归黄冠，其意不过需索金帛耳。憨既不酬，且诟辱之，义兰忿甚，遂入奏于朝，又捏造道宫故名，自称道童。上大怒，命缇骑逮德清至京治之。拷掠无算，尽夷其居室。憨系狱良久，后始谪发粤中充戍，而张本者至以诈传懿旨论死。盖主上素信竺乾，但事涉宫闱，必震怒不解，加等大创。此乙未年事也。至癸卯冬，紫柏得罪，亦以交通禁掖，遂不免于死。初憨师在诏狱时，以梵教化导诸囚，皆感泣虔事，日夕呗诵，比出狱时，嗟叹曰：'好个道场，又将舍弃，可惜可惜！'其言亦可存也。"① 其中憨山是因为与紫柏法师争名而到崂山的说法，值得商榷。但说耿义兰最初是想向憨山索要利益不得，而自称道童控诉憨山，致使憨山获罪，则是可能的。若不为利益的话，耿义兰应该在憨山初建海印寺时就阻止，或者根本就不会将太清宫卖给憨山，而不是在海印寺亦建成十余年之后才加以控诉。

　　此事件中，值得深思的是，即便是耿义兰真的为一道士，他又是以怎样的力量、通过什么样的途径，将自己控诉憨山的疏送到万历皇帝面前的？对于一个普通的道士来说，这是不可能做到的事情。谋夺海印寺最早起于万历十八年（1590），憨山自叙云："时有乡宦欲谋道场者，乃构方外黄冠，假称占彼道院，聚集多人讼于抚院。开府李公，先具悉其事，痛恨之，下送莱州府，穷治其状。予亲听理，力捄之。无赖数百众作哄于府城，有匡人之围。时有随侍二人，予斥之他往，乃独徐行其中，为首一人，持铜牌，有利刃出其鞘，鼓舞予前，欲杀予。予笑视之曰：'尔杀人何以自处？'其人气索，即收牌刀。围行城外二里许，将分路，狂众疑彼为首者有利于予，即欲殴之，予默计彼众一鼓，则其人危矣。奈何，乃踌躇将别，即拉住首者，同至寓处，闭门解衣，磅礴谈

---

① 《万历野获编》卷二十七，第692页。

笑自若，取瓜果共啖之。时满市喧云方士杀僧矣，太守闻之，即遣多役并捕之。彼众惶惧，皆叩首求解免。予曰：'勿惧亦勿辩，第听予言何如耳？'及至，太守问曰：'狂徒杀僧耶？'予曰：'未也，来捕时，僧方与彼为首者同食瓜果耳。'守曰：'何以作哄？'予曰：'市喧耳。'太守欲枷彼，予曰：'将欲散之，枷则固拘之也。'太守悟，乃令地方尽驱之，狂众不三日尽行解散，由是此事遂宁。"① 由此看，有谋夺海印寺之心的，是当地的乡宦。可以想象，这个乡宦定是道教信徒，对憨山买下太清宫之事耿耿于怀。还可以想象的是，这个乡宦的背后，应该有某个或某些道士在起着主谋及推动的作用。

即便如此，耿义兰之疏仍然没有到达万历帝面前的可能，这个事件背后还有更大的推动者。上引憨山自叙云："先是上惜财，素恶内使，以佛事请用太烦。时内庭偶以他故触圣怒，将及圣母，左右大臣危之。适内权责有忌送经使者，欲死之，因乘之以发难，遂假前方士流言，令东厂番役扮道士，击登闻鼓以进。"即有宦官冒充万历十八年闹事之道士，在京师击鼓告状，而使万历帝得知。自从万历帝重道教、与慈圣皇太后重佛教向分道扬镳之始，宫中的宦官就分为站在皇帝和皇太后两个阵营，这个假扮道士的"东厂番役"，显然是支持万历帝的宦官。

此时正是万历帝与慈圣皇太后及支持朱常洛为太子的大臣们斗争激烈的时候，明神宗于是借着这个事件，通过打击佛教的形式，来打击慈圣皇太后和支持朱常洛的大臣们。于是，整个事件就很明了了：先是崂山当地有道士支持的乡宦企图夺回太清宫，但地方官不予支持而失败；随后，有崂山的道士或士绅通过某种途径，将耿义兰所写的上疏送达到宫中万历帝阵营中的宦官手里，宦官又通过假扮道士方式击鼓鸣冤，然后将耿义兰疏送给万历帝，万历帝再顺水推舟，下严旨惩处憨山。

憨山最终成为万历帝与慈圣皇太后斗争的替罪羊与牺牲品，获罪被贬谪到广东雷山，不得已离开崂山。憨山的离开，使得已经获得良好发

---

① 《憨山老人梦游集》卷五十三，第734页。

展态势的崂山佛教，终止了发展的脚步。

对于憨山的离开，清人纪润在《劳山记》中感叹这是崂山"无福"："昔有憨山和尚，年方二十余，写作全才，海内名家。曾与胶州赵进士讳任者作对曰：'去路还从来咱转，粗心须向细心求。'将三官殿毁，葬神像于海。逐道招僧，建大佛殿，劈山取土，日费百金，可惜劳山无福，有妖道耿义兰者，疏奏万历皇帝，将憨山充发广东卫。去后，道众方重修三宫大殿。佛殿基之址尚存。此时，三殿内皆有耐冬成树，自十月开至来年三月。予昔冬游，遇雪压茬，见夫白者，雪也；红者花也；黄者花之心也；绿者花之叶也。真一径一花色，无处无鸟音，令人终日对赏，实恋恋而不忍舍也。然福薄人，焉得长消受哉？可笑孽道，守此景而不知此趣饵。再说憨山至广东，立一大丛林，门徒无算，后坐化而成七祖。吾邑有广东道周天近太翁，在日与憨山甚善，天近幼时常在座前后。天近任广东，竭诚拜谒，其面如生，肉胎如漆，用指一弹，叮当有声。衣钵辉煌，题其匾曰：'因果非偶，至今追忆。'设憨山坐化劳山，名扬天下，至今游者络绎不绝，劳山之享名更当何如？"[1]若果如纪润所说，憨山坐化于崂山，崂山佛教"更当何如"呢？这是很难预料的事情。明莱阳进士饶州知府张允抡则云憨山可成慧远一辈人："……僧憨山海印寺遗址在焉。憨山与道士构讼万历间，老者能言之。因寻览耿义兰所为疏稿，故纸犹存。嗟乎！一憨山名与其交游，使得始终其业，将不为晋慧远之流耶？惜其终于党祸也。"[2]如果让憨山在崂山善终，将可以成为慧远一样的高僧。这个话一点也不夸张，憨山本即晚明四大高僧之一，若能够安心在崂山经营、传播佛教，崂山佛教亦可能成为中国佛教的重镇之一，至少肯定会比现在的佛教状况要好上许多倍。从这个方面，确实可以说崂山"无福"，没有让这样的高僧在崂山善终。就连周至元亦为之鸣不平，其有诗云："一自高僧卓锡来，

---

① 转引自蓝水：《崂山志》，第97—98页。
② 《游崂山东境记》，载黄肇颚：《崂山续志》卷一，第14页。

顿教海角起楼台。如何幻灭忽顷刻，竟似昙花一现开。远戍雷州不更归，二崂山色死成灰。只今惟剩荒基在，野竹秋风绿一围。""蜗角何劳抵死争，道人怜汝太无情。名山未许名僧住，涛打空堤似不平。"① 连海涛都在拍打着堤岸，为憨山鸣不平。周思璇有诗云："已临山尽处，海水若雷鸣。峰抱三方列，潮迎一面来。黄杨云外起，红蕊雪中开。潇洒万竿竹，憨山安在哉？"② 当今天在崂山中寻找佛教的踪迹时，不仅会发出同样的感叹："憨山安在哉？"

---

① 周至元：《崂山志》卷三，第117页。
② 转引自周至元：《崂山志》卷三，第88页。

第七章　华严寺与崂山佛教

一

憨山和尚来到崂山，找到佛经中所言之那罗延窟，因其地势险恶难居而至太清宫建海印寺。关于那罗延窟，信徒们杜撰佛陀曾在此修行入定，然其徒不乐供给，用柴杜门纵火，佛陀因此飞冲腾顶而去。那罗延窟自此之后，却成为佛徒和文人们向往观瞻和游玩之所。

尽管那罗延窟之地势不适合居住，却是可修行之地，窟里亦供奉有佛像，黄宗昌说："那罗延窟，距华严庵五里，天然巨石结为窟，门向北开，周围约十余丈，高如之。窟中四壁完好，底石光且平，一气浑成，俨然石阁也。后壁有薄石架出，可丈许，如阁之覆板，结为龛，可供法坐。其窟之圆窦冲天，径可丈余，引光入焉，俾无昏昧，古哲人说法，意其在此也。"[①] 那罗延窟事实上，更多的是后来的黄宗昌及其子黄坦所修葺，详见下。

达观禅师访憨山时，海印寺还没有建成，憨山即居住于那罗延窟。憨山还专作诗十首，以赠达观。其一云："泠泠三脉自曹溪，到处随流路不迷。忽自石梁桥上过，为谁沾惹一身泥？"其二："久向天台卧石梁，水晶宫殿是行藏。因知多病无为酒，且向曼殊问治方。"其三："冷照一钵望空行，拄杖横担不计程。才踏清凉台上月，万年冰雪太无

---

① 《黄宗昌〈崂山志〉注释》卷三，第 87 页。

情。"其四："拟欲挨身入窟中，窟门紧闭不通风。饮牛池遇牵牛叟，只道文殊不是侬。"其五："蓦鼻相逢是一家，三乘前后总无差。痴心欲向其中住，擎面浇来一盏茶。"其六："低头一跌失行踪，视见寒岩百尺松。因恨老曼心甚毒，就中何苦不相容。"其七："拽回拄杖下层峦，破衲蓝毵又渡关。遥望海天空界月，夜深烟水正弥漫。"其八："凄凄抱恨福城东，入望烟波意转浓。此去不知千里外，德云可在妙高峰。"其九："入门一笑见来端，醒眼殊非醉眼看。信手擎来香积饭，劝君于此更加餐。"其十："向来无著识天亲，梦里相逢信有因。此处固非兜率院，知君应是白椎人。"① 此后，众多的人士来到那罗延窟游玩，并留下了诗句，如刘月川《登那罗延窟》诗云："菩萨僧常住，皈依上翠微。山高疑日近，海阔觉天低。岛屿屏中国，波涛限外夷。重来防失路，拂石一留题。"② 又如周璠《游那罗延窟诗》："入深幽不已，陟险胜弥赆。我寻那罗窟，造化营心匠。阴阴树交横，森森石背向。岩风吹落花，山禽吐灵呒。人语答邃谷，日色含青嶂。纤余行益窄，攀窦宇始旷。翻从井臼中，道出松筠上。海天跃诸秀，群岛沸高浪。千里一以俯，指点绝屏障。超然足道心，咄哉万乘相。二崂天下奇，面面俱殊状。诘朝饱搜览，振衣气慨慷。得趣乃忘疲，足茧故无恙。"③ 又如蓝立世诗："华严之西那罗窟，穿衣怪石竞崒崒，游人晓起理轻策，云梯直上蹑鹏鹘。雨色霁气天濛濛，深山封闭无人踪。层峦叠嶂不可见，但闻海水薄虚空。行行失路忽深省，劈面削壁压参井。欲进不进却不却，徘徊石上空引领。山僧幼小如猿猱，跳掷轻捷狎峻岭。攀萝附葛塞衣上，前人脚踏后人顶。那罗山窟高且寒，人迹不到鸽飞烟。云消日出海历历，石齿流水声潺潺。六花詹葡清静域，我闻此窟达诸天。老僧知我

① 《憨石大士，达观法师弟也，源出曹溪，隐天台。既去五台，还过东海，访予于那罗延窟，感而漫书小偈十首以志欢喜心云》，黄肇颚：《崂山续志》卷七，第259—260页。
② 黄肇颚：《崂山续志》卷七，第259页。
③ 黄肇颚：《崂山续志》卷七，第260—261页。

皈依久，煮茗同参山水禅。"① 这些诗歌，都根据于佛经中那罗延窟的记载，借助于那罗延窟的地理形势，咏叹佛教之理。

明末清初人黄宗昌在那罗延窟西北建华严庵，黄肇颚叙其建庵始末云："先九世伯祖浦江公所建也。先是慈霑上人客于墨，侍御公高其行，建刹城西北隅居之，即今准提禅林也。当明社之初屋也，胜朝诸遗老计欲航海南渡，图中兴业。既南都不守，高相国以不食抗节，知事无可为，遂遁迹空门，皈依慈霑。故慈霑弟子有八十一宗。侍御公建刹那罗延窟之西北，以妥僧众，是为古华严庵。乃志未竟而毁于兵，庵以废。"由此来看，慈霑乃明之逸民，见形势难改，遂遁入空门。黄宗昌建华严庵的初衷，即出于对慈霑的钦佩。华严庵毁于明末清初的兵乱之中，黄宗昌之子黄坦会同慈霑又重建，黄肇颚记其事云："浦江公重整先绪，同慈霑鸠工集事，建刹今地，是为今华严庵。载《县志》。准提、华严两庵，施地亩。两庵各供侍御、浦江两公木主于殿东北隅，示不忘，亦所以报也。浦江公，坦，字朗生，号惺庵，侍御长子，以副贡令浦江，洁己爱民。致仕后，每习静于两庵间。年八十余，礼佛毕，退至小书室，谓从者'尔等姑退，吾欲少憩'。久之不出。潜视之，鼻涕垂膝，端坐逝矣。慈霑载前《志》。慈霑之后，有性如上人者，深明《释典》，亦复戒行清高，为能嗣衣钵云。庵祀那罗延佛，后曰大悲殿，前为楼者十二楹，复道通焉。楼之东曰藏经阁，大部藏藏其中。殿之左为知客寮，右祖堂。檐下有泉，清冽。客寮前石刻徐抚军《观日出》、《海市记》及《图咏诗》嵌墙壁间，载列于后。庵之前曰双池，曰塔院。浮图一座，为慈霑归藏处。东有砥柱石，镌'山海奇观'径丈字四，山东抚军惠龄笔也。"②

黄肇颚所说的"慈霑见前《志》"，即黄宗昌《崂山志》中之慈霑传，此传为黄坦补入，云："慈霑上人，观阳里人也，家姓李，少孤，

---

① 周至元：《崂山志》卷二，第44页。
② 黄肇颚：《崂山续志》卷七，第245页。

事母孝，性善悟，喜谈空门静理，以母在，为优婆，诚朴无外饰。邑绅宋朝请公嘉其笃实，是入道器，尝为说《楞严》，上人时能解悟。江南讲师一生者来观阳说法，与之语，颇相投。母卒，遂祝发师事之。生公，智辨人也，上人力行，愿恪守教惟谨。初住地藏庵，后徙庐乡之园里寺。不期年，遂登座，讲诸大、小乘经，听者常数百人。及生公南还，上人德誉日隆，所度弟子踵相接，殆无虚日。先君子闻其名，迎入墨，与所建准提庵居之，时加礼重。上人潜心考道，老而益勤，于诸品经，多所论述，每谈说，娓娓足悦听闻。上人初不识字，专力于此，乃至理无不明，人顾不当求省耶？那罗延窟所称，在昔诸菩萨止息处者，传世久，上人惧不修则渐而夷也，曰：'思所自始託足于此者谁也？而奉持者不能保有故阯乎？吾责也，吾责也！'谋之坦，鸠工集事，营殿宇，设经阁、禅室、僧寮之居，次第以举。诚于劳费，故无下逮之力，此所谓修其本者哉。上人生平不为苟得，不募缘，不畜幼童，扬善掩恶，言必信，以非礼来者，若罔闻见然。居墨三十余年，未见有忌色嗔语。年八十四，端坐化去。秋水居士曰：'造化之力，粹精于专一者也。夫惟专一，故五官之用静而不纷，器虚而道生矣，故诚无不明者。慈霑，初一乡人耳，无大智识，而竭一诚以相向，耳目心思皆交力灵焉。固知气之所至，形开神发，天地万物可呼吸通之耳。彼工于外者，志繁而神不守，于道何有哉？吾谓禅门当以真诚为本。'论曰：执其艺者习其事，故山有木，工则度之，非工也，操斤而往，则意为量耳。二氏之学，余所未究意量焉，亦有难安。要之，天下事未有不得之至诚而失之诞妄者，请质之知道君子。"① 据此而观，慈霑可称之为能领悟佛理者。周至元评价慈霑说："上人生平诚实，不为苟得，不募缘，不畜幼童，言必信，行必果，人有以非礼来者，若罔见闻。山居三十年，曾无忌色瞋语。"② 这个评价即根源于黄宗昌的《崂山志》。

---

① 《黄宗昌〈崂山志〉注释》卷三，第 152 页。
② 周至元：《崂山志》卷四，第 171 页。

在慈霑和黄坦的主持下，华严庵始有现今之规模，"禅宇之盛，为山中冠"①。慈霑在崂山传播佛教，深为崂山民众所信从，其去世后，崂山信众为之涕下。黄宗崇作《慈霑上人浮屠记》记云："自那罗延窟东北下，有二道：其一西北上，为古华严旧址；其一迤折而东，约里许，稍得平势，石列而涧分，为今华严新构云。今华严自慈霑氏始，而其归藏之浮屠在焉。慈霑氏也，非有卿相之权，千金之富，足以动人而奔走之。闻其道泊然淡然，非有□□人亦爱于彼之有。然其死归是山也，其徒之悲思无怪已。自士大夫及归人孺子之无知，莫不裹粮跋涉，不遑宁处。远者多数百里，舍其稿事以来，盖数千人，庐不能栖，率露宿于松石间。及临其穴，皆不知涕之何从也。噫！彼独何修，而使人爱之若是？吾观近世以来，富贵之家厚其葬埋，凡世俗所相竞耀以为送死者，旌幢俑卫，荐设之具，甚美且备。然谋之贤知则不悦，以烦乡里则苦之，亦苟以悦愚夫淫侈之人而已。微论道路观者不知悲慕，至有子弟亲戚，服缌麻，襄祀事，而饮酒啖肉，笑谈自如者，又何心也？岂生者之凉薄风斯下欤？抑死者固不足不能系死后之悲思，而非有求人者乃爱之。吾又以此叹慈霑之不偶然也！噫！一死耳，或无人而不思，或视之如遗，或称之以为快。古谁无死？而卒其可以死者几人哉？或曰，佛氏之教，中人膏肓，盖邪说之移愚民也。如是，然诵孔子，称先王，而自称为仁义者，反不能稍移夫愚民独何也？余于上人固有取焉，因述所见而为之记。时甲辰四月八日也。"② 针对那些佛教是"邪说之移愚民"的论调，黄宗崇发出"自称为仁义"的孔子、儒学为何"反不能稍移夫愚民"的诘问，显示出了他对于佛教和慈霑的支持。

二

与慈霑同居于华严庵的还有善和和尚、性如上人等。

---

① 周至元：《崂山志》卷四，第 171 页。
② 黄肇颚：《崂山续志》卷七，第 245－246 页。

善和，栖霞人，俗姓于，行七，人因称之为于七。于七善武事，据称为螳螂拳的创始人，今华严寺中新立有《修复螳螂始祖于七墓塔记》以记其事。周至元记其事云："以武举起家，仗侠任性。与邑绅阎某不合，被迫谋反，官兵追之急，逃入民家为佣，而主人不知也。官侦知之，围主人第，七越垣遁。捕肯遍搜不得，乃絷主人归。七闻之，乃赴县自首，请释主人。于是纵其主，而系七于狱。七矫捷过人，乘间破牢而脱，辗转入崂山，遂出家于华严庵。受佛戒后，一改往日所为。晚年得成正果。"今华严寺中有其遗像，"面赤体伟，目炯然有光，虽缁衣荷锸，时露雄赳本色焉"①。在寺的塔院中，有砖塔和石塔各一座，砖塔为慈沾大师塔，与砖塔相对的石塔，即于七埋骨处的"于七塔"。

从周至元所记其事来看，于七是一个颇能行正义之人。蓝水叙于七事颇详，事迹如下②。

于七名乐吾，又名小喜，生而犷悍，自幼习武。形貌魁梧，性狡黠多权术，喜欢结交豪侠，收罗亡命之徒，敲剥富室而救济穷室，称霸当地。明崇祯年间，清兵频频越过长城攻入山东，十二年屠济南，十五、十六两年破兖州，东下破昌邑、诸城、平度、莱阳、栖霞，文登、成山卫等地。清兵所到之处，烧杀淫掠，栖霞人亦深受其害，对清兵痛恨入骨。顺治初，清军入主中原之后，大举南征，北方各地有所空虚，于七乘机率民众反抗。顺治五年（1648）率弟于九、于十纠合同伙，以抗清复明为号召，起兵抗清，以栖霞县东南的锯齿山之险要地势为屏障，设为大本营。

于七一度出兵攻破宁海城，杀知州刘文祺，此后进展不利，于顺治七年（1650）接受登州知府张尚贤招抚，授栖霞把总，令讨贼自效。虽然接受招抚，但并没有完全顺从清之统治，而是以招抚为保护，"施展其企图"。当地绅士畏其强，折节与交，"镇协等受其贿赂相款洽"，

---

① 周至元：《崂山志》卷四，第171-172页。
② 参考蓝水：《崂山志》，第65-66页。

"藉以牟财利，广储蓄，与潜伏素所勾结者暗通声气"。后辞职归，坐享富厚，"踌躇满志"。顺治十八年五月五日，莱阳龙旺庄恶棍宋彝秉率诸恶少设赌局于宝泉山庙会，于九、于十二人入局，输掉所有钱财，怒殴宋彝秉。宋彝秉恚恨，于七月赴京，至刑部控告于七图谋不轨，略称："栖霞于乐吾，一向召集亡命，图谋不轨，并仇易代，为复明社，目前其走径，擒劫宝泉山，以小试锋芒，待召集人马齐，即攻郡县云云。"朝廷听信宋彝秉之言，于八月派官兵剿捕于七等，于七出吊塞口衣氏丧，于九、于十击伤官兵。于七闻讯急归，倡言清并要屠栖霞县城，民众信之，从而避难者日万人。

于七同尹应和尹秉腾父子等及所附属，召集全县民众，民众群起相应，依附于七旬日至万余人，继续扩充聚众十余万。依锯齿山建三寨，囤积粮草。东起桃山，西至唐家泊二十里间建营垒并于外围隘口、设立关卡，又派吕思曲、俞三以三千人守县东北二十里岠嵎山，为犄角之势。远近闻风响应者蜂起，常和尚攻文登，李茂则扰平度、即墨境，刘五起福山，徐海门犯大嵩卫，殷忠续攻鳌山卫，登州八邑同时扰乱，波及莱州东部。山东巡抚许文秀派登州总兵范承宗来剿，于七远迎击溃之。又派沂州总兵，李永盛同征。李永盛短小无勇力，于七欲生擒之，作战时佯装败退，李永盛急追，于七反身手掣其胄，李惊进，多亏清兵齐上将其救下。十月十八日，朝廷以巡抚许文秀、总兵范承宗、李永盛失察于七而调回京师，许文秀撤职，范永宗、李永盛仍以原职回率本兵往剿。十一月二十五日，清廷任命都统济席哈为靖东将军、副以兵部郎中与新调任山东总督祖泽浦，统领满汉兵三万，星夜东征。济席哈指挥所进驻莱阳城，祖泽浦经宋氏龙旺庄东，"过南务，逢人即杀"。图喇领骑兵七百攻入栖霞县城，捕杀所谓从贼者三百人。十二月提督杨捷统军列营锯齿山下，以围困为主，双方大小激战时有发生。

康熙元年正月，文登协将刘进宝、文登千总李延芳、即墨营参将刘国天等，先后分头击灭各处所有响应者，二月护军参领通嘉，攻破岠嵎山，随后双方相持达三个月的时间。由于势孤援绝，加上外围据点相继失守，于七等人渐渐不支，清兵步步紧逼。于七退守至山腰寺院虎陀庵中，于夜中集中兵力，突袭清军大营，于七趁乱突围而出，余众则遭清军清剿殆尽。清军因于七逃走，以其"窜入海上报"。清兵退时，"又驱莱阳栖霞两县三百人至济南，一日尽杀之于演武，以儆众立威"。于七逃至崂山华严庵，夜入慈沾住持室求救，慈霭为之削发，易僧服，"并以开水泼其面，遍起燎泡，皮破血绽，傅以秽，不医治，佯言面生恶疮"，以此躲过清兵的搜查。慈霭去世之后，于七继任华严庵主持，主持寺中事务。后染重病，令人扶至大殿，于佛坐下抽出其初入庵时所藏刀，狂舞已，投地，长叹曰："我于七死有遗恨。"言毕，倒地而亡。旁有一僧悲呼七哥，或疑该僧系其二弟之一。

其去世前所发之长叹，颇有英雄落寞、大志未有实现之意，确如周至元所言"目炯然有光，虽缁衣荷锸，时露雄赳本色"之语。

入清之后，华严庵中又有僧人性如，性如不见于蓝水《崂山志》和周至元《崂山志》中，唯见于黄肇颚《崂山续志》。《崂山续志》中收有《华严庵性如上人纂辑佛经序》，序之全文云：

> 昔江西罗台山在京师，周书昌具素馔邀来作竟日话。其人形如病鹤，而神特王，以《内典》遍证《大易》、《诗》、《书》、《学》、《庸》、《孟子》之妙。其持之有故，言之成理，如对罗近溪、周海门一流人也。书昌不觉心醉，由此观之，佛法亦未可厚非也。至于道教，清虚高贵，精实亲切，从此入尤为方便。人第见释家之圆妙，登峰造极；儒家之中正，四通八达；而遂卑道家为三教中下乘。不知释家之书，半有老庄相出入；而儒家之齐治均平，道教又足以兼之。道家正未可轻言也。张子房之兵法，李邺侯之相业，皆从道教中打出。张平叔、王重阳及马丹阳等七真人，皆由仙人佛，精通般若，性命双修，虚实兼到。禅门中下一流人，未必尽能及之也。奈何易视道家耶？己巳春，余游山至华严庵，与性如上人夜谈三教，两心莫逆。上人时方纂辑《内典》，谓事成其为我序之。余曰上人所纂者释典

也，而道藏儒书无不兼该矣。何也？道曰长生，儒曰好生，佛则曰无生。三者似道不同不相为谋矣。然道曰炼神还虚。非无生乎？曰积功累行，非好生乎？是故长生之中，未尝不兼无生好生也。儒曰无声无臭。非无生乎？曰于昭于天。非长生乎？彝是故好生之中，未尝不兼无生长生也。会至于佛曰万劫不坏，非，长生乎？曰大慈大悲，非好生乎？是故无生之中，未尝不兼长生好生也。极而言之，道曰谷神，儒曰明德，释则曰般若，皆言此物之灵也。道曰天地根，儒曰太极，释则曰本然。皆言此物之能为主宰也。道曰罔象，儒曰无声臭，释则曰五蕴皆空，皆言此物之微妙也。道曰罔觉，儒曰虚灵，释则曰寂惺。名目虽殊，工夫则一。此段工夫，至约而至大者也。约者返求于一念之微，大者总持夫三教之全。是知儒不通禅，儒之浅者也，入理深则通于禅。禅不通儒，禅之小者也，悟道大则通于儒。所以白沙、新建，彻二氏之藩篱，华严、维摩，合三谛而融贯。或曰：屠赤水谓三教作用不同，然否？曰：谓作用不同可也，谓成就不同则非矣。曰：三教成就同归何处？曰：同归于了生死。释之无生无灭。不待言矣。至于儒曰："朝闻道夕死可矣。"非了生死乎？道曰："死而不亡者寿。"非了生死乎？赤水徒见仙家之长生不死，似别成一果，与圣佛不同。而因谓三家之成就皆异。不知长生不死，即死而不亡之谓，非指形骸躯壳而言也。后世修养导引，乃地仙之流，于道家亦为别派，老子之学，何尝有此？夫庄列之在道家，不为不尊矣。今读其书，则齐彭殇一生死放狂任达之说，满纸都是。甚至以死为南面王乐，初何尝恋恋于长生哉？七真为道家之宗，而其寿皆无以大异于人。则道家之所谓长生者，即了生死之别名耳？是故圣亦佛也，佛亦仙也。以其理之至极而言则曰圣，以其性之常觉而言则曰佛，以其神之不灭而言则曰仙。分之则三家各有专长，合之则一人无不兼备也。嗟嗟！岂可与戈戈竖儒道哉！昔陆子静论三教云：

天下之言道术者众矣，而大门则此三家也。周之衰也，百家之说竞起，汉初消灭者已多，其存者分为九流，然惟儒道两家最盛。至释氏之学，入中国在二教之后，而一入之后，崇信者遍天下，扑之而愈炽，攻之而愈昌。其始也，群然惊且骇；其继也，疑信相半；其究也，遂翕然归向之。盖其中实有妙理，非可以侥幸得人敬信也。自释氏之学起，道家既不能胜之，而道家亦有不可磨之性，遂并立为道释两家。而儒家又天下之达道，帝王师相之所必用，于是三教之名立焉。此三者如天地人之列为三才，如日月星之列为三光，亘万古而不可易也已。此陆子之论也。而自明儒陈白沙、王阳明、王龙溪、罗近溪、周海门、焦淡（澹）园、葛瞻屺、管东溟、李二曲、罗念庵、赵大洲、金正希、陶奭龄诸人，皆为三教合一之学，可以知所向往矣。性如上人精通佛法，纂辑《内典》以一教而括二教之全，以一人而兼儒道之要。尚安有遗憾也哉！自山归，遂诠次其语而为之序。[①]

黄守恪乃黄宗昌之后人，撰有《虚斋日记》等作品。文中提到的周书昌，乃清乾隆时人周永年，参与《四库全书》的编纂工作，子部类提要有很多是出自周永年之手。罗台山乃罗有高，其与彭绍升关系丛密，彭绍升乃佛教信徒，撰有《居士传》、《净土圣贤传》、《一乘决疑论》、《华严念佛三昧论》、《净土三经新论》等与佛教有关的著作。

罗有高本人亦为理学家，讲性命之学，参读佛教典籍。从《序》中来看，罗有高是主张三教合一者。文中提到的罗近溪（汝芳）、周海门（汝登），是明后期心学家王阳明的门人或后传。文末提到"明儒陈白沙、王阳明、王龙溪、罗近溪、周海门、焦淡（澹）园、葛瞻屺、管东溟、李二曲、罗念庵、赵大洲、金正希、陶奭龄诸人，皆为三教合一之学"，陈白沙（献章）是明初心学家，自王龙溪以下的数人，大多

数为王阳明门人或后传。他们在三教问题上，都主张三教合一。

王阳明在阐述良知之说时，往往用佛禅之论来加以解释，如说："'不思善不思恶，时认本来面目'，此佛氏为未识本来面目者设此方便。'本来面目'即吾圣门所谓'良知。'"① 用佛禅的本来面目比附良知，使良知之说明白易懂。王畿（龙溪）说王阳明曾有"屋舍三间"之喻。唐虞之时，此三间屋舍都是儒学本有家当，巢许辈皆其守舍之人；及至后世，儒学做主不起，仅守其中一间，将左右两间，甘心让与佛道二氏；及儒学日衰，佛道之学日炽，甘心自谓不如，反欲假借存活。泊其后来，连其中一间岌岌乎有不能自存之势，反将从而归依之，渐至失其家业而不自觉。王阳明为振兴儒学，融纳佛道，发明良知之学，"乃三教之灵枢"②。王阳明又说："夫禅之学与圣人之学，皆求尽其心也……世之学者，承沿其举业词章之习以荒秽戕伐其心，既与圣人尽心之学相背而驰日鹜日远，莫知其所抵极矣。有以心性之说而招之来归者，则顾骇以为禅，而反仇雠视之，不亦大可哀乎!"③ "圣人尽性至命，何物不具，何待兼取？二氏之用，皆我之用，即吾尽性至命中完养此身谓之仙；即吾尽性至命中不染世累谓之佛。"④ 这些话表明，王阳明认为在心性方面，儒释道是相同的，不仅是佛和道所有，儒学本来也自有这些内容。

与王阳明的看法一样，王龙溪认为三教所体现的，都是"人之恒性"亦，他说："人之恒性，乃人所同具者，以其无思无为故，谓之寂，以其不可睹闻故，谓之微，以其无物故，谓之虚；以其无欲故，谓之静；以其智周万物故，谓之觉。而其归不出于无之一。言无者有之基也，故寂以通天下之感，静以贞天下之动，动以效天下之显，虚以御天

---

① 《传习录》中，《王阳明全集》卷二，上海古籍出版社1992年版，第67页。
② 《三山丽泽录》，《王龙溪全集》卷一，中国台湾华文书局股份有限公司根据道光二年刻本影印，第125－126页。
③ 《重修山阴县学记》，《王阳明全集》卷七，第257页。
④ 《王阳明全集》卷三十五"年谱三"，第1289页。

下之实，觉以神天下之应。是谓钱圣相传无所倚之学。汉儒徒以训诂为学，补缀张皇考订于形名器数之末，取古圣贤已行之迹，著为典要，相守以为世法，不知以无为用。彼佛氏者，见吾儒学术之弊，奋然攘臂其间，取吾学之精义，据而有之于己。凡古圣贤已行之迹，一切扫归于无，而吾儒兢兢自守，拘滞于形器之中，终身烦恼而不自觉，语及虚寂则曰此异端之教也，避之惟恐不及。不知佛氏所谓虚寂本吾儒之故物，彼直窃而据焉。韩欧《原道》、《本论》，欲以虚声吓之，直指其粗迹耳。请言其精。有谓吾儒之学主于经世，佛氏之学主于出世，以为公私之辨者矣。有谓耽悦禅味，偏于静虚者矣。有谓绝情去念，流于断灭者矣。有谓经是言诠，直指单传不立文字者矣。夫佛氏慈悲喜舍普度众生，虽身命有所比惜，未尝自私也。偏于静虚乃二乘见解，若上乘之禅，从尘劳烦恼中作佛事，于众生心形中觅佛法，未尝厌动而有所偏也最上乘之禅亦以断灭为外道，于念离念，即情忘情，不即不离，是究竟法，未尝绝情去念也经何有过，何妨于诵，此不立文字，便是文字之相，出息不涉于众缘，入息不居于阴界，是谓转经要法。不能心悟，反为法华所转，始落言诠尔。此其大凡也。善乎文中子之言曰：‘佛为西方之圣人，中国则泥。’盖吾儒之学以万物各得其所为尽性，佛氏之教，欲使万物同归寂灭，不可以治天下国家，是则所谓泥也。此又为儒者所当知。”① 儒释道三教所体现的，都是人的“恒性”，是从同一源头所流出的三个支流，三教相互之间应该看到共通的地方，而不应该各自拘泥于自己的藩篱之中。

　　焦竑（澹园）的三教合一论十分鲜明，视佛学为圣学，以圣学为佛学，而且认为不通佛学就不能通儒学。他在为瞿汝夔刻印的《华严经》写的序中说：“余以谓能读此经，然后知《六经》、《语》、《孟》无非禅，尧舜周孔即为佛，可以破沉空之妄见，纠执相之谬心。”② 能

---

① 《释教总论》，《续藏经》本。
② 《刻大方广佛华严经序》，《澹园集》卷十六，中华书局 1999 年版，第 183 页。

读懂《华严经》，才能知道《六经》、《论语》、《孟子》无非是禅，儒家的圣人尧舜周孔即是佛。焦竑还把佛教的教律与儒家的礼仪相比较，认为二者是相同的，"释之有律，犹儒之有礼也。佛以六度示人，禅那特其一耳。而不知者至欲以一而废五，则其所为一者可知已。何者？仁义以礼而力，无礼则仁义坏；定、慧以律而持，无律则定、慧丧。是故戒生定，定生慧，慧生八万四千法门，人之所知也，而慧复能生戒，生定，迭相为用，辗转不穷，人所未知也。"①焦竑对于宋儒的儒佛之辨，认为都是宋儒不能通佛经之义，也不能真正通孔孟之本义的缘故。他说："伯淳，宋儒之巨擘也，然其学去孔孟则远矣。孔孟之学，尽性至命之学也。独其言约旨微，未尽阐晰，世之学者又束缚于注疏，玩狎于口耳，不能骤通其意。释氏诸经所发明，皆其理也。苟能发明此理，为吾性命之指南，则释氏诸经，即孔孟之义疏也，而又何病焉！"②释氏诸经所明之理，与孔孟所明之理是相同的，都是我们性命的指南。因此焦竑强调，不必口争儒佛之辨，不论是佛是道，只要能发明吾人尽性至命之学，就是真正的道，就是孔孟的道。因此，在这个基础上，焦竑主张应该放弃对儒、佛异同的喋喋不休的辩论，最重要的是反诸个人的心性："学者诚有志于道，窃以为儒、释之短长，可置勿论，而第反诸我之心性。苟得其性，谓之梵学可学，谓之孔孟之学可也，即谓非梵学，而自为一家之学，亦可也。"③其实自王阳明开始，王学就不主张徒逞口舌之辨，一切以良知为出发点，作为衡量其他的标准。王龙溪说："先师良知之学，乃三教之灵枢，于此悟入，不以一毫知识参乎其间，彼将帖然归化。所谓经正而邪匿自无，非可以口舌争也。"④焦竑是对王阳明与王龙溪之说的进一步升华。为了宣扬三教合一，焦竑甚至批评二程、朱熹等人，指出孔孟以见性为宗之本旨，到宋儒而晦："伊川、

---

① 《赠愚庵上人说戒慈慧寺序》，《澹园集》卷十七，第196页。
② 《澹园集》卷十二，第82页。
③ 《澹园集》卷十二，第82-83页。
④ 《三山丽泽录》，《王龙溪全集》卷一，第126页。

晦庵之学，不从性宗悟入，而以依仿形似为工，则未得孔孟之依归故耳。"① 从三教合一的立场出发，批评程、朱没有悟到孔孟真正的本旨。

周汝登、屠隆（赤水）等人的三教论观念大体也是如此。如周汝登与其门人的一段对话，说："思位问：佛说放光现瑞谓何？先生曰：此是本有的。夫子温良恭俭让，尧光被四表，格于上下都是放光处。思位曰：释迦明说百千亿万劫事，何孔子不言？先生曰：夫子言百世可知，"百世以俟圣人而不惑"，何尝不言？思位曰：夫子只言可知，若释氏则明言汝前劫是何人，今劫是何人，来劫复何人。此似不同。先生曰：始终不离当下。佛言千百亿劫即言须臾事，汝但返照自身，适一念迷便前劫是众生，今一念觉便即今是佛，再迷则来劫复是众生，常觉则来劫常是佛。"② 思位询问佛教中的问题和义理，周汝登却用孔子来举例说明，指出要认识到佛教或儒学的根本，都"始终不离当下"，当下即是顿悟，即是直契根本。屠隆则指出佛禅与孔孟都是讲"空"，而且二者之"空"的主旨都是相同的，其《重修首山乾明寺观音阁记》开头说："夫出世者贵禅理，贵其清虚，在世者尚儒术，尚其实际。贵清虚者薄世法，谓其躁兢而多累；尚实际者薄出世法，谓其空廓而亡当。是皆末流之伪言，非玄同之初旨也。"喋喋不休地辩论入世与出世的差异，是末流的不真实之言，没有明了二者玄同的主旨。关于二者相同"玄同之初旨"，屠隆接着说："仲尼无意必固我，空之谓也……故儒释之不同者，在世出世而其大原同也。儒之用处，本实运而空存，释之精处本空，空极而实显。儒贵人伦亦去有所，去有所者空也；释去真空亦称妙有，妙有者实也。若缨绋烦躁而自同桎梏，何名为儒？玩空断见，而沦于死灰，何名为释？余见佛子之徒之谬悠邑荒者，往往以性空自诧，而菲薄儒者以为拘执。夫佛之宽衍何不容而菲薄儒者？彼其性空乎未邪而俗儒不达，又或矜诩名实而诋诃西方大觉以为偏枯与媾为斗，吾

① 《澹园集》卷十二，第84页。
② 《东越证学录》卷五，《四库全书存目丛书》本。

怪其波流也，自非精诣玄览之士乌能究其归乎？"① 佛禅与儒学之间的
"玄同之初旨"，非是"精诣"二家学说者不能体会得到的。即使能精
通二家学说，如果不能融会贯通，或者心存偏见与芥蒂，那么一样是不
能看到二者的"同"。

更甚者是管志道（东溟）。嵇文甫曾评价管东溟说："管东溟混合
三教，汗漫不可方物，而却云'孔子得位，必用桓文做法。'从释老到
杂霸，和卓吾所走正是一样路径。他们都是狂放不羁的人物。什么正
学，什么异端，根本没有放在他们眼里，掀翻天地，当机横行。金银铜
铁，搅成一团。这班人是不能以寻常尺度相绳的。"② 管东溟混合三教
而致"汗漫不可方物"。管东溟十分精通《华严经》，其著述《觉迷蠡
测》从头到尾，都是用《华严经》教理来比照儒家经典，说明儒家学
说，从其中的"老释互发章"、"深心章"、"孔释异同章"、"时节因缘
章"、"悟机章"等标题，即可看出他的思想观念。管志道称孔子为如
来的分身，"小元始，亦小玉皇，正犹儒门好张孔子门面，不究圣学之
从何归宿，而故跻之如来上也，孔子岂非如来分身，特难跻于其上
耳。"③ 这种看法大大超出了程朱理学家所能接受的程度。管志道一再
批评别人对程朱之学"多信不及"，只有自己"独信之深"④，但是他自
己也知道其"已决意净土门中修儒者行"⑤ 的做法，与"与程朱之家
法，委有小违"："岂知其为遁世不见是之功课也，此与程朱之家法，
委有小违，而窃自信不违于孔子之心法，亦不违于高皇之治法。"⑥

儒学与佛禅两不相违，是管志道一生为学的主旨，贯穿在其所有的
著作中。如在《觉迷蠡测》中说："凡吾平日揭辞，类多以释显孔，以

---

①　《白榆集》卷之五，《四库全书存目丛书》本。
②　嵇文甫：《左派王学》，《民国丛书》本，第78页。
③　《觉迷蠡测》卷下，《四库全书存目丛书》本。
④　《觉迷蠡测》卷上。
⑤　《觉迷蠡测》卷上。
⑥　《问辨牍》卷之元集，《四库全书存目丛书》本。

孔印释，以禅佐儒，以儒匡禅，不用险谲骇人之语……此后儒生不患其执一于儒，而患其二本于禅；不患其不跳程朱圈外，觅所谓毘庐法界，而患其不从孔颜矩中，求所谓普贤行门。"① 因此，管志道主张程朱与佛禅并举，不应偏废，以为区分儒、释二家，只是人为的分别异同而已，"学必以孔子为宗，而不力拒二氏，以自作异同之障。理必以融通为彻，而尤慎守方矩以坚护吾道之防，既直探释门上乘之密义，复推重宋儒扶世之大功。至谓理则儒释不宜相碍，教则儒释不宜相滥。"② 之所以儒释二家互不相碍，正是因为在深层中，儒学中的某些方面与佛禅的某些方面相合。管志道对此做了大量的论述，如对《论语》中的"仁"与慧能所说的"悟"作比较时说："以至于三月不违仁，正合慧能灯下一悟，千了万当，无适而非未发之中。"③ 又在讲儒家之"一贯"时说："孔颜之一贯，无识亦无一。无识之谓真识，即释氏之所谓转识成智也；无一之谓真一，即禅祖之所谓觅心了不可得也。"④ 而这些相合或者相通，正是二者在心性方面相同的体现，圣人无二心，因此天下无二道。心与道，是两家圣人甚至是天下所有人所共有，非是某些为佛禅或某些为儒家所独有。管志道说："太极非周子之私物，毘庐性海亦非释氏之私物也。道，可道，非常道；名，可名，非常名。皆所谓不得已而强名者耳。天下宁有二道？圣人宁有两心？"⑤ 如果认识不到儒学与佛禅之学的相通，那么对儒学的认识就会不真："盖吾道一以贯之，空空如也，正达摩之安心于了不可得也。悟不到此，则圣学之发因不真，纵有精见，不巢于名理，则窜于识神耳。"⑥

王阳明及其后学的三教合一的论述，极大地突破了程朱理学的观

---

① 《觉迷蠡测》附录。
② 《问辨牍》卷之元集。
③ 《问辨牍》卷之亨集。
④ 《问辨牍》卷之贞集。
⑤ 《问辨牍》卷之亨集。
⑥ 《问辨牍》卷之贞集。

念，在清代亦受到激烈的批评，如同四库馆臣在评价王龙溪时说："畿传王守仁良知之学，而渐失其本旨。如谓虚寂微密是千圣相传之秘，从此悟入，乃范围三教之宗。又谓佛氏所说，本是吾儒大路，是不止阳儒而阴释矣。"① 王阳明及其后学的三教合一论，确实不止是阳儒阴释之说了。撰写本《序》的黄守恪，以及其中所提到的罗有高、周书昌等人，皆为康熙、乾隆时人，而且周永年（书昌）还参与了四库全书子部类的编纂工作，能够赞扬、肯定王阳明及其后学的三教合一论，是极其大胆和难能可贵的。尤其对于黄守恪来说，其三教合一论观念的加深，得益于性如上人对于三教的阐述，由此可知华严庵对于当时的思想观念有着一定的贡献。性如上人的三教合一观念，显示了他与明后期心学的关系，他是一个有着心学色彩的佛僧；或者亦有可能，他是明末心学家的之遗老吧。

因为性如上人的关系，在程朱理学一统天下的清代，心学在崂山出现并得到留存和讲述，也是一个奇迹。

三

华严庵建成之后，来华严庵留住的僧人、游玩的文人开始陆续增多，并留下了许多的篇章。

清代在华严庵居住的僧人有昌仁、仁济等。昌仁，俗姓矫，字文安，在京师受戒，后游至崂山，遂留居在华严庵。其人"禅律谨饬"，擅长诗书，"一时名流争相延接"②。著有《山居诗稿》，蓝水评价说："劳山方外能诗者，长春、憨山后，有悟禅、仁济，昌仁诗独能冲淡自然。"③ 昌仁言及华严庵的作品不少，如《山居杂咏》四首，其一云：

---

① 《四库全书总目》卷一百七十七《龙溪全集二十卷》提要。
② 周至元：《崂山志》卷四，第172页。
③ 蓝水：《崂山志》，第66页。

"归来不道古人疏，四面青山好读书。最是渔樵有深意，携来鱼酒过茅庐。"其二云："夕阳西下月东升，茅屋数檐藏老僧。遥忆古人不可见，独翻贝叶伴青灯。"其三云："早识此身是幻形，归来正好掩柴扃。从前伎俩全抛却，但念弥陀养性灵。"其四云："一溪流水白石新，策杖间随麋鹿群。直上西山采灵药，归来惹得满身云。"《华严庵》诗云："窗外数峰秀，门前碧水流。山深人意淡，林静鸟声幽。云影归樵客，烟波下钓舟。明晨天气好，吾亦趁闲游。"《还寺作》诗云："业海茫茫十数年，归来松竹尚依然。重开丈室安吟榻，细补轩窗置砚田。一事无成深自愧，千篇有在任人传。山中毕竟胜朝市，日上三竿犹复眠。"①王大来《与昌仁上人夜话》："游客投山寺，环回过几峰。海云迷古径，风磬出深松。梵呗中霄坠，诗僧月下逢。孤灯挑不尽，挥麈到晨钟。"毓赞臣有《寄昌仁禅师》诗，云："扁豆花开压短篱，寻君相遇早秋时。翻经击钵了无事，听雨看云常有诗。因说名山僧话久，为游古寺客归迟。世间真乐无如此，语向旁人总不知。"②

仁济，东牟人，自号九颠和尚。年幼开始学习举业，年十余时，读《华严经》，如有所悟，叹曰："匆匆浮世，半属空花，若不早修，负却此生矣。"于是弃家至即墨，在准提寺出家，苦修十余年。为躲避乱事，来到崂山华严庵。时华严庵主持法舟，特辟一室于祖师堂，以供禅栖。仁济据华严庵掩关简出，深自韬晦。

在华严庵居住过或来此出家的文人颇为不少。如慈霑为主持时，有胶州秀士赵安期来庵出家，其涅槃时说偈曰："口说无挂碍，今朝挂碍无，风光随处好，净土不模糊。"华严寺前有曾琦诗碣，题为《步憨山上人韵》，云："避地齐东愿久荒，偶携良友一褰裳。名僧佳句留禅寺，大海潮音送夕阳。蹑足未能登绝巘，濯缨今喜有沧浪。劳人例合崂山

---

① 转引自蓝水：《崂山志》，第121－122页。
② 转引自《万古崂山千首诗》，第206页。

住，且枕诗囊卧石房。"①

清人赵似祖在此居住过比较长的时间。赵似祖，清莱阳举人，官知府，工诗，久寄华严庵，著有《希音阁诗集》，其中有不少关于崂山的诗歌，如《寄居华严庵即事》八首，其一云："前有楼台后有山，小桥流水日潺潺。我来绿雨春三月，僧让白云房一间。刺眼青藤休乱折，齐腰新笋莫轻删。此行也比天台路，景物流连何日还。"其二云："山僧爱客远相迎，入竹穿林地不平。暮雨庵中参佛像，自云峰上听经声。网来海物形容怪，制得山茶气味清。晓起随人闲寄目，琪花瑶草不知名。"其三云："山色迎人不断青，入门松竹满空庭。观音高托莲花座，墨客闲翻贝叶经。暮雨声中千佛寺，夕阳影里半山亭。野人不省人间事，三枕沉沉睡未醒。"其四云："少不成名老复狂，游人如到白云乡。树阴制药衣全绿，花里题诗字亦香。一盏青灯明佛阁，五更残月下回廊。晓来空院无人迹，卧听钟声出上方。"其五云："蠹蠹楼台结石牢，海天东望月轮高。风声急折三秋树，山势横当万里涛。远有蜂房藏薜荔，低垂马乳架葡萄。我来恨少谢公屐，直上丹崖意气豪。"其六云："一路亭台湿翠微，天风吹处瀑布飞。拾来野果穿云去，折得黄花压帽归。牧竖闲吹牛背笛，渔家静掩渡头扉。秋来落叶盈阶砌，只为外间到此稀。"其七云："与君石上话三生，聪慧全然是凤成。明月何时移塔影，乱云原不碍钟声。一般橡栗全离桄，大半亭台不记名。何必生公能说法，自然看破世间情。"其八云："此中仙境亚蓬莱，万壑千峰次第来。小寺门前秋草合，茅庵池上白莲开。拾来野果先猿到，移得山花带雨栽。一幅云林画不尽，须叫羽客再追陪。"② 诗中描写了崂山、华严庵的景色，以及自己在华严庵居住、庵中僧人的情形。

来此游历过的文人留下了大量关于华严庵的诗篇，周至元《崂山志》和黄肇颚《崂山续志》对此都有收录。周至元搜集的有近百篇，

① 周至元：《崂山志》卷六，第211页。
② 转引自蓝水：《崂山志》，第119页。

其中有些诗歌佛教色彩非常浓厚,如周来馨诗:"云里层崖画里楼,马嘶尚到虎溪头。入山听有高僧偈,一点遥心总不收。"博山赵念曾诗:"饭罢下高阁,寻幽临水扉。石间乱流出,树里一僧归。山鸟怡人耳,池花沾客衣。那罗延窟畔,徙倚恋晴晖。"范九皋诗:"静入名山独爱僧,每从方丈问三乘。洞云闲补禅房衲,海月常悬佛国灯。窟里黄花晨露洗,林中红叶晚霞蒸。磬声一发尘心尽,欲学戴馨若未能。"① 这些诗歌不单单是描写此地的景色,更涉及佛教义理方面。

大量的文人游记中提到华严庵,华严庵是清人游崂山时一个必定要观览的景致了,如清人纪润《劳山记》中云:"过窑货堤至华严庵,是吾邑黄朗生先生所施创建者。有慈沾和尚塔,塔前有四柏,是予所施而命伊徒栽者。面东佳城,福薄人不能得也。西南二、三里,有那罗延佛窟。其门北向,窟顶明亮,如日似月,真乾坤幻象。"这些佛教遗迹是游人观览华严庵和那罗延窟最为主要的原因。

随着佛教在崂山传播的铺开,华严庵受到民众的重视,周至元称:"四月八日为浴佛节,崂东居民多至华严寺进香,妇女则盛饰严妆结伴同往。鬓光钗影来去于沧波翠松间,别有一段风光。"四月初八,可能是华严庵举行有庆祝佛陀出生的活动,久而久之,就发展成为民俗节日。

以上都说明,华严庵在崂山佛教的地位,尤其是在海印寺被毁掉之后,对于佛教在崂山的传播、推动和发展有着举足轻重的作用。

四

在华严庵的发展和建设过程中,曾经有过的佛教遗迹如周至元所记,云:"游者自海滨觅径盘回西上,夹道苍松古木荫蔽如幄,林中大石卓立万状,凡数十纡折始达寺门。门前幽箐尤密茂,西为塔院。院前即鱼沼。再北上而寺至焉。寺系明侍御即墨黄宗昌所创建,未成,以兵

---

① 参见周至元:《崂山志》卷三,第 106 – 112 页。

毁。其子坦，与慈沾上人继成之。因山而筑，每进益高。中为大殿，清顺治九年所作。内供那罗古佛，僧寮客舍居左，右最上为大悲殿。殿之西为祖师堂。其前画栋飞甍，高出竹松上者，为藏经阁。阁之西，接建十二楼。"①

庵中有建于清康熙二十七年（1688）的藏经楼，在庵门上面。其中藏有雍正年间所颁赐佛经，总七百二十部，每部十本，字方约官尺五分，整齐完好。黄文斛有咏藏经楼诗云："纵目南楼望，山山隐晚村。藏经高建阁，修竹不知门。云起松偏密，潮来月欲昏。先人金布处，殿宇至今存。"藏经阁西有法华楼，势颇宏丽，黄文斛咏法华楼诗云："深夜僧初定，空山月正明。心虚万感寂，梦冷一身清。近塔珠光绕，当窗竹影横。卧听群籁息，四面但松声。"法华楼亦称南楼，王大来《宿华严庵南楼诗》云："夕梵音从月下飘，十年尘虑已全消。檐铃风定僧归院，卧听沧溟夜半潮。"孙风云诗："危构跨霄汉，云门石径通。暮钟千嶂外，明月一楼中。风静潭声落，鹤栖巢影空。夜深僧语罢，清兴与谁同。"②

庵中有三座塔。一是慈霑上人塔，在庵前，为慈霑圆寂埋骨处，共有七级。后继僧人仁济诗云："塔势巍峨足七重，交柯围抱有双松。苔浸斑染梵文润，月上荫遮道气浓。干笔枝横栖宿鸟，皮皴鳞起疑盘龙。乘风吹送涛声远，好共潮音到海峰。"③ 一是昌仁上人塔，为海阳初侍郎彭龄出资所筑。一为善和和尚墓塔，即于七墓。

在华阳山前麓有华阳洞，据称是华严庵旧址所在。在劈石口北曾有一座灵圣寺，蓝水称是华严庵之下院。

1928年，时任青岛市市长的沈鸿烈，将华严庵改名为华严寺，一直延续至今。华严寺成为今崂山景区中最为重要的佛教景致。

---

① 参见周至元：《崂山志》卷三，第106页。
② 转引自周至元：《崂山志》卷三，第127页。
③ 转引自周至元：《崂山志》卷三，第131页。

第八章　明清时期崂山的寺院和僧人

明代以来，崂山佛教可以憨山来崂山为界，之前虽有一些寺院和僧人，但规模较小，人数很少。之后，憨山尽管被贬谪到雷州，但却留下了佛教的宝贵财产，佛教开始为许多人所注意。明末清初黄宗昌建华严庵，其后黄坦与慈霑和尚又加以重修，就是憨山所留下的印记。尤其是入清之后，崂山的僧人时见于文人的游记中。

一

前文提到的据称是隋代所建的慧炬院，在明成化时曾重修，蓝章作有《慧炬院重修佛殿记》，文云：

> 即墨之崂山连延不绝。有凤凰峰者，有僧居在焉，号慧炬院。弘治庚戌，先御史公卜兆华楼之东。余时往来山中，因得以游。自响石渡溪而北，萦纡石田间，至麓下马步进。涧水从乱石下出，曲折百状，潺湲可听。入门竹树幽茂，薜荔满墙，茅屋在石岩下益奇，遂留宿焉。其僧曰圆昶者，院之主人也。圆昶始来栖时，院宇颓败，榛棘弗治，有仆碑二：其一为隋开皇中所立，额曰"重修"，则院之始创，可谓旧矣。其一为元大德中所立。然皆文字残灭，不可以句读。盖历年岁既深，废而复，复而废者累矣。昶且悯之，欲起其废，率弟子满果，力作山田，缩衣食费；复具疏于乡之长者，皆以钱粟来助。乃重构大雄殿，工者奉其技，壮者献其力，不督而集以成。为楹者五，

崇若干尺，深若干尺，中为华严海会之像。盖经始于成化壬寅仲春，丁未秋告成。"先生盍为记之"，余以"言不文"辞。庚申，余焚黄先垄，复过院中。昶复以记请，余漫应之。以使事有程，不果作。兹复致书，曰："碑具已久，愿先生畀之文，使后之居者，知殿之重构，昶也，则昶为不朽矣。"呜呼，大雄之殿，非以奉佛也乎？佛之为道，吾虽不能深知，然尝观其书矣。务为宏博广大之说，固足以鼓动乎天下。学其道者又多得刻励勤笃之人，从而张皇之。故每为宏博广大之事，而能有成。其所以成之者，亦以上好之者，护持其说，而不拘以法律；下化之者，奉承其说，而不惜乎财力故耳。今夫公宇乡校，所以发政而明伦，有益于世道者，乃或视其毙且陋而日复日焉。欲葺治之，则伤乎财而非庶至，劳乎众而谤讪生。吾盖屡叹之。昶惟其为彼而不为此。此其费虽劳，卒能成乎所谓宏博广大者，以复院之旧观也。故为记之，以示其后之人。①

由文中所记的两块石碑来看，慧炬院当至少是隋代所建，在元代曾重修，这次圆昶的重修大殿，当是第三次重修了。

相传海印寺圮后之经幢、佛像曾移置于此。慧炬院也是游览者游崂山所钟爱之地，不少文人留下了诗作。如蓝田《慧炬院上人》四首，其一云："已知世网皆成幻，谁信禅宗独是真？涧底春云初印月，定中老衲记前身。"其二云："东海青山今始归，回头四十九年非。山中老衲频招我？月下残棋未解围。"其三云："解祟那知如柳子？投荒只合礼空门。山僧留偈无多句，石榻蒲团度晓昏。"其四云："放臣漂泊醉荒村，海上禅僧赠衲裙。袍笏已还明主去，愧无玉带镇山门。"黄坦《游慧炬院》诗："迤逦休辞杖屦劳，西邻精舍绝尘嚣。香生金界天花落，光满祇园海月高。松柏荫深藏觉阓，楼台夜静响蒲牢。远公自是超玄著，定许渊明醉浊醪。"宗维翰《慧炬院》诗云："东麓招提境，荒凉碧涧阿。颓垣过鹿雉，残偈隐松萝。法象花龛合，藏书壁阁多。哲人今杳矣，惆怅意如何。"① 张鸿猷诗："绕舍千竿竹影斜，青山门外夕阳赊。老僧斋罢浑无事，步上峰头看晚霞。"袁继肇《赠慧炬院白云上人诗》："一杖虚无力，群峰次第飞。芙蓉开佛座，薜荔挂僧衣。海月传灯过，岩云作雨归。怪来称净土，无自著尘机。"②

罗祖，讳孟鸿，号清庵，崂西人。于成化六年出家为僧，拜鹅头禅师为师，苦参十三年，白光摄顶，遂大悟。文奈禅师问曰："如何是万法归一处？"祖曰："万法从何生？"僧曰："万法从心生。"祖曰："汝既知心生万法，何不能万法归心？"因说偈曰："万法归一一本无，光前绝后现真如。天然个里无一字，言下知归大丈夫。"后归崂山，嘉靖六年圆寂。敕封无为居士罗真人。据此，可知罗祖乃是一个对禅学深有所得的禅僧。

万历初期，在崂山中有风僧。黄肇颚《崂山续志》中记其事云："风僧，不知何许人。万历初，来居海岛中，数年不出一语，久而大笑，狂歌竟日。严寒尝浴海滨，出而气冲如蒸。或时登巅，自掷涧棘中，皮肤不少损。每出游，群儿从之，问以祸福，则戏谩不可解，后皆响应。三十余年，形容如少时，后端坐化去。邑人号为风师，直塔城西南，有疾者往祷，常以艾灸其石像焉。"③ 这个僧人不知何处来，亦不知所修行为何，由黄肇颚所述来看，这个风僧可能是出家为僧但又会一些方术者。

与慈霑同时的，在崂山颇有影响的僧人是自华上人。自华上人，黄宗昌《崂山志》中有传，是黄坦补入。俗姓谭，四川夔州府奉节人。他的母亲徐氏梦见一个老人给她一枚药丸，"吞之，是生上人"。上人生而灵异，七岁时生病，梦见观音大士语以前因，对他说："尔名海近，

---

① 黄肇颚：《崂山续志》卷四，第 131 页。
② 转引自周至元：《崂山志》卷三，第 117 页。
③ 黄肇颚：《崂山续志》卷首，第 8 页。

有七世修持，今不修，后其堕矣！"上人回答道："修矣乎！今往修，不知当从何处？"观音说："尔好修，吾与尔修所。"于是把他领到一处青山，以柳枝酌酒洒面，"惊而寤，得汗愈，告母以梦，求出家"。入妙莲寺，寺中法师名其法号曰青山，正与梦境中相符。类于此的神异事很多，黄宗昌记之云：

> 年十二，以闻见少，不乐，曰："久居此，无为也，愿出游。"从客船至金陵，居古林庵。上人有凤知，《弥陀》、《华严》初未尝学，闻人读即能诵。居十五年，乃遍历名山，参证宗旨，反诸身，有实获。南至普陀住，静夜诵《华严》，偶忆厨下缺水，诵毕则室中水器皆盈。过终南，道逢虎阻，行人难之，有妇径焉，急欲归，不得，上人至曰："无惧也。"令随之行，虎伏不起。有放生野羊，相传羊岁满百，迎于路，伏跪若有乞请者，上人知之，授以三皈五戒。去在登郡，有书童二，问其年，大者十七，小者十三，各告其父母，曰："吾师至矣！"请从之，弗许，童曰："吾今生托化未善，吾其行也。"至夜，端坐化去，以此证上人七世修持，果不妄。

自华于晚年时来到崂山，将崂山作为他最后的归宿。其与慈霑早年为故知，先居住于黄宗昌家，黄家人"深重之，颇相得"，后于崂山西莲台建寺院，在此传戒六年。去世前有偈曰："叵耐这个皮袋，终身惟作患害。撒手抛向尘沙，一轮明月西迈。"[1] 葬之莲台，建塔于墓。

西莲台中供奉有丈八佛像，黄肇颚"西莲台"条说："邑周氏所建释刹也。中供丈八佛像，门外石塔，自华上人归藏处……自华与慈霑故相知。慈霑弟子八十一宗，而自华灭其传矣。有幸不幸欤？台圮毁无迹，惟塔巍然独存。"[2] 慈霑有弟子八十一人，自华上人则无传承之人，确实十分可惜。西莲台后改名西莲寺，清嘉庆中圮毁，今唯自华上人圆

---

① 《黄宗昌〈崂山志〉注释》卷五，第149页。
② 黄肇颚：《崂山续志》卷四，第132页。

寂之石塔尚存。蓝重珏有《西莲台》诗云："晚照空山里，万松护寺甚。磬声依寺静，幡影动云迟。花落春归日，鸟啼雨歇时。高峰僧对话，何处著尘思。"①

明末，胶州王氏举家来崂山避乱，王氏家有女在崂山出家为僧尼，即清初之大方禅士。大方禅士号广住，年幼时因病出家为尼，后至京师受戒。受戒后又回到崂山，住在白云洞西没日岭，受胶州邓夫人与白云洞资助，后独居日起石清风洞，苦修十八年。至今清风洞前尚存其弥罗庵故址。殁葬洞前，白云洞道人为筑石塔，匡鹤泉为立碑于雕龙嘴，碑文云："师名广住，号大方，胶西王氏女也②。父讳纪新，母法氏。生于乾隆丁亥二月初七日子时，幼多疾，施灵应庵为尼。性喜静，与侪辈居，泊如也。嘉庆己未游京师，受戒西山，遂如南礼大士，归，誓志清修。戊寅四月，振锡入崂山，初居摩日岭前镇武殿，后徙一气石。复绝人迹，师独居洞中，了无恐怖。冬夏一衲，日惟正襟危坐而已。时胶西邓太夫人深通佛理，甚敬师，岁给饩粟。山中诸寺观，亦乐为供养。阎道人空虚者，往来为之护法。居十八年，预示寂期。道光乙未三月十五日戌时，合十跏坐而化。白云洞为置龛，葬之石侧。阅十余载，鲜有知者。咸丰建元春三月，余偕张君甥福、邓君和度、高君兰成，游山访其墓。念师苦行坚卓，渐就湮没，欲为表之。其族人王君旦等，忻然为之立石，而张君与高君梓业，始终经纪其事者，皆不易得也。张锡福赞曰：'海山苍苍，宇宙茫茫。一片真如，无显无藏。倏尔厌世，舍此皮囊。来也何自，去也何乡。广住不住，是名大方。大方大方，山高水长。'"③王大来有诗咏其墓，云："巉绝孤高第一蜂，住师曾此卧云松。休粮犹养听经鹤，持偈常临护法龙。坐破棕团朱藓合，闭藏石塔碧云

---

① 黄肇颚：《崂山续志》卷四，第132页。
② 黄肇颚所录《大方禅师碑记》开头的一句是："师姓王氏，胶州人，名广住，号大方。"
③ 周至元：《崂山志》卷六，第230页。

封。洞天冷落无人径，但听山魈话旧踪。"①

桂峰禅师，字性香，俗姓王。上文提及其与憨山有交游。年少时，遇一异僧，言其日后将成为"莱牟间第一祖师"。及长，留心禅理，会多病，遂出家为僧。初居即墨城中之崇宁院，既而游京师，遍探讲席，五年后回到崂山，又至即墨之灵山寺，主持寺务，弘扬佛教。尝说法曰："吾视吾与空等，视人与吾等。成法破法皆名涅槃，大知大痴通为般若，无明真如同为菩提，戒定贪嗔俱是梵行，地狱天宫比为净土，飞走羽族总证佛道，一切烦恼觉即解脱。"听闻憨山建海印寺，师谓人曰："吾将投足于无畏之途，浴身于不波之沼。彼憨师筑室路旁，岂能久乎？"既而憨山果然获罪，"师为左右，力为之辨"②。万历壬寅仲秋，无疾而化。由此可知，桂峰一方面深于禅学，一方面对崂山道教与佛教之形势判断非常准确。

黄纳善，字子光，信仰佛教，十九岁时入崂山，拜憨山为师。憨山授以《楞严》，两月成诵。在憨山门下志切参究、苦修，胁不至席。及憨山南戍，纳善悲思不胜，对观音大士像破臂燃灯，祝其师早旋。虽剧痛，仍日夜危坐，诵佛号不辍。既而果愈，愈时创处结一瘢，如大士像，宛然如画。万历辛卯秋，坐蜕。

如前所述崂山中的道士同样，明清时期，崂山中亦有许多不知名的僧人，这些僧人时见于文人的游记中。如陈沂《岙山记》中云："……又三十里入群岫间，有北峰峻极山半，隐隐台殿，至则巉削攀绝。僧垂木阶下，乃援而升。上有石洞，额大书'明霞洞，大定辛未题'。余勒诗一章，其中空洞，上如厦环石如堵，前后户牖。洞左有佛宇，僧庐右石门，从磴数百级。上绝壁数仞，下视沧海，与天浮动，岛屿皆空。壁下有草庵，老僧定处……巨峰下百仞，壁立梯，穷径绝，有两石若劈

---

① 转引自周至元：《崂山志》卷三，第132页。又见黄肇颚：《崂山续志》卷八，第320－321页。

② 周至元：《崂山志》卷四，第170页。

处，见一窍上闻犬声。一僧垂木梯下，请升，遂援之而上。由壁中行转至一茅庵，甚明洁，左有佛宇嵌崖隙，甚幽。西北群峰直出其后，东南海色相映，庵前牡丹诸奇花，偃松异木。其建筑木石，所植花卉，皆僧负戴梯而至者，但若行无智慧心。余留二偈于石壁间，乃悟。供具麦饭野蔌，谓不图得遇善知识。是夜，余宿庵中，僧立牖下，竟夜。明日题其夹石年曰'面壁洞'。"曹臣《劳山周游记》中云："……沿涧更深入六、七里，有庵曰圣水，渗漫不能句，仅辩有'洪武年'字……访赵天隐居，撷裾慧炬院。院建隋开皇中，弧僧小结存系而已。佛有旃佛大部藏经，盖废海印寺移来者……北振十里许，为白云庵，庵当巨峰南麓。巨壑当前，左右诸峰成耸身作物像，是夜宿庵中。从月下出观，则人，则兽，则伏草，则拱立，更逼肖于昼所见者。庵创不卸何时，瞿昙故居，今玉皇有之矣。"纪润《劳山记》中云："……劳一道童引至东北慧炬院，又一石竹涧，大殿内有憨山大士所请藏经并檀香佛。有一老僧月心，写作颇通，除此外别无观矣……南游西莲台。此周官所施荒山，僧人新建佛殿也。老僧子华坐化偈语：'叵耐这个皮袋，终身唯作患害，撒手抛向尘埃，一轮明月西迈。'现刻塔石。"等等。这些游记中所记到的这些僧人以及曾经有过的寺庵，说明了崂山明清时期佛教所有的状况。正是有了这些不知名僧人的存在，而使得崂山的佛教能够延续下来。纪润在观览崂山的僧道及其胜景之后，感叹说："观此毕矣，仍归儿女慈帐、名利苦海、是非场中矣。何不居深山之中，与木石居，以鹿豕游。无荣无辱，付理乱于不问，以终天年也哉！"[①] 这是这些文人热衷于来崂山游览、与僧道之士交往的缘故。

二

崂山中佛寺以及佛教遗迹确实不如道教多，除了上文提到的法海

---

① 转引自蓝水：《崂山志》，第94－100页。

寺、海印寺、华严寺、那罗延窟、西莲寺等之外，明清时期所存有的佛寺及佛教遗迹大体如下。

法海寺。前文有介绍，该寺在明时重修，永乐时筑有广进寿塔和玉住寿塔。

峡口庙。前文亦有介绍，明时由僧人寂云重修，清嘉庆间又再修，前祀关帝，将佛像移到了后殿。

潮海院。古称石佛寺，系僧院，在登窑村西南海滨。创建于宋，明万历年间重修，曾有重建石碑，佚失。规模亦颇宏伟。"内供如来，勒石曰石佛寺"[1]。

大士寺。不知何时所建，大概应是在明清时期，寺中祀观音大士，今存，在石湾社区。

歇佛寺。在歇佛寺村，明初建。传说即墨城南元建淮涉寺中大卧石佛，在崂山雕成，运往时经此暂息因名，村名亦同，1934年改村名为惜福镇。

毗卢庵。在歇佛寺南，旧时禅宇甚盛，后毁。

白云庵。亦见前考，原在巨峰，为僧居。明嘉靖间，道士李阳兴得邑绅蓝因相肋，募捐改覆铁瓦，改称为铁瓦殿。殿中祀玉皇，名玉皇殿，憨山还曾为之作《重修巨峰顶白云庵玉皇殿记并铭》。瓦长三尺，上铸施者姓名，檐瓦作龙形，做工精良。殿于清康熙间毁于火，迁于旱河村重建，即玉清宫。现青岛博物馆尚存其瓦。

朝海庵。在浮山山前，旧为明即墨进士黄作孚读书处。

朝阳庵。在浮山山巅，明时建，黄作孚亦曾读书其中。李宪乔诗："不识朝阳寺，牵萝度石门。海云青蠶蠶，山气邯魂魂。半壁灵湫大，悬崖古佛尊。更寻南涧水。危坐听潺湲。"

十梅庵。亦号东庵，相传旧有梅树十株生庵中，因名。今在城阳区。庵中供佛像，壁间有胶西宋孝真所画墨竹。

---

① 黄肇颚：《崂山续志》卷八，第303页。

莲花庵。西莲寺之下庵。

黄草庵。今浮山下之荒草庵。

于姑庵。在黄草庵西，相传昔有于氏女在此出家，俗讹为鱼骨庵，误。

石门庵。创建无考，清乾隆间重修。庵中供奉观音像。李宪乔《雨后对月有怀石门庵诗》："苦爱澄清月，初晴望浩然。乱云归大壑，凉露失空天。山净无留影，潭虚得静缘。因思道门友，永夜独安禅。"

竹子庵。在今李村东北。

崇福寺。不知与崇佛寺是否为同一寺，第五章已有叙述。

慈光洞。"慈光洞"三字乃憨山所题，洞中供奉佛像。洞西壁刻憨山七绝诗一首，云："鸟道悬崖入翠微，一龛高敞白云隈。坐乾沧海空尘世，回首人间万事非。"下有"□□戊子春日□□□题"字样。亦有慈宁宫侍者张本题名。他字完好，唯二人姓名俱镌去，可能憨山谪去后，道士害怕受到牵连而毁之。周紫登有《慈光洞》诗，云："茫茫沧海巨峰东，城郭遥连西北通。借问路旁仙子宅？慈光洞在半天中。"①

寂光洞。在华严寺上，巨石空敞如屋，额镌寂光洞三字。钟惺悟有诗云："寂寂寂光洞，空庭长莓苔，秋深花径淡，僧去石门开。寒吹闻松响，闲云带鹤来。峰头观海气，旭日拥蓬莱。"②

菩萨洞。在白云洞西下。清乾隆年间，道人赵体顺于海上得佛像供其中。

梵音洞。在华严寺南，盈涧巨石累累。周至元言其"岚光海影尽具佛性，水响松风皆含禅味"③。

海印寺遗址。憨山被贬谪雷州之后，太清宫道士毁寺重建道观，故海印寺现只有一处遗址。周至元称曾见到寺中的铜佛像："海印寺大佛

---

① 黄肇颚：《崂山续志》卷五，第205页。
② 周至元：《崂山志》卷二，第44页。
③ 周至元：《崂山志》卷二，第67页。

铜像，高三尺，重四十斤，袒腹露胸，作含笑状。民国十四年，余曾见之即城，后不知为何人购去。"①海印寺在十年之间，旋兴旋废，昙花一现，颇令人扼腕叹息。后人为海印寺留下了众多的诗篇，如刘月川诗："珠林完旧物，天子赠灵文。鸟道悬丹嶂，僧堂起白云。鱼龙阶下宿，尘世海边分。佛火谁相续，心香朝暮梵。"高出诗："笙鹤仙春地，黄金间劫沙。诸天弥蔓草，大地覆苔花。龙象驱何迹，牛羊牧已差。苾刍啼古树，羽士种胡麻。伊昔闻多事，因缘意太奢。庄严存其体，功德涉生涯。开凿秦丁力，崇宏魏阙赊。雷电天有耳，墉屋鼠无牙。予夺宜如此，流行亦一家。泉犹飞卓锡，星真贯浮槎。使者青鸾翼，真人白鹿车。野花藏醉蝶，异药护蟠蛇。阶址埋檐霤，墙隅断石华。惊涛浸岸动，倒影避岩斜。估舶春潮涨，渔船夜火遮。问名知贝锦，食淡采灵芽。兴废关情妄，山川阅世遐。百年生露菌，四月熟王瓜。观海身俱幻，求仙事近夸。津梁思宝筏，默坐吸归霞。"江如瑛诗："楼阁当年亦壮哉，香台此日尽成灰。云封古偈埋黄土，雨洗残钟长绿苔。莲社已同流水散，山花自向夕阳开。至今夜月潮声急，飞锡犹疑过海来。"又诗："住锡何年卜筑成，花香馥馥夜谈经。而今秋色斜阳里，惟有潮声似梵声。"黄玉书诗："无边色相总空花，修竹万竿隐暮霞。一去粤东魂不返，云山依旧道人家。"等等。这些诗歌基本上是对海印寺的凭吊和感叹。清人蓝恒矩作有《吊海印寺故址赋》，云："客有寻幽海上，访古山巅。睥睨顽石，指点寒烟。则见夫怒涛撼岸，愁云障天。长松悲啸，虚壑黯然。乃睹废墟，遐想当年，心慕憨山之为人，知为海印之故址焉。昔憨山演三教一致之义，怀立地成佛之志。其始也，逃空门，入萧寺，参上乘，拜舍俐。智慧夙成，衣钵克嗣。既而浪迹五台。观光上国。吟浪仙诗，泼怀素墨。时而蒲团参禅，时而面壁沉默。由是太后闻名，公卿动色。建法幢兮何时？恨名山之不得。辄复杯渡云游，从此锡卓仙域。三生有缘，二劳在即。方其来劳也，那罗延窟苦不可居，太清

---

① 周至元：《崂山志》卷六，第 193 页。

宫日就倾覆。星散黄冠，雨吹破屋。然而海色连天，山蹊通陆。涓涓流泉，森森古木。出内赐金，书买山牍。创兰若莫如兹，举宫观而我鬻。于是梁柱更新，堂构改卜。前襟沧浪，后负翠麓。金碧炜煌，轮奂耀煜，而又磨危崖，凿幽谷；出奇峰，疏悬瀑。广致名花，多栽绿竹。山亦增辉，地岂无福！及其登坛狮吼，说法石听。简邮天下，敕下彤廷。牟东林则青莲结社，伏北阙则白马驮经。方期场建选佛，岂止慰夫山灵也哉。无奈狼心反噬，鼠齿速狱。鬼蜮暗伤，蜂虿有毒。骚客兴叹，名士顿足。恨谮口之铄金，等此身于碎玉。长流避荒，谁白心曲。望王孙兮不归，愿美人兮赐赎。缅想夫猛兽踯躅，猿鹤仓皇。空林削色，高岑无光。梵呗歇兮水幽咽，木鱼挂兮风凄凉。菩萨低眉以他徙，金刚怒目而下堂。玉宇等昙花一现，绀园若海市倏藏。始知拔栌终非佳徵，吹浪已兆不祥也矣。嗟！嗟！逢萌养志，郑玄设庠。长春栖止，三丰徜徉。迄今精舍，化为鹿场。或余孤塔；或剩颓墙。但使名垂宇宙，何妨迹变沧桑。念振古其若此，睹夫遗址复何伤。"① 赋中对憨山和海印寺充满了无限的叹惜。现太清宫内存有《海印寺颁经谕文石碣》，云："敕谕东海海印寺住持及僧众人等：朕维佛氏之教，载在京典，用以化导善类，觉悟群迷，于护国佑民不为无助。兹者圣君慈圣，宣文明肃，命工刻印，续入藏经四十一函，并旧刻藏经一百五十七函，通行颁布本寺。尔等务必庄严持诵，尊奉珍藏，不许诸色人等故行亵玩，致有遗失损坏。特赐护持，以垂永远。钦哉故谕。大明万历十四年三月十四日。"②

开井山龙井铜铸龙牌。纵横各数寸，正面字六行。文曰："杀生偷盗脑血开，贪言狂语压尘埃。吃酒吃肉一时死，手接铜钱天降灾。饮预僧人大乘。嘉靖二十四年正月十五日。"背面有"韦驮尊天迦蓝监察牌"字样。

蓝水评价崂山的几位僧人说："憨山多才多艺，可兼智永、贾岛数

---

① 蓝水：《崂山志》，第 107 – 108 页。
② 周至元：《崂山志》卷六，第 207 页。

辈，安在其不可以千古，而名心太盛，夤缘招摇，蹈叔季空门之丑行，卒致屯蹭，有自取之道。慈沾雍容，是真善处福地洞天者。于七敌忾起义，固民族英雄，事虽不成，志则可尚。广住、昌仁，皆不愧圆善果。"① 这个评价对这几位僧人来说，比较中肯，他们代表了崂山佛教曾有的发展。

① 蓝水：《崂山志》，第66页。

第九章　崂山的佛道之争

　　根据前述内容，尽管崂山目前以道教而闻名，其实它是一座佛、道二教并存之山。山中到处建着二教的寺院、道观，如周毓真云："山之有庙宇者数十处，道居其七，僧占其三。师徒多者二十余人，少者五六人，或一二人。"[①] 二教的教徒也混杂其间，这在众多的文人游记中可看到，如陈沂《鳌山记》："……是夜，宿道人居……僧垂木阶下，乃援而升。上有石洞，额大书'明霞洞，大定辛未题'。余勒诗一章，其中空洞，上如厦环石如堵，前后户牖。洞左有佛宇，僧庐右石门……一僧垂木梯下……宿道人庵……道人吹笙笛于高架崮上。"[②] 作者在游览时，一会碰见道徒，一会碰见僧徒，说明二教之徒几乎是混杂相处了。

　　俗话说，一山不容二虎，一山亦很难容二教。崂山的佛、道二教，尤其是明代佛教逐渐兴盛之后，发生了多次冲突和争执。这些冲突和争执在遗留下来的文献中，依稀能够看得出来。

　　当然，最为著名的佛、道之争是耿义兰控诉憨山强占太清宫事，上文已有详细说明。如上章所云，憨山本来与道教关系还可以，道士修建玉皇殿时，为之作《重修巨峰顶白云庵玉皇殿记并铭》。但耿义兰与憨山起争执之后，道士们就尽量将憨山的痕迹抹去，如有道士将憨山在慈光洞上的题字毁掉。憨山与耿义兰之争后，朝廷曾下来勘察太清宫界，同时为避免今后再发生类似的事情，赵任为此专作《太清宫碑记》以

---

①　黄肇颚：《崂山续志》卷首，第5页。
②　蓝水：《崂山志》，第87－89页。

记之，文云："太清宫者，与上清、太平二宫，鼎足而为三者也，盖创自宋太祖云。距即墨城东南百里而遥。由上苑阴抵雕翎崖，斗折而南，经窑货底、乱石滩，循黄山穿背而入。其窑货底，西则峻岭摩天，东则洪涛浴日，中间路仅一线，行者累足，头目作旋。而乱石滩皆石也，大者如缸如斗，小者如卵，往来以石为梁，鸣潮喧雪，沾领及巾。入数里，则三宫当路之北，而中央则太清宫也。宫址三面环山，奇秀如屏风然。而南则大海横截，天水相连，一碧万顷，分水两河循三山左右而下，凌空飞瀑，如练如玉，前合而入于海。其西北则明霞诸洞，紫翠凌烟。而驱虎庵、猎兔泊、张仙塔、八仙墩濒海东南，多仙迹焉。《寰宇记》云：'泰山虽云高，不如东海崂。'此又崂盛二山之最秀，所谓灵奥之区，山海之奇观也。世传秦皇汉武巡游海上，望蓬莱，访安期，尝驻跸焉。而真人张三丰、徐复阳皆修道于此，岁久丘墟，草烟花露矣。而三官庙仅存其半。万历初，释德清羡其胜概，因宫址为海印寺，并葺三官庙，以妥黄冠。黄冠者为鸣鸠逐鹊计，□奏之，命下，不以寺为宫，辄毁之而存其址。无何敕中使何堂，颁道经四百八十函，令羽士贾性全等焚修以祈福国安民。性全等虑太清宫原羽士栖也，岁久无徵，乃为释子所据。赖郡伯龙公钦奉明旨，核复其旧。倘不及今立石以识其事，焉知今日之复，不转为后日之争也。且山有供奉藏经地土，屡为居民占者耕，以致道无赡，养无资，因而他徙。缘兹呈请于郡，郡公檄拨丞潘映、墨令刘应旗躬诣踏看。得地三百八十三处，共计一顷二十七亩九分六厘。东至张仙塔，南至海，西至八水河，北至分水河。准令永不起科。脚庵一处名窑石庵，准令协力供养，檄县立石，识其形胜地至，俾羽士家世守焉。噫嘻，我郡公为尔羽士计，亦周且悉矣！尔羽士遵郡公德意，恪守清规，居其山，食其土，则因其址而复建其宫，务俾丹青炫目，竹树留云，钟磬出林，鱼龙听法。犹恐德清谓彼因其无，而尔乘其有，准而尔当其易。脱如不修本业，饱暖骄奢，剪伐既髡，荒芜特甚，乃弃而□散；不者挟制有司，株连构讼，夺人涓滴之末，以恣其朵颐。则朝廷复旧之鸿恩，明预经之特典，郡公立石之盛心，谓之何哉？

三尺甚严，耿义兰等覆车犹未远也！是德清之罪人矣！余不敏，不徒为尔记事，愿尔众常目在之。龙公讳文明，号牛冲，己丑进士，江西永新人。万历癸卯进士大理寺右评事前中书舍人胶西赵任撰。"① 这样就以皇帝命令的形式，将其界线确定下来，避免了以后再发生类似的事情。

二教之争，最主要的表现是相互争夺对方的寺观，这种情况多有发生。前文介绍明霞洞原为道士所修行之地，孙玄清时为僧徒所占据，孙玄清弃佛入道之后将其又改为道居。又如百福庵原为僧尼所居，清初道人蒋云石占之，将其改为道居名百福庵。又如巨峰之白云庵原为僧居，明嘉靖间，道士李阳兴得邑绅蓝因相助，募捐改建为铁瓦殿，成为道居。在修建成玉皇殿成后，憨山为之作《重修巨峰顶白云庵玉皇殿记并铭》，云："崂山居墨之东南，根盘二百余里，跨平原而枕沧海。冈峦起伏，龙蛇逶迤，众卉连秀，长松蓊郁。幽潜密处，石室岩龛故多，真人高士咸措置焉。群山竞绕，中有一峰杰出曰巨峰，为二崂之户，上插云霄，下临无地。顶有庵，曰自云，故称古刹，就废。至我明嘉靖间，全真朴一向重起之，其徒李阳兴继业，至孙高来德而大新之。依岩凿石，殿陛瓷垣，丹青环绕，左右毕备。中建玉皇殿三楹，乃邑人蓝固为率，莱中丞拙斋刘公助成之。经营有年，至万历己卯甫就完。余于癸未夏东游览胜，策杖其竣，适卜居太清，因祈余为记。尝闻之，海上有三山，曰阆苑、蓬莱、方丈，石阙成金银，而神仙多在焉。故居尘埃而处混浊者，聆谈之，则神思飞动，愿超脱高举，即离人世。及至，目无视焉。以其汪洋渺漠，而无津涯，非羽翼莫能以竟，目为荒唐岂是然哉！盖悉忻厌相夺，耳目相贼者也。若兹峰之秀，洞宇可以息形，艺术可以为饵，幽深杳渺，尘纷悬绝，加之殿舍庄严，群灵讬迹，慕之者可往而不即，能至而不能止。信目前之真境，人世之蓬壶，藉令顿解天叨，坐隳桎梏，何必驾长虹而挟羽翰，假安期而探密术者哉！其建立功德，自与海山共之，又焉用记。乃为铭曰：'天地肇基，山川是府，群灵依归，

---

① 黄肇颚：《崂山续志》卷七，第272－274页。

众称之祖。维山之高，维海之深，九兹上帝，实开梁津。碧波巍峨，白云缭绕，维彼瞻依，斯民之保。莫非尔功，莫非尔德，志彼林泉，尘襟永脱。仰矣穹苍，俯兮谷王，配言圣寿，伊始无疆。'"① 不知憨山作此记出于怎样的心理，可能是为了减少自己在崂山面临的阻力，不得已而为之。

大多数的争执事件是由道士引起的，崂山道士们不仅与佛教僧徒发生争执，还屡屡与村民们发生争执。如蓝水曾记到太和观道士与山民争讼事，云："清初即墨知县叶栖风于此建劳山书院以课士。茅屋小数间在松竹交翳中，泉声云影鸟语花香，时时入人耳目，尤以四围峰峦远近高下无不入画。深山寺观，幽静旷逸以此为最。东南隔水崖上有九水亭。西厢多贮古书，问之，其主持与山民争山成讼容济不归，念此道人知藏书尚不俗，何以健讼？已思之所有书盖劳山书院所遗。"②

最为著名的道士与山民争讼事件是太清宫道士与钟家沟人钟成骢的争斗事件。蓝水对此有详细记述，言钟成骢为人慷慨仗义。崂山道士多习武术，加上太清官自宋以来屡受帝王宠遇，尤其是明末驱逐憨山之后，势力大张，每恃势凌人，常于夜间偷移界石侵占民山，又派看山多人，不许村民至其山拾柴草。太清宫道士之所这样做，可能是乾隆时所定下的官民不得侵占庙宇财产、地产和周围林木的政策，乾隆四十八年（1783）莱府护持庙林碑云："特授山东分守登莱青、整饬海防兵备道、兼管驿传水利事务加三级纪录何为禁止骚扰以安香火事：照得崂山为东郡名胜之区，树木尤关风水，庙地乃僧道衣食之本，官差岂可常摊！今访混徒书役，每视崂山林木众多，任意砍伐，以致道士刘信桂、邹西元等屡屡控告，批行查禁，仍阳奉阴违。书役则借欠使为名，作践僧道，逼索银钱。彼茕茕僧道，十方布施，而欲夺填贪壑，不惟佛前香火无资，亦且人心刻薄可恨。合再严行禁示，仰一切军民书役及僧道人等知

---

① 《憨山老人梦游集》卷二十二，第 298 页。
② 蓝水：《崂山志》，第 38 页。

悉。嗣后凡有山场，经僧道完纳国课者，该处所有树木，应归本庙管理，官民不得势压擅伐。该僧道亦互相觉察，凡有不肖僧道人民，欲私行烧卖，许即禀官究治。如本庙应加修葺，需用材木，亦共同察明，方准砍伐，如违重处。其庙田一项，寺庙不宜多置，税赋与人民同一办理。至于一应杂役，概与优免。各该僧道等务宜各守清规，不许轻自下山，涉讼干咎。各宜禀遵勿违。特示。"① 可能由此形成了没有经过寺庙允许不得砍伐崂山林木的惯例。崂山中的民众因生活所需，经常砍伐林木，故时时与太清宫发生摩擦。太清宫看山的道士中有白姓者，曾参加东捻，同治六年东捻东窜至即墨王哥庄时，白潜逃入太清宫为道士，派之看山，尤凶悍，其出每持矛，见拾柴草者即打骂，稍忤刺以矛。山民被欺侮者走诉钟成骢，钟成骢乃结合午山王明光，于哥庄宋京士，马岸子王姓妇李月英，将问罪太清宫。未发，适宋同多人入山拾柴草，遇白持镰刀与之搏，将其刺死。钟成骢随即声言"太清宫窝藏剧匪，以兵器伤平民，将图谋不轨"，遂率众至太清宫与道士搏，道士大败，闭门不出。钟成骢命伐前被占山林木，远近闻之，各就所近抢伐庙宇山林，时称伐山。道士诣县控钟族使山民破坏庙宇山林，钟成骢入狱，久之得白，山界复归，钟成骢无罪释放。县令当堂为宋京士改名宋京唐，戒以勿再生事。时胶州人即其事排太宫霸剧，到处出演，观者称快。周至元还称县令令道士出资，赔偿钟成骢等人的损失，钟成骢将赔偿金捐之学舍，一时称其为义侠。

或许正是由于寺院与道观混杂、二教徒众相互混居、寺院道观不停地在二教信众中流转，致使来崂山的人往往分不清这个地方到底是道教的还是佛教的，故在一些诗作中亦往往将二者混淆。如醒睡庵乃道观，黄宗臣《宿醒睡庵》诗云："古寺层岩几度过，高林残月影婆婆。当年醒睡传幽胜，今日云山入梦多。"黄垍《忆醒睡庵旧游》诗亦云："到此春将鲁，危桥芳草分。钟声过涧水，香霭逐溪云。风定林花落，日高

---

① 周至元：《崂山志》卷六，第 229 – 230 页。

山鸟闻。禅房聊一憩，下界隔尘氛。"[1] 二人在诗中将道观称为古寺，显然是混淆了。又如修真庵亦为道观，翟启诗中则云："未见二崂胜，到此心已适。人家隔花林，池馆连翠壁。客径覆莓苔，村肆临川泽。开轩山入户，移榻竹拂席。昼坐无微尘，夜禅有余寂。山麓犹如此，明发将奚似。伏枕一想像，愈觉兴难已。"同样将其视之为佛寺，并在此坐禅。而法海寺乃为佛寺，黄象昺诗则云："凭临风气爽，红叶万山秋。古木云边合，飞泉树上流。龙吟潭底月，蜃起海中搂。总有金丹诀，虚无何处求。"[2] 将其视之为道观了。

　　崂山佛、道之争，表面上看是财产之争，实质上背后是信众之争和生存之争。崂山偏居东部海隅，交往不便，山中所居住民众数量有限。故，山中的佛、道二教之徒，要想维持寺院道观的经营和发展实属不易，对于崂山山中有限民众，以及生存资源的争夺的情形，据想象亦是可知的。可以说，尽管崂山自秦始皇以来就被视为想象中的仙山，但偏居东部海滨的地理位置和交通在一定程度上限制了宗教的发展。

　　① 黄肇颚：《崂山续志》卷六，第 219 页。
　　② 周至元：《崂山志》卷三，第 114 页。

参考文献

一、史书类

《史记》，中华书局 1982 年版

《汉书》，中华书局 1962 年版

《后汉书》，中华书局 1965 年版

《南齐书》，中华书局 1972 年版

《旧唐书》，中华书局 1975 年版

《新唐书》，中华书局 1975 年版

《金史》，中华书局 1975 年版

《明史》，中华书局 1974 年版

《元史》，中华书局 1976 年版

《明实录》，上海古籍出版社 1983 年影印本

《清实录》，中华书局 1985 – 1987 年影印本

二、文献和专著类

《白云观志》，《藏外道书》本

《册府元龟》，中华书局影印本，凤凰出版社 2006 年版

《长春真人西游记》，《中华道藏》本

陈振孙：《直斋书录解题》，上海古籍出版社 1987 年版

陈垣：《明季滇黔佛教考》，河北教育出版社 2000 年版

陈葆光：《三洞群仙录》，《中华道藏》本

陈垣编纂：《道家金石略》，文物出版社 1988 年版

陈国符：《道藏源流考》，中华书局 1963 年版

道宣：《续高僧传》，上海古籍出版社 1991 年版

《东坡全集》，《四库全书》本

董志翘：《〈观世音应验记三种〉译注》，江苏古籍出版 2002 年版

《洞玄灵宝千真科》，《中华道藏》本

《憨山老人梦游集》，莆田广化寺佛经流通处影印本

郝大通：《太古集》，《中华道藏》本

胡孚琛主编：《中华道教大辞典》，中国社会科学出版社 1995 年版

黄肇颚：《崂山续志》，山东省地图出版社 2008 年版

傅勤家：《中国道教史》，东方出版社 2008 年版

《葛仙公别传》，《中华道藏》本

葛洪：《神仙传》，《中华道藏》本

葛洪：《抱朴子内篇》，中华书局 1985 年版

顾炎武：《日知录》，岳麓书社 1994 年版

顾炎武：《亭林诗文集》，中华书局 1983 年版

顾起元：《客座赘语》，中华书局 1987 年版

焦竑：《澹园集》，中华书局 1999 年版

《崂山餐霞录》，崂山县政协文史资料研究委员会编，1987 年印刷

蓝水：《崂山志》，1996 年印刷

李昉等编：《太平广记》，江苏广陵古籍刻印社 1995 年影印本

李道谦：《甘水仙源录》，《中华道藏》本

李养正：《道教概说》，中华书局 1989 年版

《晋真人语录》，《中华道藏》本

刘若愚：《酌中志》，上海古籍出版社 1994 年版

刘处玄：《无为清静长生真人至真语录》，《中华道藏》本

刘处玄：《仙乐集》，《中华道藏》本

刘志玄等撰：《金莲正宗仙缘像传》，《中华道藏》本

柳存仁：《道教史探源》，北京大学出版社 2000 年版

《龙虎山志》，《藏外道书》本

陆容：《菽园杂记》，中华书局 1985 年版

鲁迅：《中国小说史略》，上海古籍出版社 1998 年版

闾丘方远：《太上洞玄灵宝大纲钞》，《中华道藏》本

马钰述、王颐中集：《丹阳真人语录》，《中华道藏》本

马钰述：《丹阳真人直言》，《中华道藏》本

马钰：《洞玄金玉集》，《中华道藏》本

马钰：《丹阳神光灿》，《中华道藏》本

马钰：《渐悟集》，《中华道藏》本

孟安排：《道教义枢》，《中华道藏》本

闵一得：《金盖心灯》，《藏外道书》本

《明太祖文集》，《四库全书》本

南炳文、汤纲：《明史》，上海人民出版社 2003 年版

潘镜若撰、朱之蕃点评：《三教开迷归正演义》，上海古籍出版社 1991 年影印日本天理图书馆刊本

《七真年谱》，《中华道藏》本

秦笃辉：《平书》，《四库全书》本

《清朝续文献通考》，商务印书馆 1936 年版

卿希泰：《中国道教史》，四川人民出版社 1996 年版

丘处机：《磻溪集》，《中华道藏》本

任继愈主编：《中国道教史》，中国社会科学出版社 2001 年版

任颖厄：《崂山道教史》，中央编译出版社 2009 年版

僧祐编：《弘明集》，中华书局 2011 年版

僧祐编：《出三藏记集》，中华书局 1995 年版

《上清道类事相》，《中华道藏》本

沈德潜：《万历野获编》，中华书局 1980 年版

释慧皎《高僧传》，中华书局 1992 年版

《世宗宪皇帝御制文集》，《四库全书》本

宋文同：《灵宝经义疏》，《中华道藏》本

《宋濂全集》，浙江古籍出版社 1999 年版

孙瑴：《古微书》，《四库全书》本

孙克诚：《黄宗昌〈崂山志〉注释》，中国海洋大学出版社 2010 年版

谭处端：《水云集》，《中华道藏》本

《全唐文》，上海古籍出版社 1990 年版

《全唐诗》，中华书局 1960 年版

《太上洞玄灵宝本行因缘经》，《中华道藏》本

《太上洞玄灵宝五符序》，《中华道藏》本

《太极葛仙公传》，《中华道藏》本

《太上妙法本相经》，《中华道藏》本

《太上无极大道自然真一五称符上经》，《中华道藏》本

《太和太岳山志》，北京图书馆收藏善本

唐慎微：《证类本草》，《四库全书》本

屠隆：《屠隆集》，浙江古籍出版社 2012 年版

清同治《即墨县志》，同治十二年刻本

《万古崂山千首诗》，华夏出版社 2002 年版

王恽：《秋涧集》，《四库全书》本

王嚞：《重阳全真集》，《中华道藏》本，齐鲁书社 2005 年版

王嚞：《重阳教化集》，《中华道藏》本

王嚞：《重阳分梨十化集》，《中华道藏》本

王嚞：《重阳真人金关玉锁诀》，《中华道藏》本

王嚞：《重阳真人授丹阳二十四诀》，《中华道藏》本

王嚞：《重阳立教十五论》，《中华道藏》本

《王阳明全集》，上海古籍出版社 1992 年版

王承文：《敦煌古灵宝经与晋唐道教》，中华书局 2002 年版

王畿：《王龙溪全集》，中国台湾华文书局股份有限公司根据清道光二年刻本影印

王叔岷：《列仙传校笺》，中华书局 2007 年版

王士祯：《居易录》，《四库全书》本

王常月演、施守平纂、闵一得订：《碧苑坛经》，《藏外道书》本

王处一：《云光集》，《中华道藏》本

王丹桂：《草堂集》，《中华道藏》本

王集钦主编：《崂山碑碣与刻石》，青岛出版社 1999 年版

《无上祕要》，《中华道藏》本

谢守灏：《混元圣纪》，《中华道藏》本

谢守灏：《太上混元老子史略》，《中华道藏》本

夏良胜：《中庸衍义》，《四库全书》本

玄奘述、辩机编，季羡林等校注：《大唐西域记》，中华书局 2000 年版

《玄风庆会录》，《中华道藏》本

元好问：《遗山集》，《四库全书》本

苑秀丽、刘怀荣：《崂山道教与〈崂山志〉研究》，中国社会科学出版社 2011 年版

赵煜：《吴越春秋》卷六，《四库全书》本

赵道一：《历世真仙体道通鉴》，《中华道藏》本

张君房编：《云笈七籤》，中华书局 2003 年版；《中华道藏》本

张天雨编：《玄品录》，《中华道藏》本

《张三丰全集》，《重刊道藏辑要》本

张彦远：《历代名画记》，《四库全书》本

章巽校注：《法显传校注》，中华书局 2008 年版

周汝登：《东越证学录》，《四库全书存目丛书》本

周至元：《崂山志》，齐鲁书社 1993 年版，2007 年又根据周至元原稿重印

朱鹤龄：《尚书埤传》，《四库全书》本

《御定月令辑要》，《四库全书》本

于敏中等纂：《日下旧闻考》，北京古籍出版社 1981 年版

《紫柏尊者全集》，《续藏经》本

《紫柏尊者别集》，《续藏经》本

《罪惟录》，《四部丛刊》本，浙江古籍出版社 2012 年版

三、国外著作

Kristofer Schipper、Franciscus Verellen，The Taoist Canon：A Historical Companion to the *Daozang*（《道藏通考》），The University of Chicago Press，2005

［日］松本文三郎著：《弥勒净土论》，张元林译，宗教文化出版社 2001 年版

责任编辑:贺　畅
责任校对:史　伟

图书在版编目(CIP)数据

崂山道教与佛教研究/赵伟 著. -北京:人民出版社,2015.6
(崂山文化研究丛书/刘怀荣主编)
ISBN 978 - 7 - 01 - 014703 - 1

Ⅰ.①崂… Ⅱ.①赵… Ⅲ.①崂山-道教史-研究②崂山-佛教史-研究 Ⅳ.①B959.2②949.2

中国版本图书馆 CIP 数据核字(2015)第 060530 号

崂山道教与佛教研究
LAOSHAN DAOJIAO YU FOJIAO YANJIU

赵　伟　著

人民出版社 出版发行
(100706　北京市东城区隆福寺街 99 号)

北京市大兴县新魏印刷厂印刷　新华书店经销

2015 年 6 月第 1 版　2015 年 6 月北京第 1 次印刷
开本:710 毫米×1000 毫米 1/16　印张:18.5
字数:240 千字

ISBN 978 - 7 - 01 - 014703 - 1　定价:52.00 元

邮购地址 100706　北京市东城区隆福寺街 99 号
人民东方图书销售中心　电话 (010)65250042　65289539